결혼 이후의 사랑 · 이별 너머의 성장

그 사랑,
누구나 한 번쯤

당신과 나, 같은 여자예요.
다 알아요, 당신 마음.
나도 겪은 걸요.

시간은 흘러요.
좋은 사랑은 많고요.
좋은 사람은 더 많아요.

결혼 이후의 사랑 · 이별 너머의 성장

그 사랑,
누구나 한 번쯤

| 보영 에세이 |

상상+모색

들어가며

사랑을 잃고 비로소 사랑을 배웠다

나는 항상 한 박자 늦게 인생을 시작했다. 한쪽으로 엇나가기만 했다. 한 발짝씩 늦게 걸었다. 삶은 혼란스럽고, 더디고, 어려웠다. 나는 삶의 고통 속에서 일그러지고 곪아갔지만, 처연하게 시간은 흐르고 세월도 흘렀다.

준비 안 된 이별을 하고 이별을 배웠다. 일을 시작하고 독립하는 법을 배웠다. 아픔을 알고 희망을 얻었고, 허망하게 살다 꿈을 다시 찾았다.

나는 먼 길 돌고 돌아 제자리로 돌아왔다. 세상에서 가장 소중한 나에게로. 더 소중한 사람들에게로. 돌아오는 그 여정은 험난했다. 나는 핏빛 터널과 불구덩이에 빠졌고, 내 상처를 헤집어 피고름을 짜냈다. 평범하고 평탄하게 사는 게 그렇게 힘들고 감사한 일인 줄 몰랐다. 곁에 있을 때 지켜야만 하는 사람, 보일 때 꽉 잡아야 하는 사랑의 소중함을 몰랐다.

사람을 사랑하고 사랑을 사랑했던 일은 하늘이 내게 준 선물 같은 기회였다. 억울한 분노와 화를 풀지 못하고 나 자신을 과거에 묶어두기도 했다. 치유되지 않은 감정의 찌꺼기들은 나를 다치게 하고, 내 주위를 다치게 했다. 내게 남는 이득은 아무것도 없는데도 벗어나지 못했다. 나는 나를 구해내야만 했다.

내 스스로의 구도는 나를 자유롭게 했다. 사람들을 통해 미몽과 고통의 긴 숲을 거쳐 여명으로 나오게 했다. 나를 아프게 한 건 사랑이었는데 사람이 나를 치유해 주었고, 나를 다치게 한 건 사람이었는데 사랑이 나를 치유해 주었다. 이젠 운명의 장난에, 박복함에, 원치 않는 악연에, 넘어지거나 휘둘리지 않으리라 다짐했다. 시간은 흘러가기 마련이고, 이해 못할 일도, 용서 못 할 일도, 잊지 못 할 일도 없다는 게 세상살이란 걸 알았다. 아까운 시간을 낭비하기보단 선물로 받은 인연, 사랑, 꿈, 희망을 껴안기로 했다.

과거는 사라지고 지나갔다. 나는 세상의 잣대나 편견에 구애받지 않고 자유롭게 살기로 했다. 나이, 능력, 환경, 운명에 굴하지 말고 용기 내어 살기로 했다. 꿈을 잃지 않고 꿈을 이루는 삶을 살기로 했다. 나는 내놓을 거 없는 평범한 여자지만, 꿈을 갖고 꿈을 꿨다. 그리고 잊은 적도, 바뀐 적도 없었다.

나는 책 쓴 적도 없고 준비된 글머리도 없었지만, 언제나 작가지망생이었다. 나는 항상 가슴 속에 한을 담고 글을 담았다. 내 이혼은 실패한 이혼이 아니었다. 자유를 얻고 꿈을 이루고자 했고, 꿈을 꾸는 순간순간 나는 세상에서 가장 아름답고 행복한 사람이었다.

책은 크게 세 줄기로 이루어져 있다. 첫 번째는 남편에게 버림받아 무너지는 과정이다. 한달음에 감정이입이 될 정도로 강렬하다. 두 번째는 상담자 역할을 했던 내 주변에서 벌어진 다채로운 '결혼 이후의 사랑'에 대한 에피소드다. 마지막은 결론으로 전하는 '자기 자신을 사랑하는 법'이다.

• • •

내 꿈을 꾸고 꿈을 이루게 해준 사랑하는 사람들에게 진심으로 감사합니다.

철없고 부족해 정신 못 차렸던 제게 시련과 고난의 스토리를 허락해주신 신께 감사합니다. 그 스토리는 나를 성숙시켰고 간절한 꿈으로 이렇게 승화했습니다, 저보다 아팠고 힘든데도 씩씩하게 살며 스토리를 허락해준 친구, 지인들에게 감사합니다.

하늘 무서운 줄 모르고 오늘도 거짓되고 교만한 삶을 사는 그, 그녀들이 선해지길 바랍니다.

멋진 엄마로 살아가겠다는 약속을 지킬 수 있도록 품어준 내 인생 최고의 선물 딸 찐. 내게 와주어서 나를 지켜주고 사랑해 줘서 참. 고맙고 고마워. 생명으로 갚아도 갚지 못할 부모님의 은혜. 나는 축복받은 사람입니다. 고맙습니다.

내 꿈을 찾게 하려고 같이 아파하고 분발을 재촉해준 친구. 꿈을 이루라고 넉넉히 돕는 손이 되어준 소중한 형제, 지인들. 무엇보다 제 꿈을 실현하게 해 준 유 작가님. 감사한 마음. 선한 인연 상생하는 인연으로 남겠다고 약속해 봅니다.

고맙고 고마운 사람들. 내가 더 잘 살아야 하는 이유입니다

사랑은 아름답습니다. 사람은 더 아름답습니다. 사랑의 대상이 누구인지는 중요하지 않습니다. 죽는 그 날까지 사람을 사랑하며 살아야 합니다. 사람은 사랑을 치유하고 사랑은 사람을 치료합니다.

2015년 5월 어느 봄날에, 보영

차례

알림

책에 등장하는 인물의 사생활 보호를 위해 가명을 사용했습니다.

1부

무너지다

“나는 그 여자 없이는 못살 거 같아. 내 나이가 사십이 넘었어.
어쩌면 두 번 다시 못할 사랑일지도 모르겠어.
그 여자가 없다면 나는 살 이유가 없어.
일도 가정도 아이도 다 필요 없어.”

도대체 그 여자의 뭐가 그리 좋아 미친 거냐는 내 물음에
그는 간단하게 대답했다.

“예쁘고 착해.”

내 것이 아닌 날

'끝까지 함께 해주지 못해 정말 미안해. 찐이 잘 부탁해. 나 용서하지 마라.'

자살을 암시하는 소름 끼치는 문자 한 통이 배달됐다. 그가 집을 나가 소식이 두절 된 이후 거의 반년 만에 온 첫 연락이었다.

문자를 본 순간 핸드폰을 들고 있던 손이 바르르 떨리며 갑자기 숨이 턱 막혔다. 머릿속이 하얘지며 충격으로 입술이 파르르 떨렸다. 그 순간 느낀 섬뜩함과 공포. 살면서 나름의 고난이나 고통을 겪었다 생각했다. 그걸 통해 체득한 경험, 단련, 담담함은 그 순간 아무 쓸모가 없었다.

'도대체 이게 무슨 일이지? 나쁜 새끼 같으니라고.'

문자를 받고 난 뒤 떨리는 마음을 진정시키고 그에게 전화를 했다. 핸드폰 전원이 차단되어 받지 않았다. 그의 신상에 무슨 변고가 생긴 게 분명했다. 이 알 수 없는 불길한 예감은 무엇일까? 갑자기 왈칵 눈물이 솟구쳤다.

그날따라 새벽에 일찍 일어난 부모님에게 울음소리를 들켜버렸다. 그가 집을 나간 후 짐을 싸 친정에 들어왔던 차였다.

수건으로 입을 틀어막고 조심해서 울었는데도 소리가 새 나갔다. 다그치는 부모님께 울은 이유를 말했다. 아빠의 깊은 한숨이 땅 밑으로 가라앉았다. 엄마는 너무 기가 막혀 할 말을 잃어버리고 하염없이 울기 시작했다. 친정에서는 딸년이 소박당한 것도 모자라 과부까지 될 판이라 충격이 이만저만이 아니었다.

우리는 두려움과 걱정으로 온 새벽을 하얗게 세웠다. 나는 날이 밝자마자 실종신고를 하러 집 근처 경찰서로 갔다.

이른 아침이라 경찰서 사무실 안은 한가했다. 정신이 반쯤 나가 보였던 내가 사무실에 들어가자 몇몇 경관들이 모두 나를 경계의 눈으로 쳐다봤다.

"아주머니 어떤 일로 오셨어요?"

인상 좋아 보이는 경관 하나가 나를 쳐다보며 물었다.

"저, 제 남편이 집을 나갔는데 오늘 새벽에 이상한 문자를 보내고 연락이 두절되어서요."

"아! 실종신고 하러 오셨군요? 이쪽으로 와서 앉으시고 남편이 보냈다는 문자 좀 보여주세요."

경찰관이 손짓을 한 자리에 가 앉았다. 주위 경관들이 모두 나를 안됐다는 눈빛으로 쳐다보고 있었다. 경찰관에게 실종신고 조서 작성을 위해 문자를 보여주었다. 나는 잘못한 것도 없는데 죄인처럼 고개를 숙이고 경찰관의 묻는 말에 다 기어들어 가는 소리로 대답했다.

"아주머니 고개 좀 드세요. 아주머니 죄인 아니에요. 죄 지어서 오신 거 아니니 힘드시겠지만 편하게 말씀하세요. 밤새 얼마나 걱정하셨어요? 저희가 빨리 처리해 드릴 테니까 걱정 마시고요."

나를 안쓰럽게 바라보는 경찰관의 눈빛과 친절한 목소리에 참았던 눈물이 흘러내렸다. 내가 이런 일로 경찰서에 올 줄 몰랐다. 수치심에 얼굴이 달아오르고 온몸에 한기가 느껴졌다.

반쯤 정신 나간 상태로 실종신고를 하고 시어머니에게 전화를 걸었다.

"어머니, 놀라지 마세요, 아범한테 섬뜩한 문자가 와서 경찰서에 실종 신고를 냈어요. 죄송해요. 이런 전화를 해서,"

시어머니는 놀라기는커녕 퉁명스럽게 대답했다.

"왜 죽기라도 한다니? 그런 새끼 죽으라고 내버려둬 야. 나는 모르니께 니덜 끼리 알아서 하란께."

오히려 무덤덤한 목소리에 내가 더 놀랐다.

"어머니 어떻게 그런 말씀을 하세요. 죄는 미워해도 사람 목숨이 달린 일이에요. 그렇게 사랑한 아들이잖아요? 우리 아이는 어쩌고요?"

울고 있는 내 목소리를 시어머니는 들은 척도 하지 않았다. 오히려 자신은 상관없는 일이고 간섭하기 싫다며 냅다 전화를 끊어버렸다.

시어른과 시누들은 우리가 사는 내내 참견하고 간섭했다. 어른이라고 해서 옳은 길 바른길을 가르쳐주지도 않았다. 그저 내 잘난 아들밖에 세상에 없는 듯 그가 하는 행동은 당연하고 이유 있는 행동이라고 옹호만 했다. 우리 관계가 벌어지게 된 시작이었다.

시부모들에게는 그도 그럴 것이 최고 명문대를 당당히 들어간 아들이었다. 농사지으며 먹고살기 바빠 챙겨주지도 못했는데도 학창 시절 일등을 놓치지 않았다. 동네의 자랑이었고 집안에서 내세우는 아들이었다. 그런 아들이 여자에 미쳐 번듯한 직장을 때려치우고 사라져 버렸으니 그 마음을 이해 못 하는 건 아니었다. 그래도 그렇지. 나는 목숨 앞에 저렇게 담담한 시어머니가 도저히 이해가 안 됐다.

시어머니와 통화를 마치고 집으로 돌아가려 했지만 친정부모 볼 면목이 없어 집으로 갈 수가 없었다. 세상 어느 누구한

테도 도움을 받을 수 없다는 생각이 들자 하염없이 눈물이 났다. 경찰서 앞 전화 부스에서 빠져나와 누가 볼지 모른단 생각에 골목 귀퉁이를 찾아들어 땅바닥에 쪼그리고 앉았다. 꺼이꺼이 목 놓아 울었다. 울음조차 마음대로 울 데가 없다 생각하니 더 서럽고 서러웠다. 하늘을 쳐다보며 왜 내가 이런 팔자로 살아야 하는지 절망했다.

그가 집을 나간 날. 그를 그렇게 보내지 않았다면 이런 일이 없었을까? 도대체 그는 집을 나가 무슨 일이 있었기에 이런 극단적인 선택을 하게 된 걸까?

빈속에 속을 끓으니 머릿속이 어지럽다 못해 구역질이 났다. 헛구역질이 끝나자 그가 집을 나간 그 날 새벽이 떠올랐다. 대여섯 달 전이었다. 집 지하 주차장에서 떠나려는 그를 나는 필사적으로 붙들었다.

주차장으로 쫓아가 보니 그가 타던 중고차는 보이지 않고 눈앞에는 새까만 세단이 보였다. 그는 나도 모르는 사이에 몇 천만 원이 넘는 고급 차를 뽑아서 타고 있었다. 우린 그때 미국에서 학위를 받느라 가진 돈을 다 쓰고 들어와 돈이 없을 때였다. 보증금 몇 천에 월세 몇 십만 원짜리 오피스텔에 살고 있는 처지였다. 상황없는 와중에도 그의 차를 보는 순간 놀랄 수밖에 없었다.

집을 나가기 전까지도 출장을 핑계로 야근 밤샘을 핑계로 집에 한 달이면 열흘 남짓만 들어왔다. 옷이나 갈아입으려고 집에 들렀기에 그가 새 차를 뽑은 것도 몰랐다. 기가 막혔지만, 일단은 집을 나가는 그를 잡는 게 우선이었다.

그는 말리고 붙잡는 나를 세차게 밀어 바닥에 내동댕이쳤다. 나는 넘어지며 벽에 부딪혔고 잠시지만 정신이 혼미해졌다. 쓰러진 나를 본체만체하며 그는 시동을 걸고 쏜살같이 주차장을 빠져나갔다.

잠시 시간이 흐르고 정신을 차려보니 온몸이 긁혀 상처가 나 있었다. 서둘러 일어났다. 혼자 자고 있는 아이가 생각났다. 자다 깨서 엄마 아빠가 없다는 걸 알면 얼마나 아이가 놀랄까 하는 생각에 서둘러 엘리베이터를 탔다. 문제는 그 후였다.

집 자동문을 열어야 하는데 비밀번호가 생각이 나지 않았다. 아무리 이 번호 저 번호를 눌러도 생각이 나지 않았다. 아까 넘어질 때 벽에 머리를 가볍게 부딪쳤는데 그 영향 같았다. 갑자기 두려움이 몰려왔다.

'생각이 나야 하는데, 아이가 혼자 자다 깨서 아무도 없어 놀라면 어떡하지? 기억에 이상이 생겼으면 어떡하지? 가만있어. 내 이름이 뭐지? 보영. 이름은 기억나는데 그렇게 많이 누르던 숫자가 왜 안 떠오르지? 참! 우리 집 전화번호는 뭐지? 아, 핸드폰 번호도 생각나지 않네. 아아~.'

문 앞에 주저앉아 신께 기도했다. 지금 이 순간 별 뾰족한 방법이 없었다. 급작스럽게 두통이 몰려오자 현기증에 식은땀이 났다. 온몸이 땅속으로 꺼져 들어가 버릴 것만 같았다. 심장은 쿵쿵 소리가 들릴 만큼 뛰고 일순간 머리가 하얘졌다. 삼십 분 남짓 시간이 흐른 듯했다.

'주여. 저 왜 이래요? 기억나게 해주세요. 내 머릿속이 이상 없도록 해주세요. 저 무서워요. 저 좀 지켜주세요. 저한테 왜 이러세요? 아이는요? 아이가 자다 깨서 놀라면 어쩌라고요? 잠 안 깨고 우리 아이 잘 자게 해주세요. 아이가 깨기 전에 집에 들어가게 해주세요. 저 좀 도와주세요. 제발.'

간절한 기도가 통했는지 머릿속이 맑아지며 비밀번호가 생각났다. 잠시 뒤 문을 열고 들어갈 수 있었다. 아이는 다행히 잘 자고 있었다.

흩어진 살림살이를 치우고 내일 아이가 먹을 밥을 지었다. 냉장고 안을 뒤지니 맥주 캔 하나가 있었다. 따서 한 모금을 마셨지만, 눈물이 흘러내려 더는 마실 수 없었다. 맥주인지 눈물인지 모를 그 찝찔한 맛. 그 맛이 너무 싫어 그때부터 평생 술을 입도 안 대기로 마음먹었다.

다음 날 자고 일어나니 온몸이 긁힌 상처와 피멍으로 만신창이였다. 온몸이 욱신거렸고 다리 하나는 너무 아파 절뚝거려야 했다. 오해를 받을까 봐 병원에 갈 수도 없었다. 약국에서 약을 사서 바르고 먹었다. 처방받지 않은 약은 효과가 없었고 오랜 시간 불편을 겪어야 했다.

우리는 어쩌다 이렇게 된 걸까? 무너진 마음을 추스르며 지난 시간을 돌이켜봤다.

우리는 우여곡절을 겪으며 7년여의 유학생활을 마치고, 2006년 어렵게 한국으로 돌아왔다. 그는 취업하려고 애썼지만 자리가 나지 않아 놀고 있었다. 그러다가 친정 형부의 대학동창이 대표로 있는 유명한 컨설팅 회사에 취직하게 됐다.

두 명의 동업자가 하는 회사였는데 두 대표가 큰 형부, 작은 형부의 친구였다. 대표들의 '빽'으로 경력도 없이 미국 학위만으로 국제부 마케팅팀 차장이 됐다. 그는 부장 직함을 주지 않는다고 서운해 했으나 사내에서는 경력도 없는 상사가 온다는 것만으로 입길에 오르내렸다. 그는 경력이 짧았고 동료들의 텃세 때문에 힘들어했다. 회사에 다니며 그나마 그에게 위안이 됐던 일은 잦은 해외 출장과 접대란 핑계의 술자리였다. 그는 여행을 좋아하고 음주가무에 능했다. 어쩌다 친구들과 어울려 놀면 친구들은 나에게 농담 반 진담 반 주의를 주곤 했다.

"영이 씨, 이 친구 끼가 장난이 아니에요. 잘 감시해야 하겠어요."

해외출장을 가는 것이 남들에게는 불편한 잠자리에 고역인 일이었겠지만 호기심이 많던 그에게는 신나는 경험이었다. 접대란 명목의 술자리는 음주가무에 능한 그가 탤런트 기질을 뽐내는 무대였다. 다시 태어나면 록가수로 태어나고 싶다는 그였다. 거래처가 굴지의 대기업들인지라 접대 장소는 주로 강남의 고급 술집에서 이루어졌다.

그게 문제의 시작이고 원인이었다. 술집 여자와 바람 난 남자 얘기는 막장드라마나 삼류 잡지에 나오는 얘기인 줄 알았다. 어느 날 그 얘기는 내 얘기가 되어버렸다.

그가 바람이 난 것이다. 그의 바람 대상은 그 유명하다는 이른 바 '강남 텐 프로'였다. 어느 순간 나도 그 사실을 알게 됐지만 한동안 모른 척을 했다. 어른들 말처럼 제풀에 지쳐 끝날 거라는 기대에서였다. 상대가 바람 난 걸 알면서도 모른 척하며 산다는 건 치욕스런 일이었다.

여자의 입을 탐했을 그의 입으로 들어가는 밥을 짓고, 여자를 안고 온 그의 속옷을 빠는 것은 피가 거꾸로 솟구치는 일이었다. 그가 어쩌다 들어오면 갖가지 반찬을 해서 밥상을 차렸다. 피눈물로 빤 잘 다려진 옷을 챙겨주고 회사 일이 바빠 집에 들어오지 않으면 속옷, 옷가지를 챙겨 회사로 날라다 주었다.

월급의 삼 분의 일인 백만 원의 용돈이 부족할까 싶어 그에게 필요한 것들을 생활비를 아껴 사주었다. 그는 그때 빚으로 과소비를 하고 있으면서도 꼬박꼬박 용돈을 챙겨갔다. 아이와 나는 월세, 관리비, 세금을 빼고 남은 돈 백만 원으로 생활을 해야만 했다. 그마저도 아이 교육비에 잡비에 남아나질 않았고, 먹고살아야 하는 나는 만 원짜리 옷 하나를 못 사 입을 때였다.

어른들은 배우자가 바람이 났는데도 참으라 한다. 왜 참아야 하나? 어떻게 참아야 하나? 왜 우리 부모들은 잘못된 걸 우리에게 계속 가르치는 걸까? 시대가 변했고, 상황이 변했다. 그런데도 옛날 방식으로 가르치고 따르라 한다.

바람 난 상대를 어찌 참을 수 있으며 바람난 상대가 다시 돌아와 산다 한들 무슨 의미가 있을까? 상대에게 유린당하고 배반을 당하는 일을 참으라고?

허나 현실은 참담했다. 문제를 풀 뾰족한 수도 없었고 해결책도 없었다. 그저 참고 지켜보는 수밖에 없었다.

텐 프로의 여성을 비하할 마음은 없지만, 그가 만난 그 여자는 정말 술집 여자였다. 정신을 못 차리는 그를 붙들어 보려고 애를 쓰다 그 여자와 통화를 하게 됐다. 그와 살면서 이미 크고 작은 시련들을 겪으며 단련된 나는 큰일 앞에 더 담담하고 냉정했었다. 하지만 이번 일은 예삿일이 아니란 걸 직감했다.

전화 속에 들리는 그 여자의 목소리는 천박하게 들렸다. 비어있는 듯 공허한 말투, 성의 없는 말씨가 아무 생각 없이 사는 듯 보였다. '이걸 백치미라고 하는 건가?' 하는 생각이 들었다. 그 여자는 도무지 말귀를 못 알아들었다. 혀 짧은 목소리로 뱉어내는 '우리 오빠가, 우리 오빠가'라는 말에 토가 나올 것만 같았다. 가슴이 무너져 내렸다. 텐 프로는 수준이 있다고 하던데, 이 여자는 텐 프로가 아니라 삼십 프로, 오십 프로 같았다.

고작 이런 여자 때문에 가정을 버린단 말인가? 이런 수준 없는 여자가 내가 상대할 사람이라고? 끓어오르는 분노를 차분히 가라앉히고 그녀의 감정이나 양심을 건드리기 위해서 간곡하게 부탁했다. 우리 가정을 지켜달라고. 남편을 아이 곁으로 보내달라고. 저 그동안 너무 힘들고 아프게 산 여자라고. 제발 봐달라고. 나는 그 여자에게 무릎이라도 꿇을 태도로 나를 낮출 수밖에 없었다. 어쩌겠는가? 사실은 내가 갑이었으나 현실은 그렇지 못했다. 그의 마음이 그리고 정신이 그 여자 곁에 있으니 나는 그 여자의 치마꼬리라도 붙들고 빌 수밖에 달리 방법이 없었다.

그는 바람이 나자 평소에도 드문드문 들어오던 집에 일주일에 한 번, 잘하면 두 번 들어왔다. 어느 날부터인가 그의 물건들이 명품으로 바뀌기 시작했다. 명품구두에, 비싼 메이커 옷에, 비싼 액세서리들이 즐비했다. 이 사람이 도대체 뭘 하고 다니는

지 알아보기로 했다.

그가 술이 떡이 되어 자고 있던 어느 날 새벽. 그의 핸드폰을 열었다. 바람이 난 사람들은 대부분 손에서 핸드폰을 놓지 않는다. 그가 깊이 잠든 걸 확인하고 몰래 핸드폰을 훔쳐 본 것이었다. 핸드폰에서 발견한 사진들을 보고 일순간 가슴이 먹먹해졌다. 그 여자와 전국 각지를 돌아다니며 산해진미를 먹은 사진이 즐비했다. 더욱 놀라운 건 해외 출장인지 여행인지를 다니며 그녀와 찍은 사진들이었다. 다 벗지만 않았지 침대에 누워 게슴츠레 눈을 뜨고 그의 카메라를 응시하는 그 여자의 얼굴, 입을 맞추고 끌어안은 그들의 사진이 있었다. 멍든 가슴에 시퍼렇게 각인되는 사진들.

가정생활이야 내팽개치더라도 회사생활은 제대로 해야 하는데 들리는 얘기는 그것과는 거리가 있었다. 그토록 회사생활이 불량했던 이유도 그제야 알게 됐다. 그는 결근을 수시로 했고 업무태도도 나빴다. 사적인 통화를 하느라 자리를 자주 비웠고, 사용처가 불분명하거나 개인적으로 이용한 게 분명한 식당, 모텔비까지 법인 카드를 지출했다. 불량한 업무태도는 클라이언트를 화나게 하고 종국에는 프로젝트가 취소되는 사태로 이어지기까지 했다. 집에만 있는 나로선 알 수 없는 일들이었지만 형부를 통해서 알게 되었다.

바람 난 후부터 어쩌다 집에 들어온 그를 쳐다보면 눈은 초점이 없었고 눈빛은 풀어져 있었다. 밥상 앞에서 밥을 뜨는 숟갈엔 힘이 없었고 밥맛도 없는 듯 보였다. 몇 달 사이에 너무나 말라 갔다. 눈은 퀭 했고 볼은 쏙 들어갔다. 그때 나는 이 사람이 남들이 말하는 약을, 마약이나 최음제를 한 건가? 하는 의구심까지 들었다. 그러지 않고서야 이 짧은 시간에 사람이 저렇게 망가질 수 있는 걸까? 그러지 않고서는 어떻게 똑똑한 사람이 저리 총기를 잃을 수 있는 건지.

더는 지체할 수 없었다. 그가 위태로워 보였고 잘못하면 아빠를 잃을지 모를 아이가 불쌍해졌기 때문이다.

아이를 끔찍이 아끼던 그가 어느 날 청천벽력 같은 소리를 했다. 술을 진탕 먹고 들어온 어느 날, "당신에게 할 말이 있어"라며 말을 꺼냈다. 그의 목소리는 흔들렸고, 내 심장은 덜컥 내려앉았다. 이미 예견했던 바지만 온 몸이 덜덜 떨렸다. 귀를 막았지만 그의 목소리는 또렷하게 들렸다.

"나는 그 여자 없이는 못살 거 같아. 내 나이가 사십이 넘었어. 어쩌면 두 번 다시 못할 사랑일지도 모르겠어. 그 여자가 없다면 나는 살 이유가 없어. 일도 가정도 아이도 다 필요 없어."

더 이상 이 사람을 내버려두었다간 무슨 일이 일어날지 모르겠다는 판단이 섰다. 그 여자에게 참고 참던 전화를 해버렸다. 노내체 그 여자의 뭐가 그리 좋아 미친 거냐는 내 물음에 그는 간단하게 대답했다.

"예쁘고 착해."

나는 그 순간 못생긴 나쁜 년이 됐다. 그는 사랑에 눈이 멀어버렸다. 한마디로 사랑에 미쳤다.

그 여자에게 전화를 한 건 내 잘못이었다. 부인에게 자신의 번호를 알려주고 자신을 지켜주지 못한 오빠를 믿을 수 없어 떠나겠다는 그 여자를 지켜주기 위해 그는 집을 나갔다.

많이 배웠고, 살면서 많은 혜택을 누린 그였다. 본능에 충실해 인생을 함부로 구렁텅이로 던져버린 사람. '남편'이란 이름으로 선택한 내 남자가 바로 이런 사람이었다.

그놈의 미친 사랑

집을 나간 그가 처음 있던 곳은 모텔이었지만, 돈이 떨어진 다음부터는 찜질방을 전전했다. 그 와중에도 그 여자와 늘 함께했다. 그의 빚 수천만 원 중 일부는 그 여자의 환심을 사기 위해 술집 선금을 갚는 데 썼다. 무위도식하는 가족들을 대신해 집안의 가장 역할을 하고 있는 그녀가 불쌍해서 도와줄 수밖에 없었다. 그는 정말로 그렇게 믿었다.

여러 경로를 통해 그 여자의 집 번호를 알아냈다. 그 당시 나는 사립탐정 빰칠 정도로 그의 행방을 찾기 위해 고군분투했다.

그 여자 집으로 전화를 걸어 그 여자 엄마와 통화를 했다. 그 여자 엄마는 내 얘기를 몇 마디 듣지도 않고 갑자기 다짜고짜 욕부터 시작했다. 나에게 하는 것이 아니라 집 나간 딸에게 하는 욕질이었다. 말을 채 꺼내기도 전이었는데, 모든 내용을 알고 있는 듯했다.

"딸년이지만 원수가 따로 없어요. 학교 때부터 하라는 공부는 하지 않고 잡년, 잡놈들하고 놀러만 다녔어요. 멋 부리고 돈질하다 빚까지 졌어요. 하다하다 안 되니깐 반반한 얼굴 믿고 술집 년이 되더라고요."

나는 조심스럽게 물었다.

"집식구를 먹여 살리는 가장이라고 하던데요?"

그 여자의 엄마는 내 말을 들은 그 순간부터 자신의 딸을 향해 태어나 듣도 보도 못한 욕지거리를 시작했다.

집안 형편이 어려운 건 사실이었다. 병든 아버지에 엄마가 파출부를 해서 먹고사는 환경이었다. 문제는 텐 프로나 되는 그녀가 생활비는커녕 병든 아버지 약값 하나 안 보탰던 것이다. 그 여자는 나쁜 년이었다. 늙은 놈 돈 뜯어 젊은 놈한테 털어 넣고, 식구들이 돈을 달랄까 봐 '돈 없다'를 입에 달고 사는 '천하의 잡년'이라고 했다. 그 여자의 엄마가 계속 떠들어댔다.

"얼마 전부터 봉을 하나 잡았으니 이제 이 생활 청산한다며 신이 나 있었어요. 최고 명문대 나왔고 미국 박사고 자기 빚도 다 갚아준다 했다며 설레발치더라고요."

그 여자의 엄마가 딸에게 물었단다.

"유부남 건드려 남의 집 망치려고 작정을 했냐."

딸이 대답하길 '곧바로 이혼한다'했다며 그 남자에 대해 자세히 떠들어댔다고 한다.

그 여자의 엄마는 이미 이 일을 알고 예견했기에 내 전화를 담담히 받았다. 물론 그 여자의 엄마도 나에게 사과하지는 않았지만 그 진심은 느껴졌다. 부모가 무슨 죄가 있겠나. 당사자들이 문제인 게지.

"남편 단속 하나 못하고 어쩌다 이런 년한테 뺏겼데요? 나도 그년이 집 나가 전화도 받지 않으니 상관할 바도 아니고 몰라요. 그러다 단물 다 빼먹으면 겨 들어오겠죠. 집 나간 게 어디 한두 번이어야지. 나 원 참. 육시랄 년 같으니라고."

마치 자신에게 무슨 책임이나 불이익이 갈까 봐 선수를 치는 느낌이 들었다. 그 여자 엄마와 통화를 하면서 분노가 치밀어 올랐지만 참아야 했다. 그 여자 엄마가 가여웠고 사정이 어려운 사람이라서 더 이상 아무 말 하지 않고 전화를 끊어야 했다.

그 여자 엄마 예견처럼 그는 그 여자에게 단물을 다 뺏겼다. 그들은 돈이 바닥나자 타던 차를 담보 잡혀 대출을 받아 생활비로 사용했다. 갚을 수 없는 돈이지만 우선은 자신들의 밀회가 중요했다.

뭐에 하나 꽂히면 끝까지 가고 마는 성격이었다. 공부도 결국 그래서 했다. 대학원 입학시험을 봤을 때 단 보름 만에 제2외국어까지 마스터 하고 전체 2등으로 입학한 적이 있었다.

그때 같이 일등으로 입학한 후배는 지금 텔레비전에 가끔 나오고 자주 입에 오르내리는 명사가 됐다. 후배와 달리 그는 사랑 하나에 미친 한심한 사람이 되어버렸다.

돈이 바닥나는 순간까지 그 여자와 같이 있었다. 그는 그 여자가 고생하는 게 안쓰러워서 가지 않는다는 걸 말려 집으로 돌려보냈다. 그는 더 이상 혼자서 생활이 어렵자 시댁으로 들어갔다. 돈이 목숨보다 소중한 시어머니는 7~8천만 원의 빚을 지고 들어 온 아들을 환영할 수 없었다.

공부 잘한 자랑스러운 외아들은 천하의 원수가 되었다. 더군다나 아직도 여자에 정신 못 차리는 꼴은 볼 수가 없었다. 둘은 매일 싸웠다. 온 동네가 다 알 정도로 독하고 억척스럽기로 유명한 어머니 앞에서 그는 호랑이 앞 토끼 한 마리였다. 내가 살며 그 장면을 한두 번 봤을까? 시어머니와 함께 살 때는 내가 제사상 위 토끼였다. 그는 입이 열 개라도 할 말이 없었다.

그를 궁지로 한 발 더 내몬 건 그 여자였다. 헤어진 이후 그 여자는 전화도 받지 않고 핸드폰도 수신 거부를 해버렸다. 주위에서 말하는 전형적인 술집 여자한테 그는 차인 것이다. 그는 나를 버렸고 그 여자는 그를 버렸다. 그가 애쓴들 돈을 구할 방법이 없었다. 그럴수록 그 여자가 사무치게 그리웠을 것이다.

그 여자를 볼 수 없고, 갈 수도 없었고, 시어머니는 허구한 날 남편에게 나가서 죽으라며 종용을 했다. 자신이 벌여 놓은 일들을 수습할 자신도 없었을 것이다. 방법도 모르고 그럴 의지도, 살 이유도 의미도 더 이상 없었을 것이다. 나가 죽으라니 나가 죽을 수밖에. 그는 죽으러 나갔고 자살 해프닝은 그렇게 시작되었다.

죽겠다고 타고 나간 그의 차량을 도난 신고해버린 대출업자가 없었다면 그는 세상에 없었을지도 모른다. 나는 아이에게 아빠란 이름을 지켜준 대출업자한테 감사해야 했다

인생은 상상을 불허한다. 죄짓고 산 것도 아닌데 어떻게 이런 일을 당할 수 있을까? 죄를 지어서 벌을 받는 거라면 얼마든지 수긍할 수 있다. 내게 지워진 죄명을 정확히 알았다면 이렇게 답답하고 혼란하지 않았을 텐데. 그저 내 앞에 닥친 불행한 운명을 쳐다보며 우는 것밖에 할 일이 없었다. 눈에서 진물이 나고 피가 나도록 울고 울었다. 못난 나는 우는 것 밖에 달리할 수 있는 일이 없었다.

쓰고 비린
이별의 맛

그가 가출한 이후. 길다면 길고 짧다면 짧은 그 시간. 남들 말대로 죽지 못해 살았다. 아이가 없었다면 나 또한 극단적인 선택을 했을 것이다. 그놈의 책임감이 뭔지, 모성이 뭔지. 아이 때문에 살았지만, 사는 것 역시 죽는 것만큼 힘든 일이었다. 여자 혼자 사는 것도 엄두가 나지 않는데, 아이를 책임지고 살아내야 하는 건 더욱 힘들고 두려운 일이었다.

그는 가족이 굶든 말든 상관 않고 집을 나갔다. 수입이 없던 우리는 얼마 지나지 않아 생활비가 바닥나 버렸다. 아이가 학교에 간 후 급한 대로 친구가 운영하는 미술학원에 가서 아르바이트를 시작했다. 말만 미술 강사일 뿐 학부모 상담과 학원 홍보가 일과였다. 시간이 남을 때는 꽃꽃이 선생의 꽃집에 가 주문받은 꽃다발을 만들고 수고비를 받았다. 아무리 열심히 일

해도 월세를 내야 하는 월말이 돌아오면 심장이 벌렁거렸다.

그렇게 힘겹게 하루하루를 보냈다. 그가 집을 나간 지 석 달쯤 되던 어느 날. 집으로 험악하게 생긴 사채업자들이 찾아왔다.

"○○씨 댁이죠? 부인이시죠? ○○씨가 기한이 지났는데 돈도 안 갚으시고 전화도 안 받으시네요. 저흰 세금 내고 합법적으로 당당히 돈거래 하는 사람들이고 합법적인 절차를 밟고 있습니다. 그러니 부인께서 대신 돈 좀 갚아주셔야 하겠는데요."

이건 또 무슨 청천벽력 같은 소리인가? 혹시나 했던 일이 역시나 일어났다. 용돈보다 과한 지출의 출처는 카드빚과 대출이었다. 그가 진 빚은 7~8천만 원이나 되는 큰돈이었다. 은행에 다니는 친구를 통해 그 사실을 알았을 때 나는 머릿속에서 뇌가 사라지는 기분을 느꼈다. 집을 나가기 전 이미 저당 잡힌 그의 빚이었다. 차 담보대출은 가출 후의 빚이었다.

"따님이 ○○초등학교 ○학년 ○반 다니던데? ○월○일까지 돈을 갚으셔야 합니다."

그건 협박이었다. 이미 우리의 모든 뒷조사를 하고 와서 옴짝달싹 못 하게 하려는 그들의 술수였다. 나는 떠나려는 그들을 붙들고 상황을 설명하고 하소연을 했다.

"시간을 더 주세요. 말미 좀 더 주세요. 아시다시피 애 아빠는 가출했고, 이 집도 월세 집이에요. 어떡해서든 마련해 드릴 테니 제발 아이에게 이상한 짓 하시면 안 돼요. 제발 봐 주세요"라며 그들에게 머리를 조아렸다.

친구 주은이에게 조언을 구했다. 지난 힘든 시간 주은이는 내 유일한 지원군이었다. 나중에 주은이가 굉장한 바람둥이인 걸 알아 실망을 한 적도 있었지만. 어려운 그때 주은이는 나에게 최고의 조언자였다.

"부모님께 다 말씀드리고 해결해. 어쩔 수 없어. 다 이해해주실 거야. 네가 그랬잖아. 너의 결혼을 반대하던 부모님이 살다가 못 살겠으면 언제든 돌아오라고. 언제든 두 팔 벌려 환영할 거라고 약속하셨다고 하지 않았니? 말씀드리고 도움을 요청해. 꼭 도와주실 거야. 그러고 나서 어서 집을 빼. 일단 보증금 몇 천이라도 건져야 하잖아? 말이 합법이지 결국 사채업자들이야. 그들은 정말 조심해야 해. 둘이 살다 뭔 일 당하면 어쩌려고?"

주은이의 조언대로 부모님께 모든 일을 말씀드렸다. 부모님은 충격이 너무 커 한동안 말을 잇지 못했다. 엄마는 억장이 무너져 내리는지 한숨과 눈물을 쏟아냈다. 언제나 그랬다. 아빠. 너무나 사랑하는 나의 아빠는 언제나 내 편이었다. 말씀도 별로 없었지만 중요한 순간에 내게 항상 한발 앞선 답을 주곤 했다.

"집을 정리하고 어서 친정으로 들어와라. 살림이 많으니 베란다 딸린 중간 방을 줄 테니 좁아도 참고 잘 지내라. 그런 놈 데리고 사느라 고생했으니 이제 친정에 와 엄마가 해주는 밥

먹으며 편히 쉬렴."

아빠의 반대를 무릅쓰고 시집 가 잘살기는커녕 거지꼴이 된 딸에게 아빠는 글을 쓰는 지금 이 순간까지 싫은 소리 한마디를 안 하셨다. 아빠의 딸인 게 너무 자랑스럽고 감사하다. 나 같으면 꼴도 안 볼 못난 딸이었는데도.

친구들과 헤어지기 싫다는 딸아이를 전학시키고, 친정 방 한 칸에 자리를 잡았다. 그가 쓴 카드빚, 우리 생활비로 쓴 카드값은 집을 옮기며 갚았고, 나머지 돈을 쥐고 친정살이를 시작했다.

막 중학생이 된 아이를 키우며 생활하기에는 아르바이트만으로 힘들었다. 돈 한 푼 안 내고 공짜로 친정에서 먹고 살았지만 직장을 잡아야 했다. 기죽고 눈치 보는 딸아이를 위해서라도 당당한 엄마가 되어야 했다. 친정식구들은 사춘기인 딸아이가 혹시나 잘못될까 싶어서 노심초사했다. 무조건 예쁘다고 말해주고 용돈을 두둑이 주고 아꼈는데도 아이는 가엽게도 철이 일찍 나버렸다.

아르바이트를 하는 와중에도 여기저기 정규직 일자리를 찾았다. 잠을 줄이고 없는 시간을 쪼개면서. 참담하고 암담한 발걸음으로 어둡고 긴 터널을 지나야했다. 부모, 형제, 자녀, 친구, 지인, 이웃. 세상 모든 사람들의 눈치를 봤다. 그들의 시선은 따뜻했지만, 스스로 만든 자격지심에 나는 점점 주눅이 들어갔다.

집을 나간 그에게는 전혀 연락이 없었다. 시댁하고도 거의 연락이 끊겨 답답하고 안타까운 시간을 보냈다.

우리 모녀를 차츰 일으킨 건 사랑이었다. 피라는 인연으로 이어진 가족의 사랑이었다. 모두가 서서히 현실을 받아들이고 안정된 생활을 이어 갈 무렵, 그에게 문자가 온 것이다. 그것도 자살문자가.

그 사건은 다행히도 어이없는 해프닝으로 끝났다. 실종신고를 하고 잠시 뒤 시어머니에게서 연락이 왔다.

'아범이 무사히 돌아왔노라고. 안 죽고 돌아왔으니 실종신고 취소하라'고 했다. 어찌 된 일이냐고 묻기도 전에 시어머니는 할 말만 하고 전화를 끊어버렸다.

자초지종은 경찰서를 가서 들을 수 있었다. 그 날 새벽에 그는 어느 한적한 주차장에서 지나가던 경찰차에 의해 발견됐다. 죽지 않았고 죽기 일보 직전에 발견됐다. 창문을 꽁꽁 닫고 밤새 히터를 틀어놔 산소부족으로 거의 눈이 풀려있던 상태였다. 경찰차가 그를 발견하게 된 건 그가 탄 세단이 도난차량으로 신고된 차량이었기 때문이다. 대출금을 갚지 않자 대출업자가 도난차량으로 신고를 해버렸기 때문이었다.

내가 시댁에 전화를 걸었을 때는 그가 이미 집에 들어온 상태였다. 내 전화를 받은 시어머니는 모른 척 사실을 감춘 것이었다. 네가 잘했으면 내 아들이 바람났겠느냐며? 남편 귀한 걸 알아봐야 다시 살게 돼도 아들한테 잘할 거란 생각에서였을 것이다. 한동안 애를 먹이려 했는데 내 실종신고로 시어머니의 계획이 무산된 것이었다.

그에게서 온 자살 문자도 황당하기는 마찬가지였다. 그가 보낸 문자는 예약 문자였다. 문자가 전송되는 시간쯤이면 자신이 죽을 거라 계산해서 보낸 문자였다. 누군가가. 그것도 가장 가까운 사람에게서 죽기 전 마지막 연락이 그가 죽은 후 자신에게 날라 왔다면 어떤 기분이 들까? 그 고통스러운 기억은 평생 잊지 못할 것 같다. 등골이 서늘해지고, 몸에 소름이 돋고, 온몸이 굳어 버렸던 그 순간. 온몸에 피가 다 빠져나가고 가슴이 너덜거리고 머릿속에서 뇌가 다 사라져 아메바가 된 기분. 분노하고 절망하고 참담했던 그 기분을 잊지 못할 것 같다.

세상엔 정말 다양한 사람들이 살아간다지만 내가 연을 맺은 이 사람들을 어떻게 이해해야 하는 걸까? 이런 나를 보며 불교 신자인 친구 주은이가 장난치듯 말했다.

"네가 전생에 지은 죄가 크나 보다. 후생에 다 풀고 가라 하는 거니 잘 참으셔."

부모님이 반대하는 결혼을 한 게 죄스러워 이를 악물고 산 시간이었다. 하지만 이젠 그만 됐다. 그들을 이해하지도 용서

하지도 않기로 했다. 이제 더 이상은 참지 않기로 했다. 나는 일어서야 했다. 나는 독립해야 했다. 나는 절대 무너지지 않아야 했다.

현실은 차가웠다. 간단한 아르바이트 밖에 내가 할 수 있는 일이 없었다. 나는 그나마 운이 좋아 친구 미술학원에서 아르바이트를 했지만, 전업주부가 사회에 뛰어들어 직장을 얻어 사회인이 된다는 건 하늘의 별 따기였다. 오고 가며, 앉으나 서나, 자나 깨나 하늘에다 기도하고 시비를 걸었다.

'나 좀 도와주세요. 제발. 저 좀 도와주세요. 아시잖아요? 제가 지난 시간 잘 참으며 열심히 산 거 아시잖아요? 제가 뭘 잘못 한 건가요? 저한테 이러심 안 되시잖아요?'

내가 우스웠다. 하늘이 나한테 뭐 어쨌다고 이러는 건지. 앞으로 혼자 먹고 살아가야 한다는 생각에 두려움이 앞섰다. 혼자서 먹고살 거란 생각은 해본 적이 없다. 혹시 모를 먼 미래를 대비해 이것저것 배우고 공부는 했지만 다 취미 수준이었다. 무얼 직업으로 삼아야 할지 암담했다.

밥도 못 먹고 잠도 제대로 자지 못했다. 얼굴엔 수심이 가득했다. 살이 자꾸 빠졌다. 부모님은 살 빠지는 나를 걱정하셨지만, 몸이 가볍고 더 어려 보여 그나마 위안으로 삼았다.

먹고 살기 바빴지만 감상에 빠지는 날이 한 번씩 있었다. 그런 날이면 지독히 우울해졌다. 남들 다 평범하게 잘 사는데 그것조차 허락되지 않는 자신이 한심했다. 사랑받기는커녕 배신당하고 배반당한 자신이 초라했다. 비 오는 날이 되면 뭔지 모를 괴로움에 몸서리를 쳤다. 원래 비 오는 날을 좋아했지만, 불행한 현실 앞에 귀에 들리는 처량한 빗소리는 나를 더 다운시키고 무너뜨렸다. 술을 먹고 취하고 싶었지만 몸이 허락하지 않았다. 삶에 낙이 없었다. 나를 그나마 지킨 힘은 부모님에 대한 죄의식과 모성이란 알량한 책임감이었다.

미처 이별을 준비하지 못했고, 독립도 준비하지 못했다. 앞으로 내 인생은 어찌 되는 걸까? 내 곁에서 불안감과 두려움들이 나를 유혹했다. 이 꼴 저 꼴 다 보지 말고 차라리 죽어버리라고. 나는 죽고 싶지 않았다. 죽을 수가 없었다.

이런 심각한 상황에 나를 내던져버리고도 그는 사랑 타령을 했다.

사랑이 저만치 가네

"사랑인 줄 알았는데 사랑이 아니었다."

"그토록 사랑했는데 단 한 번도 사랑받은 적이 없어."

"누구에게나 사랑받을 수 있는 넌 장작 내가 원한 사랑을 준 적이 없어."

"넌 사랑을 몰라."

"그럼 도대체 네가 말하는 사랑은 뭐고 내가 한 사랑은 뭐니?"

개 풀 뜯어 먹는 소리도 유행가 가사도 아니다. 내가 사랑이라 알았던 것의 실체가, 내가 사랑한다고 믿었던 사람의 실체가 거짓이라는 것을 알았다. 그때의 상처와 분노는 당해보지 않은 사람은 모른다.

헤어짐을 앞두고 그와 나는 마주 보고 앉아 허심탄회하게 속

마음을 털어놨다. 심정적으론 이미 루비콘 강을 넘어선 나는 이미 많은 것에 대해 체념과 포기의 상태에 놓여있었다. 차라리 지난 시간 그렇게 열심히 살지나 말았다면 억울하지나 않지 하며.

눈앞에 있는 그 앞에서 침착한 척, 덤덤하고 쿨한 척까지 하며 그에게서 말을 끌어내려고 애를 썼다. 고요할 땐 맑지만 휘저으면 흙탕물이 되는 지장수처럼 그의 말을 들으며 내 마음은 다시 흙탕물 속으로 빠져들었다. 시간이 얼마나 지나야 할까? 세월을 얼마나 보내야 이 상황이 무덤덤해지고 더 이상 분하지 않아질까? 그때는 그런 시간이 두 번 다시 오지 않을 것 같았다.

'이 나쁜 새끼. 지금 뭐라고 헛소리하는 거니? 입에서 나오면 다 말인 줄 아니? 화냥 놈.'

가해자는 마음껏 떠드는데 피해자는 가슴으로 말하고 가슴으로 울었다.

나는 대학 때 미술을 전공했다. 그리고 손재주가 있어 살림을 잘한다며 주위의 칭찬을 들었다.

미국 유학생 시절 얘기다. 동네 유학생들의 기쁨 중 하나는 우리 집에 초대받는 일이었다. 감자탕, 속발, 닭볶집 등 그 동네에서는 감히 먹을 수 없는 한국음식을 메뉴로 내놨다. 그들에게는 우리 집에 초대받은 날이 잔칫날이었다. 우리 집에서 밥을 먹기 위해 소화제를 준비해 오는 유학생도 있었다.

7년여 그곳에 머물며 세 식구가 병원에 간 경우는 고작 아이 감기로 한 두 번이 전부였다. 사는 내내 동의보감 책을 끼고 살며 건강을 챙겼다. 학생보험에 가입돼 있었지만 기본으로 내야 하는 몇십 달러의 돈이 아까워서였다. 인터넷을 뒤져 그의 학업이나 아이 교육에 필요한 정보를 섭렵했다.

가족 모두의 머리를 손수 자르며 15~20달러, 거기에 세금까지 내야 하는 미용비를 아꼈다. 손바느질을 해 아이 옷을 만들어 입히고 식탁보를 만들어서 선물했다. 한국에서 가져온 씨를 뿌려 남의 땅에 텃밭 농사도 지었다. 사치할 여력도 없었지만 그 누구에게도 여자로서 부인으로서 뒤처지지 않으려 노력했다. 이때 나는 가정을 위해 가족을 위해 내 전부를 쏟아 부었다. 현모양처가 되기 위해 참 치열하게 살았다.

정식으로 배우지 못한 꽃꽂이지만 교회 헌화봉사자로도 활동했다. 목회 강대상에 꽃을 풍성하게 꽂아 꽃밭을 만들기 잘했던 내 헌화를 보고 교인들이 100달러가 넘는 헌화를 신청했다. 작은 교회에서 100달러가 넘는 헌화자가 많아져 목사님이 헌화 대신 헌금을 유도하는 웃지 못할 일들이 벌어졌다. 십수 년 전 작은 유학생 교회에서 100달러면 어마어마한 돈이었다. 교인들은 전임자보다 은혜롭다 했고, 목사님은 나에게 교인들에게 꽃 작품을 보는 기쁨과 향기를 선물해주었다고 고마움을 표시했다.

이때 기억나는 일이 하나 있다. 하루는 아이가 학교를 다녀와서 물었다.

"엄마, 엄마는 직업이 뭐야? 우리 선생님은 선생님인데."

순간 나는 당황하며 궁색하게 변명을 했다.

"엄만 엄마가 직업이야."

그러자 아이가 질문을 이었다.

"엄마 우리 선생님도 엄마면서 선생님이야. 그러니까 엄마 직업은 뭐냐고?"

그 당시 초등학교 1학년이었던 아이는 미국적 사고로 크는 중이라 그 아이 입장에서는 당연한 질문을 했다.

그때 퍼뜩 떠오른 생각이 있었다.

"엄마 플로리스트잖아. 교회서 엄마가 꽃꽂이하는 거 봤지? 그게 엄마 직업이야. 원래 돈 받고 하는 건데 엄마는 무료로 봉사하는 거야."

"아아. 맞다. 엄마 꽃꽂이했다. 낼 학교 가서 선생님한테 자랑해야지."

아이가 활짝 웃으며 고개를 끄덕였다. '어휴'하는 한숨이 절로 나오며 한국에 가면 반드시 커리어우먼 엄마로 살겠다는 다짐을 했다.

크고 작은 노력과 헌신이 가능했던 것은 사랑 때문이었다. 그를 사랑하고 가정을 사랑하는 여자의 당연한 모습이었으니까.

그런 내 사랑을 그가 모독했다. 잘못을 빌어도 모자라는 판에 변명은 고사하고, 설명을 해댔다.

'미친 인간. 웃기고 있네. 헛소리 집어 치워' 하며 뒤통수를 한 대 때리는 상상을 했다. 입 밖으로 말하지 못하고 가슴속 속으로만. 그가 떠든 헛소리를 종합해 보니 이런 말이었다.

어디라고 내놔도 손색없고 누구에게라도 사랑받을 여자였지만, 내가 사랑한 건 남편이 아니라 자신이 가꾼 가정이고 식구였다고. 자신은 정작 남자로 사랑받고 싶었고 사랑을 원했는데 단 한 번도 그런 사랑을 받은 적이 없었다고. 자신은 사랑이 인생의 전부인 사람인데 사랑이 필요해 사랑을 찾으러 나갈 수밖에 없었노라고.

그가 했던 말을 친구들에게 하면 두 패로 대답이 나뉘었다.

"거 쓸데없는 변명이야. 말 같지 않은 바람피우는데 이유가 어디 있니? 그냥 끼지."

"아냐. 하기 어려운 말인데 자존심을 버리고 진실을 말한 거야. 그 사람도 아팠던 거야."

사랑했기에 그와 가정을 위해 스스로를 희생했던 나에게 그는, 내가 한 건 사랑이 아니고 나는 사랑을 모른다 말했다.

"당신하고 헤어지려고 이러는 건 아니야. 원하는 사랑이 찾아왔는데 지금은 그 사랑을 놓치고 싶지 않아. 내 마음이 마음대로 안 되니까 조금만 시간을 줘"라는 그의 말을 도저히 이해할 수 없었다. 내 마음은 내 건데 내 마음대로 되지 않는다는 게 말이 되지 않았다. 변명 같지도 않은 변명을 들으며 그에게 이해불가인 수수께끼 하나를 숙제로 받은 채 그를 보낼 수밖에 없었다.

'미친 인간. 그냥 백치미, 관능미에 반했다고 솔직하게 말을 하지.'

그가 남긴 수수께끼를 푸는 데는 얼마간의 시간이 걸렸다. 그와 헤어지고 나는 너무도 힘든 시간을 보냈다. 현실의 장벽과 고통의 심연 속에서 헤맸다.

사랑하는 마음이 변했다고 하지. 차라리 사랑하지 않았다고 한들 이렇게 억울하고 혼란스럽지 않았을 텐데. 오랜 시간 동안 집중하고 사색했다. 그때 알게 된 사실 한 가지는, 갖고 있는 것을 잃어봐야 잃어버린 대상의 가치를 알 수 있다는 것이었다.

대상이 없어도 살 수 있게 될 만큼 시간이 흘렀을 때, 우연히 내게 사랑이 찾아왔다. 그동안 내가 일던 사랑은 사랑이 아니었음을 알려준 사랑이었다. 준비 안 된 사랑을 아쉽게 놓친

후 진짜 사랑이 찾아왔던 것이다.

아무리 애를 써도 내 마음이라도 내 마음대로 컨트롤 할 수 없다는 것을 알게 됐다. 그런 게 사랑이란 것이었다. 내가 사랑하고 사랑했다고 알았던, 그리고 결국 사랑을 찾아 떠난 그는 나에게 사랑의 의미를 먼저 알려준 선배였다. 만약 그가 말한 사랑의 의미를 먼저 알았다면? 그렇게 사랑했다면 이별을 맞지 않았을까?

사랑은 보내고 나면 알게 되는 것 같다. 어차피 지난 사랑은 인연이 아니다. 우리는 인연이 아니었다고 속으로 되새기며 사랑의 흔적을 애써 지우기 시작했다.

나를 위해 필요한 일이었다. 더 이상 가슴 아파지면 안 되니까. 무너져 내릴까 봐 두려웠다.

사랑 넘어 더 큰 사랑이 온다고 주은이가 말해주었지만 나는 믿지 않았다.

메아리 없는 사랑 노래

새벽에 꾼 꿈이 계속 머릿속에서 떠나지 않았다. 따뜻한 미소를 띤 어떤 아저씨가 자기 아들을 소개해 준다며 파란 대문의 어느 집 안으로 나를 초대했다. 마당에는 파티가 벌어지고 있었고, 키가 훌쩍 큰 어떤 사람이 나에게 다가올 때 화들짝 놀라 꿈을 깨버렸다.

유난히 꿈 귀가 밝고 대체로 맞는 편인 나는 이 꿈이 예사롭지 않다고 생각했다.

'꿈 해몽 상 누군가와 인연이 되는 꿈인데. 그렇다고 지금 이 시점에 이런 꿈이 무슨 소용 있을까? 있던 인연도 깨진 판에. 지금 처지에 누군가와 인연이 가당키나 하나. 사치고 환상인 게지.'

이렇게 마음을 달래며 애써 추슬렀다.

꿈을 꾼 그 날 아침. 그동안 마음만 먹고 엄두를 내지 못해 미뤄뒀던 요리 자격증을 따기 위해 학원으로 향했다. 전철 안은 주말이라 사람들로 붐볐고, 더운 날씨 탓에 퀴퀴한 땀 냄새가 진동했다. 물어물어 찾아간 요리학원은 신촌 사거리 한 귀퉁이에 자리 잡은 십 층 건물 꼭대기에 있었다.

클래스가 하도 많다 보니 양식조리사 자격증 반을 찾는 데 애를 먹었다. 좁고 긴 통로를 지나 클래스로 들어가고 있을 때였다. 활짝 열린 문안에 젊고 매력적인 남자가 나를 보며 환히 웃고 있었다. 내 뒤에 누가 있나 하며 뒤를 돌아보았지만 아무도 없었다.

'누구지? 내가 아는 사람인가?' 하며 어정쩡하게 눈인사를 나누고 수업을 시작했다.

젊은 남자는 학원을 오래 다녔는지 강사들과도 수강생들과도 친해 보였고 꽤 인기 있어 보였다. 그도 그럴 것이 적당한 몸매에 키는 180센티가 넘어 보였고, 자연스럽게 살짝 기른 수염 사이로 보이는 하얀 치아가 매력적이었다. 한껏 모양낸 머리는 웨이브가 자연스러웠고, 하얀 면티에 듬성듬성 찢어진 청바지, 하얀색 운동화가 눈에 들어왔다.

미술을 전공한 전직 그래픽디자이너였던 나는 사람들의 옷차림이나 감각적인 모습에 유달리 시선이 갔다. 스타일을 갖춰 팔에 두른 가죽 팔찌에 두툼한 스포츠 시계가 조화롭게 어울리는 걸 보니 직업이 아무래도 광고 디자이너나 미술 관련 프리랜서 직업을 가진 사람 같았다.

두세 시간의 수업시간이 어떻게 끝난 줄 모를 만큼 정신이 반쯤 나가 있었다. 첫 수업부터 기가 죽고 지쳐버려 한마디 말도 꺼낼 수가 없었다. 평소 요리하기는 식은 죽 먹기라 여겼던 내 자존심은 처참히 구겨졌다. 지금은 이름도 기억나지 않은 달걀 수프를 만들었는데 쏟고 흘리고 재료의 계량도 엉망이었다. 전투를 치른 나를 보며 그가 쓱 옆으로 왔다.

"첫날은 다 그래요. 저도 그랬어요. 저도 한 반년 정도 하니 이제 좀 쉬워지더라고요."

하얀 치아를 드러내며 기분 좋게 웃었다. 젊은 남자가 와서 아는 척해주고 챙겨주는 일은 즐거운 일이나, 그 당시의 나는 누구를 쳐다볼 여력도 없었고, 다른 생각을 할 처지도 아니었다.

후다닥 가방을 챙겨 전철역으로 향했다. 고개를 숙이고 어깨를 축 늘어뜨리고 터덕터덕 전철을 타고서 창문을 물끄러미 쳐다보았다.

'자격증 반을 괜히 들었나? 따면 뭘 할 수 있을까? 내가 왜 이걸 하게 된 거지?'

원인을 생각하다 창문에 비친 초라한 모습을 보자 속에서 뜨거운 감정이 훅하고 올라오며 울컥해졌다. 그때 갑자기 뒤에서 귀에 익은 목소리가 났다.

"영이 씨. 뭘 그렇게 골똘히 생각해요? 이름을 여러 번 불렀는데 못들을 만큼."

요리학원에서 본 그 젊은 남자였다.

"아아. 절 부르셨어요? 근데 제 이름을 어떻게 아셨어요?"

"수업시간에 출석부 부를 때 들어뒀어요. 참 열심히 하시던데요? 처음 교실로 들어오실 때 뵙고 깜짝 놀랐어요. 그 이유는 나중에 말씀드릴게요. 하하."

나는 멋쩍은 미소를 지으며 고개를 숙이고 더 이상 그를 쳐다보지도 말을 나누지도 않았다.

그 당시 나는 상처 입은 고양이처럼 온몸엔 날이 서 있었다. 삶은 의미도 없었고, 남자는 누구라도 믿을 수 없었다. 격려의 말을 해주는 아빠조차도 남자라 싫을 정도였다.

"아, 저 이런 사람입니다. 무서워 마세요. 저 절대 이상한 사람 아닙니다. 믿으셔도 됩니다."

이 사람 내 속마음을 읽은 걸까? 갑자기 얼굴이 붉어졌다. 사는 내내 남편 하나 남자로 보며 살아서인지 다른 남자의 관심이 무척 낯설었다. 그가 내민 명함에는 '성우'란 직함이 박혀 있었다. 이름을 어디선가 본 듯, 들은 듯 했지만 그러기엔 그의 나이가 너무 젊어 보였다. 후에 안 일이지만 아니나 다를까 그는 그 세계에서는 꽤 인기와 지명도를 갖춘 사람이었다. 그는 십수 년이라는 시간을 최선을 다해 앞만 보고 달려 자수성가한 유명한 성우였다.

그와의 만남은 그렇게 시작됐다. 매주 토요일 우리는 특별한 약속을 하지 않아도 볼 수 있었다. 그렇게 만난 다음 주 새벽에 또 꿈을 꿨다. 엘리베이터 문이 열리면서 그가 따스한 얼굴로 팔을 벌려 나를 안아주는 꿈이었다. 연속적으로 2주간 꿈을 꾸니 생각을 안 하려고 했지만 그 꿈의 의미가 궁금해지기 시작했다.

그날따라 추적추적 비가 내렸다. 빌딩 입구에서 우산을 털고 엘리베이터 문을 향해 뛰어갔지만 문은 닫히고 말았다. 강의실 위치가 10층인 데다가 엘리베이터도 하나라 몇 분은 기다려야 할 판이었다. 그때 갑자기 엘리베이터 문이 열리며 한가운데 그가 환하게 미소 지으며 어서 들어오라고 손짓을 하며 나를 맞았다.

좁은 엘리베이터 안에는 사람이 꽉 차있었고 작은 소리였지만 '저 여잔 뭐니?'하는 원성들이 들렸다. 그가 10층을 올라가는 그 짧은 시간 동안 내 등 뒤에서 옆 사람들이 나를 건드리지 못하도록 양팔을 벌려 나를 안듯이 서 있어주었다. 그는 이미 요리학원 내 인기 남이었고 스타였는데. 잠시 뿌듯한 생각이 들었다. 꿈이 현실이 되는 순간이었다.

수업을 다 끝내고 나오는데 그가 나를 불러 세웠다.

"영이 씨, 이제 어디로 가세요?"

"집이요."

"그럼 저랑 저녁 먹고 가실래요?"

"아뇨, 집에서 식구들이 기다려요. 그만 갈게요."

"죄송해요. 선약이 있는 줄 모르고 제가 일방적으로. 대신 다음 주에는 제가 저녁 살 기회를 꼭 주세요. 그럼 나도 그냥 집으로 가야겠다. 그럼 같이 전철 타고 가요."

그가 하얀 치아를 드러내며 환하게 웃었다.

"아아. 네."

나는 말꼬리를 흐렸다. 그 날 우리는 헤어지기 전까지 비로소 대화다운 대화를 시작했다.

우린 학원수업 날엔 같이 저녁을 먹고, 영화를 보고, 커피를 마시며 자연스럽게 만났다. 서로 얘기를 나누다가 그가 자격증반을 수강하는 이유를 듣게 됐다. 나중에 더 나이가 들면 가난한 사람들을 위한 급식 단체를 만들어 무료식사 봉사를 하려고 자격증을 따두는 거라 했다. 건강한 그의 생각과 태도가 그의 외모보다 더 매력적으로 보였다.

어느 날 그가 그윽한 눈으로 쳐다보며 말했다.

"영이 씨, 그때 기억해요? 내가 당신을 첨 본 날 환하게 웃었던 거?"

"네, 기억해요. 그때 좀 당황스러웠어요."

갑자기 그의 눈이 반짝였다.

"영이 씨, 학교 때 메이퀸이었죠? 대학교 때 정말 인기 많았겠어요. 하하. 그거 알아요? 어떤 여자가 앞에서 걸어오는데 헉! 하고 놀랐어요. 진부하고 부끄러운 표현이지만 내가 평소 머릿속으로만 그리던 이상형의 여인이 걸어오더라고요."

그의 눈에 콩깍지가 단단히 씌어 있었다. 나는 너무 당황스러웠다. 말도 안 됐다. 그때 내 몰골은 지금도 기억하고 싶지 않을 정도였는데.

"주위가 어둡고 영이 씨에게만 빛이 나는 그런 순간? 하하하. 나도 모르게 환하게 웃었어요. 정말 난생처음 느껴 본 느낌이었어요, 그랬는데 수업을 하며 두 번째로 놀랐어요. 전 성우가 직업인 사람이라 상대의 목소리, 말투, 말씨를 들으면, 건방지게 들리겠지만, 8~90%는 그 사람이 읽혀지고 어떤 사람인지 알 수 있어요. 영이 씨 언행에 두 번째 놀랐어요. 반했다는 거죠. 제가 너무 솔직했나요? 원래 이런 사람 아니니 오해하시면 안 돼요."

정말 예술이라고 표현할 멋진 목소리로 그가 기분 좋은 웃음소리를 냈다. 이게 말이 되는 일인가? 그의 말이 믿어지지 않았다.

시간이 흐르며 나도 서서히 그에게 속 얘기를 조금씩 하게 됐다. 나는 나이가, 상황이, 내 얘기가 부끄러워 자존심이 상했다. 내 생각과 달리 내 얘기를 들으면 들을수록 그의 표정은 더 따뜻해졌고 그의 언행은 더 진지해졌다. 그 순간 우리는 십대 소년 소녀 같은 기분과 감정을 공유했다. 고작 우리가 만날 수 있는 건 토요일 하루뿐이었지만 매 순간 새로움과 따뜻함을 느꼈다.

지금 돌이켜 생각해도 그가 너무나 고마웠던 건 땅끝까지 끌어내려진 내 자존감을 일으켜 세워준 일이다. 상처 나고 버려져 땅속에 묻힌 구슬을 진주인 줄 착각하게 하여 주었기 때문이다.

강의를 들을 때나, 밖에서 만날 때도 바로 옆에서 사소한 것 하나하나까지 챙겨주고 배려해 주었다.

조금 기분이 울적해 보이면 정신없게 웃게 해 주었다. 시련으로 말라버린 나를 살찌워야 한다며 학원 근처의 맛집을 죄다 찾아내 먹는 즐거움을 선물해 주었다. 요리에 관심이 많은 그는 집에서 맛있는 디저트를 만들어 오거나 나를 위해 건강차를 끓여왔다. 부담 안 갈 만큼 예쁜 선물들을 해 주었다. 그가 무엇보다 고마운 건 나를 특별한 사람처럼 대하며 자신의 특별한 과거를 고백했다. 나에게 진심 어린 위로도 해 준 일이다. 그는 말 한마디로 천 냥 빚을 갚는 사람이었다.

지금은 그가 해준 사소한 것들이 다 기억나지 않지만, 그 순간만큼은 참 고맙고 행복했다. 남편의 가출로 가정이 파탄 난 애 딸린 아줌마인 나. 그는 일곱 살이나 어리고 능력 있고, 매력 있는 총각. 이 조합이 가당키나 한 건가? 의구심과 죄책감이 생겼지만, 그저 느낌만으로 그가 나를 많이 좋아하고 아낀다는 사실. 그가 해주는 위로와 위안에 내가 힘을 얻는다는 사실이 민지었다. 늘 신에게 걸던 시비를 이때 잠시 멈추었다.

친구 주은이는 말도 안 된다며 웃기지 말란 표정으로 "너희 지금 영화 찍고 있느냐?"며 타박을 했다.

주은이는 성인의 사랑은 결국은 스킨십이고 섹스라 여기는 아이였다. 손도 잡지 못하는 우리의 만남을 믿으려 하지도 이해하지도 못했다. 그러면서 해준 조언이라고는 어떻게든 스킨십을 유도하라 했다. 술을 먹던지 핑계를 만들어서 늦게까지 만나다 집에 가지 말라며 훈수를 두었다. 그녀의 뜻과 의도를 모르진 않았다.

연애 박사 주은이인지라 말만 들어도 이 남자가 좋은지 나쁜지를 알았다. 그 성우는 '대박 KS 마크'이니 꽉 붙들라며 호들갑을 떨었다.

그 당시 나는 '그 나이 먹도록 남자의 심리도 잘 모르고, 연애를 어찌했는지, 애는 어찌 낳았는지 모르겠다'며 주은이에게 타박받으며 일거수일투족을 보고하고 지시를 받을 때였다. 주은이의 여러 가지 조언을 들으면서 결국엔 그에게 의심의 눈초리를 보내기 시작했다. 주은이가 코치를 해주는 것 같으면서도 끊임없이 그를 의심하고 경계하게 하는 소리들을 했기 때문이다. 주은이는 말끝마다 "그런 남자가 어디 있니? 남자들은 다 거기서 거기야. 그도 남자야. 딴 마음이 있을 거야. 조심해"라고 말했다.

돌이켜 생각하면 주은이는 풍부한 경험을 통해 얻은 자기 판단이 무조건 옳다고 믿는 아이였다. 자기가 만났던 남자들을 기준으로 판단하며 우리의 만남을 인정하지 못했고 의심했다. 그 사실을 나중에 우연히 알게 된 후 얼마나 속상했는지 모른다.

'주은아. 그때 왜 그렇게 방해했니? 나는 네가 나를 도와주는 줄 알고 너의 말에 얼마나 귀 기울였는데.'

어느 날 그가 짜증 섞인 말투로 물었다.

"영이 씨, 주은 씨가 고마운 친구인지는 알겠는데 주은 씨가 죽으라면 죽을 거예요? 왜 그리 독립적이지 못하게 주은 씨 말만 들어요. 세상엔 다른 남자들, 좋은 남자들이 더 많아요. 영이 씨 전남편이나 주은 씨가 말하는 그런 남자들 말고요."

그럴수록 그는 보란 듯이 나를 더 세심하게 배려해 줬고 유리구슬처럼 조심스레 대해주었다.

우리가 헤어지게 된 이유는 내 부모님의 반대 때문이었다.

좋은 사람이 생겼다고 엄마에게 살짝 말한 게 잘못이었다. 하루는 부모님이 나를 불러 타이르듯이 말했다. 낮고 차분한 목소리로 아빠가 말했다.

"영이야, 엄마한테 얘기 들었구나. 좋은 사람 생겼다고. 세상을 살다 보면 가지 말아야 하는 길은 안 가는 게 맞다 싶은 일이 생기더구나. 일곱 살이나 어리고 능력 있는 총각을 네가 어찌 만날 수 있니? 더더군다나 아비를 일찍 여의고 여러 형제의 맏이로 가장 역할을 한다고 하던데 네가 그런 가정에 누를 끼치면 되겠니? 만약 네 남동생이 너와 같은 조건의 여자를 데려와 사귀겠다고 하면 누나인 넌 어땠을까? 허락했을까? 결론이 불 본 듯 뻔히 보이는구나. 또 잘못된 선택으로 실패를 경험할래?"

부모님과 많은 말을 나눴다. 대화의 끝에 남는 건 '양심'이라는 두 글자였다. 하나도 틀린 말이 아니었다. 부모님 말씀을 듣고 많이 울고 아파했다.

'나는 이놈의 사랑 때문에 왜 이리 울어야만 하는 건지.'

그에게 부모님의 뜻을 전하고 이별을 통보했다. 그는 이별을 인정하지 않고 헤어지지 않으려고 많은 시도를 했다. 나는 부모님의 뜻이 맞다 생각했고 무엇보다 부모님께 더부살이하는 처지에 그 뜻을 어길 순 없었다. 내 처지를, 내 주제를 알아야 했다.

어느 비 오는 날 저녁. 그는 홍대에 있는 한 라이브 바로 나를 데려갔다. 그곳은 그의 아지트라 했다. 예전에 유명했던 어떤 여가수가 하는 바였다. 그가 들어가자 여기저기서 사람들이 아는 척을 하며 반갑게 맞아주었다. 이미 이곳에서도 그가 누구인 줄 다 알고 있는 듯 했다.

나를 당황하게 한 건 전부 나한테 쏠리는 따가운 시선이었다.

"영이 씨, 느껴요? 다 영이 씨만 쳐다보는 거. 내가 여자를 데려온 건 첨이라 그래요. 나만의 아지트니까요. 영이 씨는 데려오고 싶었어요. 그냥 자랑하고 싶은 사람이었어요."

그의 콩깍지는 여전히 벗겨지지 않고 있었다. 가수의 노래를 조용히 따라 부르는 내 옆에 어느새 그가 다가와 앉아 귀를 쫑긋 세우고 노래를 듣고 있었다.

"우와. 영이 씨 노래 잘하는데요? 우리 당장 노래방 가요. 영이 씨한테 불러주고 싶은 노래가 있어요."

그가 내 손을 잡고 빨리 나가자며 재촉했다. 만난 지 다섯 달쯤 만에 처음으로 잡은 손이었다. 노래방에 갔다. 그가 노래를 불러 주었다. 사랑의 노래를. 그의 재촉에 나는 답가를 불렀다. 이별의 노래를.

음주불가인 나는 태어나 처음으로 맥주 한 병을 마셨고, 취기로 힘들어했다. 더 지체하면 집에 갈 수 없을 것 같아 나가자고 재촉했다. 택시를 타자마자 머릿속이 핑 돌아 머리를 좌우로 흔들자 그가 자신의 무릎에 나를 눕혔다. 어쩔 겨를도 없이 그의 무릎을 베고 눈을 감았다. 그의 가늘게 떨리는 손길이 느껴졌다. 차마 머리를 쓰다듬지도 못하고 내 머리 가까이서 떨리는 그 손길을 느낄 수 있었다. 그때 심하게 그의 핸드폰 진동소리가 느껴졌다.

"네 엄마. 엄마 울어요? 무슨 일인데 울어? 뭐라고요?"

핸드폰 사이로 말소리가 다 들렸다.

"엄마 나 지금 곤란해요. 지금은 안 돼요. 쫌 있다 다시 전화할게요. 제발……."

나는 정신을 번쩍 차리고 일어나 택시기사에게 차를 세워달라고 했다. 안 간다는 그와 어서 가보라는 나의 실랑이가 계속됐다. 택시기사는 양화대교 끝 쪽에 차를 세우고 곤란하다는 표정을 지었다. 나를 이런 상태로 보낼 수가 없다며 집 앞에 데려다주고 가겠다고 우기는 그를 달랬다.

"나 괜찮아요. 취한 거 아니니 걱정 말고 가요. 봐요, 멀쩡하잖아요. 어서 엄마한테 가 봐요. 도착하면 연락할게요. 우리 다시 만나요. 연락할게요. 안 보지 않을게요. 걱정 마요."

나의 계속되는 강한 거부에 그도 체념한 듯 택시기사한테 연락처를 주고받고는 십만 원을 쥐어 주며 간곡하게 안전한 귀가를 부탁했다.

"영이 씨, 우리 다시 꼭 봐요. 볼 거죠? 꼭 연락해요."

나를 쳐다보는 그의 눈가에 눈물이 비쳤다. 차는 떠났고 그는 택시가 사라져 보이지 않을 때까지 그 자리에 선 채로 미동도 하지 않았다. 그는 그렇게 양화대교 위에서 비를 맞으며 울고 있었다.

도착해서 문자를 주고받으며 우린 서로 안심을 했다. 전화는 받지 않았다. 그의 멋진 목소리를 들으면 마음이 다시 흔들릴 것 같아서였다. 내가 헤어지자고 정한 우리의 마지막 날 밤의 일이다.

그날 이후, 그의 연락에도 답하지 않았고 나는 빠른 이별을 위해 노력했다. 아무리 생각해도 이별은 짧을수록 좋은 것 같았다. 이별에 대한 트라우마가 생긴 나에게 이별의 감정은 너무나 큰 스트레스였다.

그에게 다시 갈 수 없었던 것은 그 당시 나의 부족함 때문이었다. 현실의 나는 내놓을 거 하나 없는 초라한 사람이었으니. 그에게 아무 도움도 줄 수 없을뿐더러 어쩌면 짐만 되는 사람이었다. 지금 다시 생각해 봐도 그를 보낸 것을 후회하지 않는다. 그는 너무나 아깝고 좋은 사람이라 자신에게 걸맞은 사람을 만나는 게 맞았다.

나는 안다. 보잘것없었던 나를 하늘이 불쌍해서 그의 눈에 콩깍지를 씌워 나를 위로하게 하고, 자신감과 용기를 선물해 주셨다는 걸.

그때는 선한 인연은 선하게 끝내야 하는 게 도리라고 생각이 들었다. 먹고 살기도 힘든 나에게 사랑은 사치였으니까. 그와 헤어진 그 새벽에 꿈을 꿨다. 그가 가방을 가득 싸서 여행을 떠나는 꿈이었다. 세월이 흘러 우연히 만난 그에게 들은 말은 놀라웠다.

"영이 씨랑 헤어진 후 여행 병이 생겼어요. 틈만 나면 전국 방방곡곡을 돌아다녔어요. 힘든 시간을 그렇게 견뎠어요. 그때 나를 다리 위에 혼자 버려두고 가 놓고는, 그동안 잘 살았어요? 하하."

그를 기억하고 있는 나. 나를 아직 잊지 못하는 그였지만 우리는 다시 시작하지 않았다. 지나간 인연은 보내는 게 정답이니까.

주은아, 너 그거 아니? 네가 아는 사랑이 다 옳고 맞진 않아. 넌 지금도 안 믿겠지만 나는 그와 자지 않았어. 입조차 맞추지 않았단다. 소중하고 감사한 '화이트 사랑'하나 평생 가슴에 담는 선물을 받았단다. 지금도 텔레비전을 틀어 그의 매력적인 목소리가 들릴 땐 가슴 한쪽이 시큰해지기도 하는구나. 세상에 존재하는 많은 사랑 얘기들. 그 사랑의 색깔들이 하얗고 파랗고 다 다르단 걸 넌 아니?

영이
독립 만세!

직장을 잡았다. '지성이면 감천'이라고 했던가? 하늘에다 끊임없이 시비질을 해서인지 좋은 조건으로 회사에 취직했다. 서울 시내에 많은 지점을 가진 유명한 요리학원의 홍보상담 실장이었다. 그 역할을 잘 수행하면 시내 지점 지원장으로 가는 파격적인 조건이었다. 경력이 미천하고 마흔 살이 넘은 나를 뽑아주는 일은 쉽지 않았을 것이다.

'감천'을 했다고 믿는 건 이력서를 내고 면접을 본 그 날 때문이었다.

나중에 알게 된 일이지만 학원 대표는 학원 외에 여러 사업을 경영하는 사람이었다. 바쁘고 까칠하다고 소문 난 대표는 부장급 이상만 면접을 봤다. 내 이력서와 자기소개서를 본 후 대표는 실장급인 나를 면접하기로 했다. 나는 내 직급에서 오너 면접을 보는 첫 사례가 됐다.

면접 날 아침에 비가 무척 내렸다.

'이놈의 비. 사는 내내 나를 도와주질 않네.'

면접시간에 늦지 않으려고 서둘러 나왔는데도 전철 안은 사람들로 가득해, 내리고 타는 시간이 배로 걸리는 듯 했다. 천우신조로 얻게 된 면접 기회를 놓치지 않으려고 많은 준비를 했다. 학원 홈페이지 내용을 외우다시피 하고 관련 내용을 찾느라 며칠간 밥 안 먹고 잠 안자며 그렇게 지냈다.

공부한 걸 잊지 않으려고 명상을 하며 숨을 깊이 들이시며 집중을 하다가 아뿔싸! 전철역을 지나쳐 버렸다. 부랴부랴 전철을 갈아타고 학원을 향해 냅다 달렸다. 드라이로 모양을 낸 머리는 축 처져 버렸고 화장도 지워져 버렸다.

학원 입구에 도달해 엘리베이터를 향해 달렸다. 나는 엘리베이터와 무슨 희한한 인연이 있는지 닫히던 문이 갑자기 열렸다. 사십 대 초반으로 보이는 건장하고 잘생긴 신사가 버튼을 눌러 문을 열어주며 말을 걸었다.

"밖에 비 많이 오죠? 비에 많이 젖으셨어요. 감기 조심하셔야겠어요."

나는 누군지도 모르고, 비에 젖은 모습도 헐레벌떡 뛴 모습도 창피해서 "감사합니다"라고 가볍게 답하고 고개를 푹 숙였다.

그는 6층에서 내렸고 나는 8층으로 올라갔다. 똑소리나 보이는 여자 부장이 나를 사장실로 안내하며 너스레를 떨었다.

"영이 씨, 영광으로 아세요. 우리 사장님이 원래 부장, 이사급 이상만 면접을 보시는데 영이 씨 이력서를 보시더니 특별히 면접요청을 하셨어요. 잘하셔야 해요. 아줌마의 힘을 보여 주세요. 아자!"

그는 내 또래였고 아줌마였다. 아마도 사십이 넘어 취직하는 나에게 동병상련이나 연민을 느낀 것 같았다. 사장실을 열고 들어가 부장이 권하는 소파에 앉아있자 잠시 뒤에 멋지게 생긴 신사가 한 명이 들어왔다.

'어! 어디서 봤는데?' 하며 내가 고개를 갸우뚱거리자, "아까 봤죠? 엘리베이터 안에서"라며 밝게 미소 지었다.

'아. 어떻게 하나. 비 맞고 정신없는 모습이 첫 모습이었다니.'

얼굴이 달아올랐지만 멋쩍게 미소를 지을 수밖에 없었다.

사장은 내가 낸 이력서와 자기소개서를 보며 관련된 질문들을 했다. 워낙 준비를 하고 간절함으로 무장을 해서인지 대답이 술술 나왔다. 취미로 공부했던 갖가지 공부들과 어렵사리 딴 요리 자격증을 보며 '참 열심히 지내신 것 같다'며 칭찬을 했다. 갑자기 미국생활을 했던 얘기들을 물어봤다. 조금 사적인 질문들이 오갔지만 특별히 숨길 게 없어 솔직히 내답했다.

이때 문득 성우였던 그 친구가 생각났다. 그가 그 당시 심어준 고마운 일은 자신감이었다.

'당신은 특별하고 재능 있고 아름답고 이렇게 살기에는 정말 아까운 사람이야.'

그때 얻은 용기와 자신감은 면접을 보는 순간에 발휘됐다. 사장이 물었다.

"내가 당신을 뽑아야 하는 이유가 있다면 뭔가요?"

나는 뻔뻔스럽게 대답했다.

"나는 흙 속에 숨어있는 구슬이지만 땅 밖으로 나와 진주가 되고 싶어요. 진주가 될 용기와 노력할 자세를 갖고 있어요, 원석 같은 사람이니 어떤 회사 어떤 상사를 만나느냐에 달렸지만 나를 보석으로 깎아 줄 회사와 상사를 만나고 싶습니다. 이곳이 그곳이기를 희망합니다. 저는 노력할 자신이 있고 준비가 돼 있습니다."

진심 어린 눈빛을 그에게 보냈다. 나는 정말 잘할 자신과 간절함을 갖고 있었다.

"좋은 소식이 있을 겁니다. 곧 다시 뵙죠."

그는 나를 바라보며 환하게 미소 지었다. 평소 삼십 분을 넘기지 않는다는 면접 시간이었다는데 나는 한 시간 반을 넘기고 사장실을 나왔다.

새벽에 깼다. 잠자는 시간이 아까웠다. 죽고 싶은 시간은 잊혀 갔다. 언제 내게 불행이 있었느냐는 듯 삶에 활기가 솟았다.

회사에서 하루하루는 힘은 들었지만 신났다. 요리학원의 특성상 많은 사람이 오갔다. 그만큼 크고 작은 사건과 사고, 스토리가 즐비했다. 사람들 때문에 울고 웃는 일들도 있었지만 어리고 예쁜 동료들이 열심히 일하는 모습을 보며 분발하고 늙은 나도 힘을 냈다.

어렵게 구한 직장에 불평불만을 갖는 건 나에게는 사치였다. 퇴근하고 가볍게 하는 회식은 신선한 경험이었다. 이십 대에 했던 회사생활 때도 하지 못한 경험이었다. 나는 이십 대 초반에 만난 그를 챙기느라 회사생활의 낭만도 못 누리고, 동료들과도 어울리지 못했다.

죽기 살기로 하면 안 될 게 없다는 걸 이때 배웠다. 한 달 두 달 시간이 갈수록 내 실적은 우수해졌고 학원생들에게 인기도 높은 직원이 됐다. 집과 거리가 멀었지만 직속 상사인 여자 김 부장을 제외하곤 제일 일찍 출근했고 제일 나중에 퇴근했다. 주 5일 근무였지만 학원 특성상 주말에도 수업이 있기에 주말에도 근무를 자원했다. 추가 근무비가 나왔기에 일거양득의 이득이었다.

세상에 쉬운 일이 어디 있겠느냐마는 내 직장생활의 가장 큰 어려움은 직속 상사인 김 부장에 대한 보이지 않는 불편함이었다. 그녀는 일을 너무 열심히 했다. 누구보다도 더 열심히 일했던 내가 보기에도 벅찰 정도로 일하는 모습이 본보기도 됐지만 마음의 짐도 되었다. 그녀는 마치 목숨을 건 것 같았다.

그녀의 하루는 온통 회사였다. 하루 24시간 중 16~17시간을 회사에서 보냈다. 남편과 통화하는 걸 들어보면 부부 사이에 아무 문제가 없어 보였는데, 그 부부가 과연 가정생활을 하는 건지 알 수 없을 정도였다.

사장이 한 번씩 학원을 방문하는 날은 온 교실을 돌아다니며 사람들을 다그쳤다. 강사들은 완벽주의처럼 비치는 그녀의 그런 모습을 불편해했다. 물론 그녀는 그런 만큼 일 하나는 제대로 하는 사람이었다. 그 노력과 열정을 따라가기는 불가능하다 싶은 사람이었으니까. 그녀는 얼마 뒤 이사가 됐다.

그런 그녀도 동년배여서 그런지 나에게는 조심했고 친절했다. 그래서 나와 직접적인 마찰은 없었다. 하지만 그녀와 부하직원 사이에 끼인 내 위치가 애매했다. 강사들과 김 부장 사이에 문제가 생기면 나는 어느 편도 들지 못하고 우왕좌왕해야 했다. 나를 따르는 어린 강사들이 김 부장의 험담을 늘어놓거나 김 부장이 어린 강사들의 철없음을 하소연할 땐 이러지도 저러지도 못했다. 가정생활을 하면서는 겪을 수 없는 스트레스였다.

내가 볼 땐 그녀의 문제는 완벽한 성격에 더해 표현이 서

툰 것에서 비롯했다. 아 다르고 어 다르다고 조금만 친절한 마음으로 소통하기만 했다면 문제가 쉽게 풀릴지도 몰랐을 것이다.

그녀 덕에 처음 사회생활을 하면서 남다른 열정과 노력을 배웠고, 사내 인간관계의 험한 꼴을 경험했다.

어쨌든 그녀의 찐한 트레이닝으로 제대로 된 직장생활에 안착할 수 있어서 오히려 그녀가 고마웠다.

얼마 뒤 나는 사내에서 최고의 실적을 올리며 더 나은 조건, 좋은 곳으로 스카우트 제의를 받았다. 회사에서 윗분들이 다 나서서 퇴직을 말렸다. 특히 인품이 빛났던 인사팀 부장과의 마지막 대화가 생각난다. 말 몇 마디만 나눠도 인격을 느낄 수 있는 사람이 있다. 그 부장님이 그런 분이었다. 퇴직하는 직원한테 해주었던 따뜻한 말들을 나는 보석처럼 가슴에 품었다.

나는 아이와 더 가까이 있기 위해, 좀 더 여유를 가지려고 이직을 결심했다. 집에서 가깝고 연봉을 더 주는 곳으로 갈 수밖에 없었다. 개인적인 사정으로 퇴직한다며 거짓말을 했다.

이미 오래전 일이지만 글을 통해 사과의 말씀을 전한다. 사람을 먼저 봐주었던 학원 대표님에게 다시 한 번 감사함을 전한다. 지성이면 감천이라 했다. 세상엔 그 뜻을 이루게 해주는 고마운 사람들이 아직 많다. 더불어, '김 부장님 아니 김 이사님, 전 직장인으로서는 아직도 당신을 존경합니다'라는 마음을 알리고 싶다.

세상에 시비 걸기

한동안 성격이 변했었다. 지난 시간의 아픔이나 상처 때문에 성격이 꼬였었다. 자리가 사람을 만들고 환경이 사람을 바꾼다는데, 내가 그랬다. 누구 한 놈만 걸려봐라 한 적도 있고, 넘치는 의협심에 쉽게 뭔가를 그냥 넘기지 못했다. 그 당시 기억나는 에피소드가 세 개 있다.

1

카페 옆에 차를 주차하고 문자를 보내는 중이었다. 내 차 앞에서 고급 세단 하나가 위태롭게 주차를 하고 있었다. 나는 주차선을 지켰으나 앞차는 지키지 않아 프라이드 한 대 정도 들어 올 자리밖에 없었다. 그 사이로 세단이 주차하기에는 매우 좁아 보였다. 아니나 다를까 주차를 하며 내차 앞을 쿵 하고 박았다. 지켜보고 있었기에 놀라지는 않았지만 황당한 일은 그 다음에 일어났다.

차에서 중년쯤으로 보이는 남녀가 내렸다. 딱 보기에도 이해할 수 없는 조합이었다.

남자는 타고 온 차며, 생김새며, 옷차림이 세련되고 품위 있어 보였다. 그 옆의 여자가 문제였다. 억양이 재외 국민 같았는데, 레깅스에 미니스커트를 입고 나름 한껏 멋을 부렸는데 너무 촌스러워 보였다.

문제는 그녀가 다짜고짜 거의 반 말투로 내 차를 향해 손가락을 치켜들며 뭐라 뭐라 떠드는 것이었다. 웬만하면 참을까 했는데 도저히 참을 수 없어서 차에서 내렸다.

아무 말 않고 그 여자의 말을 들어보니 내가 주차선에 너무 바짝 대 자신들이 박은 거라고, 자신들은 아무 죄가 없으니 한마디로 배 째라는 것이었다.

한동안 어이가 없어 가만히 듣고만 있는데 파트너의 말을 듣고 있던 남자가 안 되겠다 싶었는지 고개를 숙이고 정중하게 인사했다. 다친 데 없는지부터 하나하나 묻고 마음이 풀어질 만큼 양해를 구했다.

한심한 여자는 '왜 당신이 사과 하느냐?'고 목소리를 높였다. 나는 그 여자를 째려보며 말했다.

"여보세요. 듣다가 도저히 안 되겠다 싶어 말하는데요. 남자분은 잘 알고 있는 거 같은데, 제 잘못은 전혀 없습니다. 잘못을 따지기보다 다친 데 없는지부터 묻는 게 정상이고 도리입니다. 법을 아시고 이리 무례하게 행동하시는지 모르겠는데 법적인 처리를 고려할 수도 있습니다."

남자는 연신 옆에서 그 여자의 입을 막고 정중하게 사과했다.

"댁을 보면 책임을 묻고 싶지만 옆에 분을 봐서 참겠습니다, 크게 부딪치지 않았으니 다음부턴 조심하세요" 라고 말하며 여자를 아래위로 훑어본 뒤 남자를 불쌍하다는 듯 쳐다보며 말했다.

"점잖아 보이시는데 어쩌다 이런 수준 맞지 않는 분하고 어울리시는지요? 안타깝군요."

두 남녀는 놀라고 당황했다. 남자는 고개를 끄덕였고 여자는 노발대발 난리가 났다. 그러거나 말거나 주는 명함을 쳐다보지도 않고 뒤돌아 걸어갔다. 등 뒤에서 두 사람이 다투는 소리가 났다.

우리는 같이 다니는 상대의 모습이 나 자신이 된다는 걸 알아야 한다.

2

어느 날 친정 언니와 아이들을 데리고 마트에 갔다. 주차장이 붐볐다. 코너를 막 도는데 은색 벤츠 한 대가 갑자기 튀어 들어와 우리 차 앞을 막아선 후 냅다 주차를 해버렸다. 우리 차가 속도도 안 냈고 주의해서 망정이지 접촉사고는 불 보듯 빤한 상황이었다.

차에서 오십 살쯤 돼 보이는 여자가 나왔다. 한여름 챙 모자에 하얀색 롱드레스를 입고 한껏 멋을 부린 티가 났다. 그러나 황당하게도 우리 차를 째려보며 큰소리를 치기 시작했다. 우리가 잘못한 듯. 순간 어이가 없었다.

아이들이 긴 쇼핑으로 지쳐 있어 빨리 집에 가야 하기에 여러 말 하고 싶지 않았다. 나는 그녀를 째려보며 한마디를 했다.

"못생겨 가지고" 여자는 기절초풍할 듯 놀라서 할 말을 잃고 서 있었다. 나는 비웃으며 휙 하고 그녀를 지나쳐왔다.

"못생겨 가지고.. 하하하" 아이들은 그 말을 되뇌며 자지러지게 웃었다. 동행했던 언니가 내 허벅지를 살짝 꼬집었다.

"애들 보는데" 하며 눈을 흘긴다. 나는 더 크게 통쾌해 하며 말했다.

"지가 벤츠 타면 다야? 매너가 있어야지. 꼭 저런 것들이 잘 먹고 잘산다니깐."

아이들에게 좋은 본을 보이지 않은 게 미안했지만, 무례하고 예의 없는 사람들은 참을 수가 없었다.

3

친한 가수 동생이 있다. 연예계에 종사하는 그녀의 '절친'들 모임에 우연히 합석한 적이 있다. 불편해도 친절하게 대해달라는 동생의 특명을 받고, 싫었지만 미소 지으며 대화를 나눴다. 술자리가 무르익으며 개인적인 질문들을 시작했다. 너덧 명의 여자들이 있었는데 그중 가수 동생의 대학 선배가 있었다.

그녀는 살사공연을 마치고 온 직후라 기다란 무대용 속눈썹을 달고 있었다. 무대 화장을 한 그녀를 남자들이 놀려대기 시작했다. 그녀는 히죽히죽 웃으며 화도 내지 않았다. 마흔이 다 된 노처녀고 멤버 중에 인물이 되는 남자들이 있어서였던 것 같다.

그중 술이 거나하게 취한 한 남자가 그 자리에 있던 여자들을 평가하기 시작했다. 마흔이라는데 대머리에 얼굴은 주름이 가득해 오십은 돼 보였다. 더 웃긴 건 지금도 텔레비전에 나오는 여자 탤런트의 매니저라 했다. 미친 인간이 이 여자 저 여자 다 쉬운 여자들이라며 들이밀면서 내게 스킨십을 시도했다.

동생의 부탁이고 뭐고 참을 수 없었다. 나는 큰 눈을 부릅뜨고 그에게 따지기 시작했다. 내 별명이 이십 대 때부터 '도도 영이'인데 어디에다 대고 도매금으로 쉬운 여자를 만드는 건가?

"저 아세요?"

그에게 따지듯 물었다.

"에이, 왜 이래? 척 보면 다 알지."

얼큰하게 취한 그 남자가 대답했다.

뭘 안다는 거지? 나는 진지한 눈으로 그를 똑바로 쳐다보며 물었다.

"댁 거울은 보고 살아요? 댁 나이가 몇 살이죠? 어따 대구 함부로 입을 놀리세요?"

그는 갑자기 당황한 듯 술에 풀어져 녹아내리던 눈을 크게 떴다.

"거울을 보고 산다면 어려운 여자는커녕, 쉬운 여자도 못 만났을 거 같은데? 요즘이 어떤 시댄데 말 희롱을 하세요? 댁 언행이 성희롱 수준인 거 알아요?"

주위가 조용해졌다.

"동생 부탁도 있어 좋은 자리 만들려 참았는데, 거기다 유명 탤런트 매니저라고 하던데 이러고 다니면 그분한테 누가 되는 거 아세요?"

남자가 고개를 조아렸다.

"동생 얼굴을 봐서 이 정도서 참지만 앞으로 조심하고 사세요."

주위 사람들이 대신해서 사과했고, 그 인간은 어느새 자리에서 슬며시 사라져 버렸다. 그 인간이 모신다는 여자 탤런트는 요즘도 텔레비전에 가끔 나온다. 그녀는 알까? 자신의 매니저가 밖에서 이런 추태를 부리고 다닌다는 것을.

지나서 생각해보면 웃어넘기거나, 무시해버려도 되는 일들이었다. 나에게 지나친 반응을 당한 사람들에게는 조금 미안한 생각도 들었다. 그럼에도 불의를 보거나 매너 없는 꼴은 참을 수가 없었다. 거기다 그때는 나 자신조차 많이 꼬여 있었고, 자격지심이 많았던 시간이었다. 부지불식 감정 통제 불가의 상태였다. 그때는 세상이 나를 이해해 줘야 했다.

세상에 나가 보니 좋은 것도 많았지만 꼴사나운 일, 꼴사나운 사람들도 많았다.

2부

가짜 사랑, 진짜 사랑

멋있는 척하지 마라. 멋있는 바람둥이란 없다.
바람둥이는 그저 바람둥이일 뿐이다.
멈출 수 없다면 부끄럽고 미안한 마음으로
골방으로 숨어들어 가 조용하게 사랑하라.

사랑은 아무나 할 수 있지만, 아무나 하면 안 된다.
사랑을 아무나 하면, 아무렇게나 해버리니까.

바람둥이 SNS

친구 주은이는 나에게 끊임없이 조언했다. 그녀의 조언 중에 가장 슬펐지만 고마웠던 조언은 바람 난 사람들의 심리였다. 나는 피해자의 입장이어서 가해자의 마음을 이해할 수도 이해하기도 싫었다. 그랬지만 주은이의 말을 듣고 내린 결론은 원인이 있기에 그 결과가 나온 것이며, 인간관계에서 문제는 서로에게 잘못이 있다는 것이었다. 또 하나 알게 된 사실은 가해자도 양심이 있어 괴로워한다는 것이었다.

남편도 그랬는지는 잘 모르겠지만, 나는 주은이의 말을 듣고 남편을 이해하고 용서하려고 애를 썼다. 애를 써보았지만 오랫동안 용서는커녕 이해도 하지 못했다. 할 수 없었다.

주은이는 고마운 친구였다. 아픈 시간, 용서할 수 없는 사건들을 겪으며 힘들었을 때, 나를 견디게 한 건 주은이의 위로였다. 그녀는 내 인생에 꼭 필요한 친구였다.

서서히 마음을 정리하고 생활이 안정돼 가자 주은이는 나를 밖으로 끌어냈다. 그의 친구들을 만나게 하고 이성 교제를 권했다. 한 남자만 보고 살아왔으나 그로 인해 상처받은 나는, 날 선 칼날처럼 세상 남자들을 경계했다. 성우였던 그와 잠깐의 추억이 있었지만, 지친 내게 하늘에서 잠시 쉼을 준 거라 생각하고 마음을 닫아버린 상태였다.

그 당시 나는 누군가 나를 쳐다보는 눈빛도 싫었고, 그 누구와도 말을 섞기는커녕, 눈도 마주치기 싫었다. 회사와 집만 오갔다. 낙이라고는 주은이와 만나 카페에서 몇 시간 수다 떠는 게 유일했다. 그녀 또한 십 년 차 시집살이의 어려움을 토로하며 우리는 그렇게 서로의 아픔을 보듬었다.

그녀가 어느 날 나에게 블로그를 해 볼 것을 권했다. 온라인을 통해 많은 사람들과 교류하며 희로애락을 겪은 주은이는 온라인 베테랑이었다.

주은이 손은 키보드 위를 날아다녔다. 주은이는 상대와 조금만 말을 나눠보면 상대가 어떤 사람인지 파악했다. 가랑비에 옷 젖듯이 그녀의 조언과 훈수는 점점 호기심을 불러일으켰다. 주은이는 현실에서의 만남이 힘든 나인 걸 알기에 가상의 세계에서 자유로운 소통을 권했다.

미국에 있을 때 요리를 주제로 미니홈피를 운영하며 교회 사람이나 요리를 사랑하는 여자들과 실명으로 커뮤니티 활동을 한 적은 있었다. 그녀가 나에게 실명이 아닌 예명으로 블로그 활동할 것을 주문했다. 주은이에게 가끔 고마움을 전하는 편지를 써서 주었는데, 그걸 본 주은이가 글재주가 있으니 더 유리하다며 용기를 주었다. 그렇게 블로그 활동을 시작했다. 하고 싶은 말을 쓰고, 남의 블로그에서 타인들의 삶을 들여다보며 서서히 공감해 갔다. 서로 이웃을 맺었다. 그때 맺은 인연 중 아직도 교류하는 이웃들도 있다.

마음에 드는 카페에도 가입했다. 내가 병이라고 싶은 건 가입한 카페마다 공부하거나 정보를 배울 수 있는 곳이었다. 다시 시작한 사회생활의 부족함을 메우려면 배워야 한다는 강박관념 때문이었다. 그 생각은 지금도 변함이 없다. 주위에서는 '강의중독자'라고 부르니 말 다한 거 아닌가? 그나마 음악 감성 카페 하나가 유일한 취미 카페였다.

시간이 지날수록 서로 이웃들과 온라인으로 교류가 돈독해졌다. 처음이자 마지막으로 오프라인 만남을 가진 건 오디오, 음악 감상자들의 모임 카페였다. 회원이 몇십 명이 안 되는 작은 모임이었지만 회원들의 면면은 화려했다. 카페 가입도 주은이의 검열과 허락 아래 이루어진 것이라 특별한 문제나 이상한 사람이 없어 보였다. 그들과 처음 강남의 고급 음식점에서 만났다.

그 날 나온 사람은 십여 명 정도였다. 서로 명함을 주고받으며 이미 공감한 바를 이야기했다. 매너 있고 점잖은 자리였다. 겉으로 봐서는 모두 신사, 숙녀들이었다. 아이티 업체 젊은 대표, 외국계 회사 회사원, 미군 부대 엔지니어, 차밍 강사, 사진가, 대기업 직장인 등 다 번듯한 직장인들이었다.

온라인상에서 가명을 사용하면 상대편은 그 사람의 정체를 알 수가 없다. 오프라인으로 나오는 사람들을 이상한 시선으로 오해했는데, 오히려 믿을 수 있는 사람들이 더 많다는 사실을 알게 되었다. 예명으로 숨어서 활동하는 사람들은 아무래도 믿음과 신뢰가 안 간다.

정작 당사자인 나도 예명으로 활동했는데 자신을 마음껏 내놓을 수 없어서였다. 새로운 사실도 알았다. 이름을 내놓거나 직업이 특별한 사람들은 인기남, 인기녀로 온라인이나 오프라인에서 많은 유혹과 구애를 받는다는 걸. 그들 중에 내로라하는 바람둥이들도 널렸다고 했다.

주은이의 지인 중에 나름 이름 있는 파워블로거가 있다. 그가 파워블로거가 되기까지는 우여곡절이 많았다.

그 블로거는 한 가족의 가장이었는데 실직을 하면서 마음의 상처를 얻어 방황했다. 그때 우연히 친구의 권유로 블로그를 시작했다. 그 친구는 마음의 위안이라도 삼으라며 권했고, 무료해외여행의 기회도 제공했다. 해외여행 기회를 잡은 블로거는 블로그에 여행기를 올렸고 그곳은 점점 인기 블로그로 이름을 날리게 되었다. 몇만 명의 방문자가 생기자 여행 책을 내고 파워블로거가 되는 법에 대한 강의도 시작했다. 문제는 그 후였다.

인기가 올라가자 친구들에게 거들먹거리고 블로그나 강의를 통해 만나는 여자들에 대해 떠벌리고 자랑했다. 어렵던 시절도 고마운 사람도 잊은 지 오래였다. 세상에 비밀은 없었다. 그 비밀이 밝혀지는 첫 시작은 본인의 입이다. 그가 좀 더 겸손하고 자중했다면 주은이의 입을 통해 내 귀까지 들리지 않았을 것이다. 그는 지금도 열심히 활동 중이다. 그는 나를 모르지만 나는 그를 잘 알고 있다.

주은이의 경험담은 재미있고 놀라웠다. 온라인 베테랑들은 댓글을 주고받으며, 채팅을 하면서 온라인 초보 신참들을 알아본단다.

아무도 밟지 않은 하얀 눈 같은 초보자들은 베테랑들의 먹잇감이 되기 쉽다며 모든 글을 검열했다. 도대체 이 나이 먹도록 아는 게 뭐가 있느냐는 타박을 수시로 했다.

몇 개월도 지나지 않아 블로그 활동을 멈춘 건 일도 바빠지고, 글을 쓰고자 시작했던 건데, 글쓰기 수업을 받게 되면서 의미가 없어졌기 때문이었다.

지금은 블로그 활동이 많이 퇴색하고 위축됐다. 짧은 문자, 짧은 댓글, 얇은 책들이 당연한 시대가 됐다.

지금도 긴 글과 사진들을 엮어 꾸준히 글을 올리는 사람들을 보면 박수를 쳐주고 싶다. 그들은 분명 실생활도 성실하고 노력하며 살 것이란 생각이 들어서다.

오늘도 여기저기에서 '톡, 톡' 한다. '전화 왔어요', '문자 왔어요' 한다. 모바일로 페이스북, 트위터를 하고 카카오스토리도 성황이다. 나는 항상 한 박자 늦게 시작을 했다. 블로그도 끝물에 잠시 했고 최근 페이스북을 시작했다. 아날로그 세대이기도 하고 근본적으로 타인에 대한 관심이나 세상에 대한 열정이 약해서다. 그런데도 내가 SNS의 소중함을 아는 건 내가 글을 쓰고자 마음먹는 계기를 주어서다. 친구 공개로만 카카오스토리에 사생활에 대한 글을 올렸었다. 솔직하고 담담한 글들을 올렸는데 많은 격려를 받았다.

그 당시 나는 인맥이 약했다. 오랜 외국 생활을 통해 친구들과 연락이 단절됐기 때문이다. 한국에 들어와서는 개인 신상의 변화로, 친구들에게서, 과거의 인연들에게서 숨어버렸다. 아주 친한 몇몇 친구를 제외하곤 연락하는 사람이 별로 없었다. 과거의 나를 아는 이가 싫었고, 과거를 잊고 싶었고, 현실을 알리고 싶지 않았다. 그런 나에게는 SNS는 좋은 친구였다. 나는 SNS를 통해 소통하고, 자기계발을 하고, 세상을 배웠다.

최근엔 초등학교 '밴드'에 가입해 30년 만에 초등학교 동창 친구들을 만났다. 6학년 때 '절친'을 만났고 그게 연결고리가 되어 고등학교 대학교 친구들까지 만나게 됐다. 물론 여대를 나왔기에 실속은 없었지만 친구는 세월이 지나도 소중한 존재들이었다. 막상 SNS에 가입해 보니 주위에 다양한 우려나 헛소문이 즐비했다. '너'나 안 그러면 되는데 말이다.

친구 중에 잦은 술자리, 잦은 번개를 지탄하는 애가 있었다. 그중 특히 술 먹는 여자 친구들은 그녀의 대상이었다. 밴드를 보다 보면 그 애가 손가락질했던 술꾼 친구와 어깨동무한 사진들이 올라온다. 본인이 더 이모임 저모임 쫓아다닌다. 그걸 바라보고 있자니 황당할 뿐이었다. '얼레리꼴레리' 관계라고 오해받고 손가락질 받는 커플도 생겼다. 그들은 개의치 않고 우정을 나눴다. 그들이 그럴 수 있는 건 당당해서였다. 남들의 시선이나 오해보다 중요한 건 어릴 적 같이 한 추억이 소중해서였다. 순수한 동심을 기억하고 잃고 싶지 않아서였다.

어디서든 무얼 하든 다 자기 할 탓 같다. 남 뭐라 하지 말고 자신만 안 그러면 되고 잘하면 될 것이다. 자기도 그러면서 안 그런 척 하는 것은 더 나쁜 것 같다.

모임을 하다 보면 결혼했으면서 뒤에서 몰래 수작을 부리는 친구들도 있었다. 직업이 좋은 남자애들이나 미모가 되는 여자들이었다. 자기가 하면 로맨스고 남이 하면 불륜이라 하는 사람들이 이들이었다. 예전에 두 여자를 사귀던 자신의 친구를 성토한 적이 있던, 지금은 불륜남이 된 한 남자에게 물었다.

"친구를 욕한 그땐 왜 그랬냐?"고 묻자, 그가 뻔뻔하게 대답했다.

"그땐 그게 옳았다고. 그때 마음은 그랬다고."

할 말이 없었다. 마음은 한결같아야 한다. 사람을 대할 때도. SNS를 이용할 때도.

연애
기술자

연애 박사가 되는 건 두 가지 이유 때문이다. 부족한 자신을 가꾸고 다듬어 매력적인 사람으로 다시 태어나 다수의 상대를 공략해 노하우를 쌓는 경우. 아니면, 아예 타고난 외모와 재능 때문에 다수의 상대에게 프러포즈를 받으면서 노하우를 쌓아가는 경우이다.

친구 주은이의 남자는 후자다. 내 생각엔 바람둥이끼리니 잘 통해 사귀면 되겠다 싶었는데, 그녀가 의외의 대답을 했다.

"선수는 선수를 알아보기에 서로 넘보지 않고 전략적 파트너십만 공유한다"는 이해도 못 할 얘기를 했다.

기회가 돼 주은이의 주선으로 그를 본 적이 있다. 180센티가 넘어 보이는 키에 알맞게 벌어진 어깨. 적당한 잔 근육의 몸을 갖고 있었다. 배 근육은 탄탄했고 청바지가 잘 어울리는 멋진 긴 다리가 눈에 띄었다.

마흔 초반이라는 나이가 무색하게 삼십 초중반의 동안과 복숭앗빛 피부를 갖고 있었다. 옷과 액세서리는 모두 명품으로 둘렀으나 촌스럽지 않고 세련돼 보였다. 검은 피부, 우락부락 근육질의 남자가 남성적인 줄 알았는데, 부드러우면서도 이국적인 그가 더 섹시해 보였다. 다행히 내가 싫어하는 진한 쌍꺼풀을 소유한 남자라 처음부터 내 시야에 들어오지 않았다. 그도 그걸 아는 눈치고, 내가 매력적인 조건을 가진 사람도 아니었으니.

바람둥이는 아무나 공략하지 않는다. 자신에게 호감이나 관심 없는 사람에게는 무모하게 도전하지 않는다. 그들은 공략할 상대를 경험적으로, 본능적으로 잘 찾아낸다. 상대의 성향을 고려해 순서와 절차를 밟아 상대를 무너뜨린다.

그들이 '작업' 대상에서 예외로 삼는 경우가 있는데, 정말 순진하거나 뛰어난 외모 조건을 가진 사람이라고 했다. 순진한 사람은 성취감 때문에, 외모나 몸매가 뛰어난 상대는 바람둥이라도 어쩔 수 없는 유혹을 느껴서 그렇다고 했다.

바람둥이들이 공략 대상 가운데 공략이 쉬운 경우가 있다고 했다. 의외의 대답이었는데 공략이 쉬운 여자들은 잘난 여자들이라고 했다. 그녀들은 군중 속에 고독, 풍요 속 빈곤을 느끼는 사람들이 많기 때문이다. 자신의 위치나 지위에 맞는 상대를 만나야 하지만, 잘난 남자들은 잘난 여자가 필요 없거나 그녀들을 피곤해한다. 그런 그녀들에게 괜찮은 남자가 나타나 그녀들을 추어 세우며 성향에 맞춰 계획적이고 순서대로 공략한다면. 그 바람둥이는 이렇게 하면 열에 아홉은 넘어왔다며 너스레를 떨었다. 믿을 수밖에 없는 건 그때 그가 교제하는 전문직 여성이 세 명이나 됐기 때문이다.

그나마 그를 신뢰하게 하는 건 그의 능력과 뒤 배경이었고, 여자들에게 금품이나 얻어내는 제비족이 아니라 오히려 정성을 디해 선물하는 신사였기 때문이다. 그는 여자를 사귀며 금품이나 받는 남자들을 경멸했다. 그건 하수고 제비족이고, 바람둥이 세계를 오염시키는 암적인 존재라 했다. 아름다운 꽃을 취하는 데 약간의 노력과 경비는 당연한 일이라 했다. 그와 대화를 하며 느낀 건데, 진하디진한 쌍꺼풀만 아니라면 나름대로 매력이 있다는 걸 인정하게 됐다. 외모와 어울리는 부드럽고 달콤한 목소리와 말투, 환한 미소는 그를 더 빛나게 하는 조건이었다.

뜻밖에 공략하기 어려운 존재는 순진한 여자들이라 했다. 이유는 그녀들이 그녀 자신을 잘 모르기 때문이었다. 이 말에 나도 공감을 하는 게 나 또한 누가 나를 좋아하는 시 눈치채지 못했고 관심이 없으니 상관도 하지 않았던 기억 때문이다. 일반적인 생각엔 순진하니깐 누군가의 유혹에 쉽게 넘어갈 거라 생각하는데 자기 스스로도 자신을 잘 모르는 사람을 파악해 낸다는 건 대단한 내공을 지니지 않고선 어려운 것일 테니. 그러기에 도전의식이 발동하는 거라 했다.

의외는 건방지거나 도도한 여자에게 도전의식을 느낄 것 같지만 그렇지 않았다. 바람둥이들은 자신감과 자존감이 높기에 도도한 상대의 마음을 이미 파악하고 있어서 흥미 없어 했다. 잘난 여자는 오히려 시간을 두고 천천히 작업을 걸고, 순진한 여자는 급속하게 작업을 걸었다. 잘난 여자는 프러포즈에 익숙하기에 티가 안 나게 작업해야 하고, 순진한 여자는 본인이 무언가를 판단하거나 갈등할 기회를 주지 말고 선 작업 후 사랑의 진행을 한다 했다. 작업에 성공하고 나서 바람둥이의 그녀들은 그에게 더 빠져들었다.

바람둥이의 최고의 조건은 그녀들을 만나는 그 날 하루. 그녀들을 최고로 사랑받는 여자로 만드는 것이었다.

고급 차에 태워 적당한 곳에서 제법 그럴싸한 음식을 대접한다. 너무 고급이거나 비싼 음식은 먹지 않는 게 불문율이라 했다. 기본적으로 관계를 오래 유지할 생각은 없기에 지나친 비용을 지불하지 않는다.

차를 마시고 드라이브를 나가 담소를 나누고 말로써 그녀들을 들뜨게 한다. 적당한 가격의 선물로 마음을 흔들어 놓고 고

마음을 갖게 만든다. 분위기가 무르익으면 적당한 교외의 중급 호텔로 나가 그가 쌓은 최고의 노하우를 발휘한다. 파트너의 성향에 맞게 관계를 한다. 잘난 여자는 부드럽고 순진한 여자를 다루듯이, 순진한 여자는 강렬하고 거세게 몰아붙여 혼을 빼놓는다. 바람둥이에게 섹스는 놀이고, 모험이고, 도전이었다. 잘난 외적 조건을 갖고 그걸 이용해, 세상의 다양한 여자를 경험하는 것 그 이상도 그 이하도 아니었다.

유유상종, 끼리끼리라고. 바람둥이에게 형이 하나 있었다. 강남 한복판 성형외과 원장이다. 배우 뺨치는 외모와 의사라는 최고의 조건을 가진 사람이었다. 들리는 풍문에 의하면 애인이 너덧 명이라 했다.

요즘 진짜 사랑에 빠졌다는 바람둥이가 말했다. 바람둥이는 의사 형은 자신과 다른 종이라며 성토를 했다. 자신은 여자들에게 베푸는 사람이라고, 더군다나 요즘은 너무 순진한 한 여자를 만나 제대로 연애를 즐기고 있다며 너스레를 떨었다.

바람둥이를 잡은 건 그와 관계를 맺고 연락을 끊어버린 어떤 한 여인이었다. 그녀가 그와 연락을 끊은 이유는 그와의 관계가 무서워서였다. 처녀는 아니었지만 나이만 먹었지 제대로 된 성경험이 거의 없던 여자였다. 듣도 보도 못한 그와의 관계에서 충격을 받았다. 아는 것도 없고, 잘 할 수도 없었고, 자신감이 없어져서였다.

'꿩 잡는 게 매라고.' 바람둥이가 안착한 곳은 착하고 순진한 여자라는 '해피엔딩(?)'이었다. 말을 전해 들었을 때까지는 만나고 있었으니까, 얼마나 갈까 모르지만. 기회가 되면 이 말 한마디 꼭 묻고 싶다.

"어차피 양심은 없을 테니깐. 그나마 그 심장은 진짜냐?"고

사람들은 바람둥이들을 앞에서 욕하고, 뒤에서는 부럽고 궁금해한다. 그들이 사람들을 꾀고 유혹하는 매력이 무언지 궁금해 한다. 요즘은 바람둥이도 전문가 시대인지, 사람을 꾀는 법, '픽업아티스트'가 쓴 책까지 돌아다닌다. 상담가나 정신과 의사들조차 사랑과 연애를 위주로 한 책들을 쏟아낸다.

나도 사서 들춰보고, 훑어보았다. 다양한 이론과 해석이 넘쳤다. 읽는 것만으로 연애비법을 알게 되고, 읽었던 것처럼 실행하는 것이 가능할까? 세상에는 정말 다양한 사람이 있는데, 모든 사람에게 이들의 이론이 들어맞을까? 다양한 경험을 통해 사람 꾀는 노하우를 써놓은 사람들. 고작 그들의 나이는 삼십 대 초, 중반이었다. 책을 쓴 그들은 그 짧은 인생에 어찌 그리 다양한 사람과 인생의 우여곡절을 겪었던 걸까?

학위가 있다는 이유만으로, 타인의 젖은 가슴을 상담할 수 있을까? 나는 배울 수 있는 책을 원했다. 참인, 진짜인, 나를 공감해주는 아픔을 적어놓은 책이 필요했다.

사람과의 관계는 인격끼리의 결합이지, 게임이나 승부가 아니다. 매력적인 사람은 타고 나거나, 이유가 있다. 필요하고 원한다면 인공적, 인위적 노력을 통해서 바꿀 수도 있다. 다만 그래서 성공했고, 나를 따르면 성공한다는 말은 삼가야 한다. 주위에 있는 내로라하는 남녀 바람둥이들이 마흔 넘어 오십 넘어, 나무에서 떨어지고 패가망신하는 꼴들을 많이 봤다. 어설픈 초보 바람둥이들은 조심해야 한다. 남을 꾀고 이용하려던 유혹의 기술에 자신이 중독될 수도 있다.

누군가를 유혹하려는 도전의식과 승부욕에 점점 더 집착하게 되고, 바람을 피워야만 삶의 낙이 생기고, 주위에 온통 자신을 좋아하는 사람이 아니라 자신이 좋아하는 사람들만 넘친다. 결국, 아무도 취할 수 없게 될지도 모른다. 바람둥이들의 착각은 누군가 자신을 좋아하게 만든다고 생각하는데 그게 그들의 함정이다. 바람둥이일지라도 개나 소나 아무나 좋아하고 유혹하는 게 아닐 것이다. 자신이 좋아하는 사람, 호감이 가는 사람들에게 꽂힌다. 꽂힌다는 말은 맞지 않겠지만. 그들은 한 사람에게 충실할 수 없는 유전인자를 가진 사람들이니. 타의건 자의 건 바람둥이는 바람둥이다. 진실하게 한 여자만을 바라보는 남자도 있으니 말이다.

대부분 바람둥이가 선천적으로 가진 건 '끼' 다. 본래 그 끼를 갖고 태어난 사람들이 우연한 기회에 자신을 알게 되고, 경험하고 노하우를 쌓은 게 바람둥이라고 생각한다. 바람둥이는 자랑스러운 것도, 자랑할 것도 아니다. 바람둥이에게도 끝은 반드시 있다. 바람둥이의 노하우는 무수히 많은 남녀의 눈물과 상처를 딛고 취득한 것이기 때문이다.

멋있는 척하지 마라. 멋있는 바람둥이란 없다. 바람둥이는 그저 바람둥이일 뿐이다. 그 짓을 멈출 수 없다면 부끄럽고 미안한 마음으로 골방으로 숨어들어 가 조용하게 사랑하라.

이성을 사로잡는 기술

오랜만에 만난 친구 주은이의 모습은 놀랄 만큼 변해 있었다. 그녀는 훨씬 세련되고 젊어 보이다 못해 날라리 노처녀쯤으로 보이기까지 했다. 그녀의 한결같던 흑발의 단발머리는 불타는 단풍 색깔 파마머리로 변해 있었다.

보랏빛이 살짝 도는 제법 비싸 보이는 샤넬 선글라스는 안 그래도 작은 주은이의 얼굴 반을 가리고 있었다. 쫙 달라붙고 짧아서 팬티가 보일 것 같은 청치마에 커다란 말 그림이 수 놓인 흰색 반팔셔츠를 입고, 맨발에 흰색 캔버스화를 신은 그녀의 모습은 삼십 대 초반으로 보였다. 얼굴은 홍조를 띠었고 말투는 밝고 경쾌하고 콧소리를 냈다. 내가 기억하는 그녀는 촌스러웠다. 별명이 '프란체스카 여사'라 불릴 만큼 어두웠고, 혼자 세상을 다 산 듯 무심하지만 착한 친구였다. 복잡한 가정사

속에서 고민을 나눌 형제 없이 자란 외동딸. 오히려 그런 주은이에게만 의지하는 철이 없고 뻔뻔한 엄마를 둔 그녀의 삶 때문이었는지도 모른다.

그랬던 그녀가 내가 미국에 나가 있던 7~8년의 세월 동안 몰라볼 만큼 다른 사람으로 변해 있었다. 그녀에게서 익숙하지 않은 낯선 향기가 났다. 그동안 그녀에게는 무슨 일이 일어난 걸까?

주은이를 통해 처음으로 여자의 외도를 알게 됐다. 더 정확히는 불륜녀의 이야기를 당사자에게 직접 들었다는 말이 맞다. 불륜으로 인해 상처받고 가정을 잃을 지경인 나에게는 충격적인 일이었다. 불륜은 절대 용서할 수 없는 죄악이라 여기는 피해자였던 나는 친구를 세차게 비난했고 멀리하기까지 했다.

"그만두고 때려치워라. 내 아픔을 보면서 그러면 안 된다"며 화를 내는 나를 보며 친구는 눈물을 흘리며 용서를 구했다. 그럴 수밖에 없었던 이유를 설명하고 변명하며 나를 설득했다. 그때 알게 된 '모든 외도에는 이유가 있고 서로의 잘못이 있다'는 깨달음을 고마워해야 하는 건지 슬퍼해야 하는 건지 모르겠다.

그녀의 외도 경력은 어언 9년 차라 했다. 내가 미국을 가기 전후라 잘 어울리지 못한 그 시간을 주은이는 외도라는 금단의 열매를 몰래 훔치며 현실의 버거운 삶을 버텼다.

모질게 힐책했던 나였지만 그녀의 고백 한마디에 고개를 끄덕이게 되었다.

"시집살이 십 년 차가 너무 끔찍해 죽고 싶었어. 비바람이 심하게 치는 어느 밤 7층 아파트 창문을 열고 뛰어내리려 했어. 그때 마침 잠든 아이가 악몽을 꿨는지 소리를 치며 뒤척이더구나. 그때 갑자기 정신을 차렸고 창문을 닫았지. 내가 예전에 너한테 말한 적 있지? 어렸을 때 엄마가 나를 옆에 눕혀놓고 약을 먹고 자살을 기도한 적이 있었다고. 외도한 아빠가 미워서. 내가 두세 살쯤이었다는데 그 어린 나이에도 무얼 느꼈는지 죽을 만큼 기를 쓰고 울었다고. 애가 어찌나 심하게 울던지 옆방에 세 들어 살던 간호사가 달려와 쓰러진 엄마를 발견하고 살려냈다는 얘기. 기억나니? 평생을 살아도 지울 수 없는 그 어린 시절에 느낀 공포감과 아이의 모습이 그 순간 엉켜지더구나."

주은이의 눈에 살짝 눈물이 비쳤고, 그녀는 말을 이어갔다.

"나는 시댁 인간들과 눈도 마주치기 싫어서 저녁 식사 후엔 방문 밖으로 나가지도 않았어. 용변이 마려우면 쓰레기통을 비워 해결했단다. 너무 밉고 싫어 심한 우울증에 빠졌었어. 정신과는 병원에 무슨 기록이라도 남을까 봐 무서워 가지도 못하겠더라. 그때 나를 살려준 게 음악듣기였다. 기억나니? 우리 어학교 때부터 얼마나 음악듣기를 좋아했니? 넌 클래식을 나는 재즈를 들었지. 음악은 가요가 최고라는 네 남편 내 남편 놈들은 클래식과 재즈를 듣는 우리들을 고상 떠는 것들로 치부해 버리고 비웃었지. 음악 감상을 하며 알게 된 사람들과의 소통이 나를 살아나게 했어. 외도의 시작은 우연이었지만 필연이 됐고, 그나마 숨통을 트고 사는 이유가 돼 버렸단다."

주은이의 하소연을 들으며 '개똥밭에 굴러도 이승이 낫다'는 어른들 말처럼 죽을 만큼 힘들면 사는 게 우선이란 생각이 들었다. 성직자도 문제를 일으키는 요즘, 이해하기로 한다면 이해 못 할 게 뭐 있을까? 더더군다나 우린 친구 아닌가?

그 후 나도 혼자가 되자 시름시름 시들어가던 친구가 꽃이 피듯 살아난 이유가 궁금해지기 시작했다.

집에만 있던 가정주부 주은이가 상대를 만났던 시작은 온라인 음악방송 방이었다. 재즈를 좋아하던 친구는 재즈 음악 방에서 음악을 들으며 휴식을 취하고 타인들과 소통을 하며 지친 삶을 위안 받았다. 그 속에서 여자 남자는 중요하지 않았다. 좋아하는 것들을 나누고 공유하고 소통하는 게 삶의 낙이 되어갔다. 글솜씨 말솜씨가 있던 그녀는 인기인이 됐다. 온라인상에서 충분히 글과 음악으로 생각과 뜻을 나눈지라 오프라인 만남 또한 자연스럽게 이루어졌다. 그런 관계 속에서 그녀는 만남과 이별을 반복했고 나를 다시 만났을 때는 연애의 달인이 돼 있었다.

주은이는 솔직하게 연애의 비법을 전수해 주었다. 있는 그대로의 느낌, 기분까지도 가감 없이 자세히 알려주었다.

연애의 정석은 정성과 배려라 했다. 뜨거운 감정과 황홀한 관계의 중심에 정성과 배려가 없으면 연애는 상처로 남게 된다고 했다. 그러기 위해선 본인이 진짜 사랑하는 사람과 적어도 깊은 호감을 느끼는 사람과의 연애가 중요하다고 말했다. 자신을 사랑한 돈만 많은 남자와 결혼한 친구가 살면서 뼈저리게 느낀 자신의 아픈 경험담이었다. 누가 말했나? 여자는 자신을 사랑해주는 남자와 결혼해야 행복하다고. 여자든 남자든 자신이 사랑하는 사람과 결혼하는 게 문제가 생겨도 난관이 생겨도 참을 수 있는 힘이 생긴다.

주은이는 자신을 좋아하는 사람에 점점 빠지게 되는 일, 자신이 좋아하는 사람이 자기를 좋아하게 만드는 건 신나는 게임이라 했다. 그녀는 특히 연하와의 연애에 능숙했다. 한두 살도 아니고 아홉 살, 열 살 차이 나는 친구들과 사귀었다. 그녀가 어려지고 예뻐지려고 부단히도 애쓰는 이유가 여기에 있었다. 어린 상대와 어울리는 외적인 모습을 위해 가꾸는 노력은 기쁨이고 여자로 살아가는 이유라 했다. 몸매를 관리하고, 어리게 입고, 애교스럽게 언행 하는 건 기본 중의 기본이었다.

상대에게 연상은 여자가 아니라며 너스레를 떨며 부담감을 없애 술친구가 되어 주는 일, 어려운 일이 생겼을 때 어떤 말도 가리지 않고 다 들어주며 조언자가 되어 주는 일. 가랑비에 옷 적시듯 살금살금 그를 무장해제 시키는 게 비법이라 했다.

남자들의 심리를 너무나 잘 아는 그녀는 첫 번째 관계에 대해 실수로 '교통사고'를 당한 양 쿨하고 태연한 척을 했다고 한다. 그러면서도 긴장과 친절의 끈을 놓지 못하도록 연락을 유지했다. 두 번째 관계가 이루어지기까지 오랜 시간과 공을 들이지만 결국 관계를 애원하게 되는 건 연하의 그였다.

연애하다 문제가 생기는 건 십중팔구 상대방에 대한 집중이 도를 넘어 소유하려 들거나 집착하게 되기 때문이다. 주은이는 집착하지 않으려고 감정을 몇 개로 나눈다는, 나로선 이해 못할 이분법을 알려주었다. 처음부터 그녀가 연애의 고수가 된 건 아니었다. 처음엔 여러 명의 남자에게 차이고 버림받고 아파한 시간이 있었다.

내가 힘들거나 어려울 때 음악을 크게 틀고 자유로를 달리거나 월미도 앞바다를 가는 이유는 주은이가 가르쳐 준 스트레스 해소 방법이다. 힘들 때 자유로를 속도제한 무시하고 달리거나 한강 둔치에 차를 세우고 슬픈 음악을 들으며 눈물 콧물을 흘렸을 지난날 친구의 모습을 생각해보면 가슴이 먹먹해진다.

주은이는 트라우마 때문에 연상의 남자들을 싫어했다. 바람피운 친정 아빠를 욕하며 살았던 친정엄마의 탓이 컸다. 주은이는 아저씨들의 느끼한 눈빛을 혐오했다. 내가 주은이에게 어린 친구들이랑 무슨 대화가 통하느냐고 물어보면 이렇게 말했다.

"네가 몰라서 하는 말이야. 남자는 나이가 정신연령과 비례하지 않아. 늙어도 철 안 든 놈들이 있고, 어려도 어른스럽고 책임감 있는 친구들이 있더라고."

재지 않고 순수한 어린 그들 덕분에 무엇보다 더 이상 늙지 않는 자신이 좋다 했다.

재즈칼럼니스트인 그녀의 연하 애인을 만난 적이 있었다. 그에게 우문을 던졌다.

"도대체 멀쩡한 총각이 유부녀 아줌마를 왜 만나요? 능력 있어 보여 여자들도 많이 따를 것 같은데?"

그의 대답은 쉬웠다.

"피곤해요. 요즘 여자애들. 나 같은 경우는 결혼할 마음이 없는데 여자들을 만나보면 재고 계산하고 떡 줄 사람 생각도 않는데 상대가 '취집' 대상인지 아닌지를 가늠해요. 그렇지 않으면 죄다 공주병에 걸렸는지 대우받기만 바라고요. 데이트 비용은 당연히 남자 몫이고 그것도 모자라 주위 친구들이 받는 선물 공세를 떠벌리며 상대를 자극하죠."

그러면서 몸을 앞으로 더 당겨 다가오며 말을 이었다.

"남자는 늙거나 젊거나 편한 여자를 좋아해요. 사람들은 다 외롭고 불안함을 갖고 살아요. 나를 이해하고 있는 그대로 받아줄 수 있는 사람. 그런 친구를 원해요. 그게 동성이든 이성이든 차후 문제고요."

몇 년을 지켜본 그녀의 연애는 이상 무였고 그녀를 연애기술자라고 말한 이유는 가정에 전혀 이상 없이 충실하며 외도를 즐기는 거였다. 외도의 스릴과 기쁨을 통해 아이러니하게 그녀는 자신의 가정을 더 굳건히 지켰다.

형이상학?
허리 하악하악!

"소나기는 지나가면 그뿐."

그가 짧게 말했다. 그는 억울한 일로 인해 명예와 자존심에 상처받고, 오랜 시간 고통당한 적이 있었다. 힘든 그 시절을 어떻게 견뎠느냐고 묻자 무심한 듯 담담하게 내뱉은 대답이었다.

남준은 독서광이었다. 정확히 말해 활자중독자였다. 2만 권의 장서를 읽은 사람이었다. 그 지식의 방대함으로 얻어진 언변과 화술은 주위를 압도했다.

사람들은 처음엔 삐딱한 시선으로 그를 바라봤다. 건방져 보이는 말투, 뛰어난 외모에 건장한 체구, 빵빵한 학위에 엄청난 재력가의 아들인 그를 고운 눈으로 보지 않았다. 조건 좋은 그를 질투의 눈으로 볼 수밖에 없었다.

사람들은 그런 그가 왜 그렇게 독서에 열중하고 학문에 정진하고 살기 위해서 애쓰는 줄 이해하지 못했다. 바로 그 노력이 그를 빛나게 하는 점이었음에도 불구하고 말이다. 그는 학위를 마친 서른 초반부터 부모로부터 완전히 경제적 독립을 했다. 그는 그게 옳다고 믿었고, 자린고비 부모로부터 벗어나는 지름길이 경제적 독립이라는 걸 알았기 때문이다.

그는 누구나 부러워하는 부잣집 아드님이었으나 어려서부터 부모와 뜻이 맞지 않았고, 뜻을 따를 수 없었다. 부모의 기대가 지나치게 크면 오히려 자식을 위축시키거나 엇나가게 만든다. 그는 다행히 책이란 피난처와 돌파구를 찾아서 애초에 엇나가버렸다. 부자인 부모에게 유일하게 감사한 일은 원하는 책을 다 사서 읽을 수 있게 했다는 정도였다.

부자 부모를 놔두고 거지처럼 산다는 건 커다란 결단과 용기가 필요했다. 십수 년 간 고군분투 하자 어느 순간부터 사회적 대우를 받는 전문인으로 자리 잡을 수 있었다. 고생 끝에 낙이 온다 했지만, 그의 마음은 여전히 무거웠다. 그의 또 다른 불행은 아내의 무분별한 행동 때문이었다.

유학시절 만난 부인은 부모의 풍족한 사랑 때문에 삶의 그림자를 모르고 자란 매우 밝은 사람이었다. 남준은 그 모습이 좋아 그녀와 결혼했다. '결혼의 이유는 이혼의 사유'라고. 지나치게 밝고 긍정적인 성격이 부른 사고였다. 어느 날인가, 그녀는 남편의 이름을 팔아 그를 곤경에 빠뜨리는 사고를 치게 되었다. 이치를 따져 살펴보니 사안을 너무 안이하게 이해하고, 근거 없이 그저 잘될 거라는 무책임한 판단이 상황을 악화시킨 결과였다.

이로 말미암아 그는 명예에 심한 손상을 입었고, 경제적으로도 감당하기 힘든 손실은 감당해야 했다. 그렇다고 부인을 내칠 수도 없었다. 부모에게서 독립을 한 이유 중 하나가 아내였기 때문이다. 부모님이 결혼 때부터 한 반대는 결혼 후에도 변함이 없었다. 그는 이혼해야만 재산을 나눠주겠다는 부모의 협박에 굴할 수 없어서 집을 나왔다. 태생적인 책임감과 부모로부터 물려받은 생활력으로 인해 독립을 두려워하지 않았다.

많은 우여곡절을 겪으며 이루어 놓은 성과들을 아내가 한순간에 날려 버렸다. 화를 삭여야 했고, 용서하며, 인간 본질을 파고들어 탐구하기 시작했다. 그는 예전처럼 다시 독서와 사색에 빠져들었다.

그를 사랑한 여인 주은이가 있었다. 교양이 부족한 남편이 너무나 싫었던 여인. 먹고 자고 일하는 게 전부인 남편의 일상. 책은커녕 신문 한 자락을 안 보는 남편. 하루 온종일 맛있는 것만 먹을 궁리만 하는 남편을 답답한 시선으로 바라볼 수밖에 없었던 그녀에게 남준은 다른 세계 사람이었다. 평소 그녀가 꿈꾸던 '형이상학'적인 남자, 말 그대로 이상형이었다. 오랜 시간을 두고 지인으로 교류를 나눴다. 그러던 어느 날부터 그도 그녀를 사랑하게 됐다. 그동안 알고 만났던 여자들과 달리 따뜻하고 정이 넘치는 그녀를 사랑하게 됐다. 그녀는 남자를 배려할 줄 알고 헌신적인 여자였다. 남자를 많이 아는 척 떠들어 댔지만, 오히려 그런 그녀의 순진함을 사랑하게 됐다. 그들의 낮은 깊이가 있었다. 그들의 밤은 더 깊고 깊었다.

그가 그녀에게 배운 건 관심 없던 음악이었고, 그녀가 그에게 배운 건 잃어버린 시였다. 같이 음악을 들으며 시집을 읽었다. 감상을 논하고 모르는 것들을 알아갔다. 그에게 무언가를 가르쳐 준 사람은 그녀가 처음이었다. 박학다식한 그에게 무언가를 아는 척하는 사람조차 없었다. 그는 그녀가 신선했다.

어느 순간 그녀를 깊이 알고 싶어졌고, 그녀에게 그의 의향을 조심스레 전했다. 그녀 역시 같은 마음이었다. 둘은 누가 먼저랄 것 없이 서로를 원하고 있는 상태였다.

서로가 아무리 형이상학적인 만남을 지향한다 하더라도 남녀 관계에서 육체관계는 거스를 수 없는 본능에 가깝다. 남준과 주은이도 자석의 NS 극처럼 서로 끌어당겼다.

주은이로부터 이 얘기를 듣고 처음엔 무척 놀라는 마음이었지만, 점차 사람 관계를 넓혀갈수록 남녀 관계는 어쩌면 당연한 인간의 이야기가 아닐까 하는 생각에까지 미치게 되었다.

"주은아. 너 정말 아름답구나."

"사랑해요, 남준 씨."

그들은 형이상학적으로 맞았고, 형이하학적으로도 근사하게 어울렸다. 관계가 깊어지면서 더 애틋하게 사랑하게 됐지만 오래 인연을 이어가진 못했다.

남준은 친구 주은이가 처음이자 마지막으로 사귄 유부남이었다. 총각만 만난다는 불문율을 깨고 만난 멋진 남자였다. 아무리 멋진 남자라 하더라도 끝내 유부남을 사랑할 순 없었다. 그나마 남은 알량한 양심이 그녀의 사랑을 멈추게 했다.

쿨한 연애의 정체

"쿨~하게 만나자, 쿨~하게 사랑하자"라고 말하는 사람들이 있다. 우리는 인간관계에서 '쿨'하지 못해서 어려움을 겪어봤을 것이다.

도대체 쿨하다는 어떤 의미를 담고 있고, 쿨해지는 방법은 있는 걸까? 남들은 쿨해지기 위해 어떤 방법을 취하나 정보를 검색해 보았다.

'쿨하고, 시크하고, 도도해지는 법.'

짧고 간결하게 말하기, 웬만한 일을 웃어넘기기, 웃지 말되 가볍게 미소 짓기, 없어 보이게 울지 말기, 옷은 무채색이나 단색으로 입기, 내숭 불가, '가오'나 '똥폼' 잡으면 시크해 보이지 않음. 비비 크림을 발라 얼굴을 하얗게 하기.

어린 친구들이 블로그에 한결같이 올린 글들이다. 너무나 귀여워서 웃지 않을 수가 없었다. 쿨이란 단어 하나에 법칙이 있고 매뉴얼이 있다는 건 쉬운 일이 아니기 때문일 것이다.

쿨하다는 건 공감 능력이 떨어진다는 얘기이기도 하다. 쿨한 사람은 뜨겁게 사랑하다 차갑게 냉정해질 수 있다. 웬만한 고통은 감당할 담대함이 있다. 한 마디로 정상적인 사람이 아니란 얘기다. 그런데도 쿨하다는 말을 남발하는 사람들이 있다. 우선 이들은 사랑에 있어서는 경계의 대상이다. 사람과의 관계에서 쿨하기 힘들다는 건, 많은 이들이 경험해봐서 안다.

'사랑 앞에서 쿨해져라'라고 말하는 건 상대에게 간섭하지 말고 집착하지 말란 말이다. 자신은 상대에게 집중하지 않고, 여유와 자유를 갖겠다는 말이기도 하다. 쿨하고 싶거나 쿨하자고 하는 사람은 사랑의 대상이 아닐 확률이 높다. 일시적인 연애를 하고 싶은 마음이든지, 상대가 썩 마음에 들지 않아서일 것이다.

사랑 앞에 목숨을 거는 인간을 곁에 뒀던 죄로 나는 사랑에 대한 기준점이 높아져 버렸다.

마음에 드는 대상을 만나면 우리는 '골인을 하기 위해 올인'을 한다. 상대를 얻기 위해 거짓말을 불사하며, 최선의 노력을 기울인다. 상대의 일거수일투족을 관찰하고 상대의 의견에 집중한다. 상대가 원하고 바라는 대로 끌려가기도 한다. 원하지 않아도 바뀌고 변하려 한다. 사랑하니까 가능한 얘기다.

쿨한 사람을 더 쿨하게 만드는 건, 상대가 그에 대해 집중과 관심이 지나치다못해, 집착과 소유를 하려고 하면서부터다. 그 때부터 상대는 쿨한 사람의 마음에서 정리대상이 되는 것이다.

태생적으로 쿨한 사람이 있을까? 그렇다면 그는 단지 냉정한 성격을 가진 사람인 것이다. 자신의 어떤 트라우마에 의해 성격적으로 정서적으로 이상이 있는 사람일 것이다. 우리 주위에 본래부터 나쁜 놈은 없다. 나는 아직 만나보지 못했다.

나는 남편을 미워한 적이 있었으나 그건 죄를 미워한 거지 사람을 미워한 건 아니었다. 주체 못 하는 끼를 갖고 태어난 남자를 선택한 건 내 잘못이니 나는 그를 더 이상 욕할 필요는 없었다. 나쁜 놈은 아니었다고 생각해서다. 나는 쿨한 사람이 아니다. 남편에 대한 내 태도는 차분히 생각해 본 결과 내린 결론이었다.

알고 지내는 사람 중에 대표적으로 쿨한 남녀가 있다. 남자는 꽤나 유명한 강사고, 여자는 패션 자영업을 한다. 남자와 여자 모두 나이보다 훨씬 젊어 보이는 외모를 지녔고 경제적으로 여유도 있었다. 술을 즐기고 모임을 좋아했다. 성격이 좋고 대인관계가 좋아 주위에서 인기가 많은 사람들이었다. 이성이나 연애에 대한 관심도 많았다. 이들이 다양한 이성들과 교제를 하는 것은 당연한 일이었다. 다양한 사람들과 만남과 헤어짐을 반복했다. 좋게 끝나는 경우도 있고 애를 먹고 끝나는 경우도 있었다. 이들은 어떤 연애든 연애를 하면서 '사랑은 가볍게 이별은 쿨하게'라는 태도를 유지했다. 이들이 쿨한 태도를 유지할 수 있는 가장 좋은 방법은 여러 사람과 다면적 관계를 유지하는 것이었다. 그 관계가 '썸'이든 '러브'든 중요하지 않았다.

내가 생각하기에 쿨한 사람들의 쿨한 이유는 한마디로 양다리나 문어다리라는 얘기다. 단정을 해버리는 것에 대해 반기를 드는 사람도 있을 것이다. 그에 대해 반론을 제기한다면 진심으로 한 사람만 사랑한다면 사람은 쿨할 수 없기 때문이다. 한 사람에게 집중하고 온 에너지를 다 쏟아 열을 내고 있는데, 어찌 차가워질 수 있다는 말인가? 불타는 상대를 위해 쿨하자고 하지 말고 똑같은 쿨한 여자, 남자를 만나면 된다.

반대로 쿨한 상대를 만나 아파하는 사람들에게도 하고 싶은 말이 있다. 아픈 사실이지만 상대는 그대가 '온리 유'가 아닌 '원 오브'일 뿐이라는 것이다. 그대의 진실한 사랑을 하찮게 여기거나, 사람을 또는 사랑을 수집하는 그들에게 정성과 에너지를 뺏길 필요는 없다. 그런 이들과 관계를 계속 유지하다 보면 속에서 화, 불만, 분노만 쌓여간다. 부정적 감정으로 자신을 내몰고, 그럴수록 더 집착하고, 자신을 소이고 자신의 앞길도 막는다. 상대에 의해 소중한 자신을 잃는 일은 가치 없고, 의미 없고, 어리석은 일이다. 세상은 내가 있고 남이 있는 것이다.

사람을 대할 때 '원 오브'하는 사람과 '온리 유'하는 사람을, 나는 간식 같은 사람, 밥 같은 사람이라고 말한다. 내가 밥 같은 사람으로 대우 받을지, 간식 같은 사람으로 남을 지는 자신이 결정할 일이다. 이왕이면 상대에게 밥 같은 사람으로 대우 받고 남고 싶지 않을까?

대학 때 만난 첫사랑만이 일생의 유일한 사랑이라고 떠드는 친구가 있었다. 그녀는 늘 확고한 태도로 말했다.

"어떻게 사랑이 둘일 수 있니?"

나는 그녀에게 물었다.

"나머지 걸친 남자들은 뭐지? 사랑은 하나라고 하면서 그럼 나머진 엔조이 대상이세요?"

이미 그런 그녀를 잘 알았던 그 첫사랑은 그녀를 간식 같은 사람으로 대했던 것이다. 밥은 밥끼리, 간식은 간식끼리 어울려야 세상은 공평하다. 우리는 밥이나 공기나 물의 소중함을 모른다. 나는 인스턴트 음식으로 배를 채우며 살고 싶지 않다.

밥 같은 사람,
간식 같은 사람

실연의 상처에 아파하는 친한 동생이 있었다. 그녀는 이룰 수 없는 사랑을 너무 아파했다. 부족한 연애 경험, 모자란 인내심으로 인해 점점 억울해 하고 분노까지 느껴야 했다.

참 멋진 여자였는데 연애에만 빠지면 어리석어졌다. 상대가 하는 모든 말을 믿고 따르고 의지한다. 나는 나 자신조차 믿을 수 없을 때가 있었는데, 타인에게 '올인'하는 그녀가 신기하기까지 했다.

그녀는 상대에게 심심풀이 땅콩이나 간식 같은 존재였다는 자괴감에 억울하고 분노했다. 뒤돌아보니 자신이 얼마나 쉽고 우습게 행동했는지 후회가 된다며 속상해 했나.

그녀를 잘 안다. 얼마나 매력적이고 따뜻한 친구인사. 그 속

사람이 얼마나 순수하고 여린 친구인지 잘 안다. 남녀 간의 문제야 당사자만 안다지만 사람이 성향을 바꾸고 감추며 누군가를 만나는 일은 어렵다.

그녀는 결코 우습고 쉽게 행동하지 않았을 것이다. 그녀는 간식 같은 사람이 아니었지만 재수 없게 간식밖에 안 되는 상대를 만났던 것이다. 밥 같은 성향의 그녀를 간식처럼 대한 그가 어리석은 것이다. 사람을 소중히 여기고 만남에 진지한 한 여자를 단지 외모가 조금 부족하다는 이유로 간식처럼 대한 그 인간이 나쁜 인간이다.

이제부터 그녀는 이별과의 사투를 벌여야 한다. 아직 준비 못 한 실연의 시간을 견디고, 참아내고, 이겨내야 할 것이다. 그런 중심에 자기애를 갖길 바라본다. 지나친 자신감은 교만이지만 낮은 자존감 역시 상처 회복에 도움이 안 된다. 한 사람 한 사람을 밥처럼 대하는 그녀이기에 결국 동생은 밥 같은 사람을 만날 날이 올 것이다. 다만 밥 같은 사람을 알아보려면 많은 경험과 노하우가 필요하기에 이런 한 두 번의 실연이 그녀에게는 약이 되고 살이 됐으면 한다.

그녀의 일을 바라보며 여러 생각이 났다. 왜? 사람들은 단세포같이 어리석거나 주제 이상으로 교만할까? 상대를 진심으로 선하게 대하고 그 순간 최선을 다하는 사람의 소중함을 왜 모를까? 세상의 잣대로 조금 부족한 부분이 있다 한들 마음 씀씀이가 명품인 친구의 귀함을 왜 모를까? 아무리 착한 사람일지라도 마음의 유효기간이 있다는 걸 왜 모를까? 바보가 아닐진대 간식 같은 사람을 언제까지 밥으로 대우해줄까?

밥같이 대우해 주는데도 간식 같이 군다면, 그 사람은 결국 간식으로 전락하고 마는 것을.

사람의 소중함을 인연의 감사함을 아는 나는 모두를 밥같이 대우하려고 노력했다. 간식 같은 사람도, 간식처럼 구는 사람도 그렇게 대우하려고 노력했다. 상대와 상관없이 인연의 소중함을 알았고, 그게 내 도리라 생각해서다.

동생아. 하지만 요즘은 언니도 점점 틀렸다는 생각이 든다. 밥같은 사람은 밥같이 대우해주고 간식같이 구는 사람은 간식으로만 대해야 할 것 같다. 앞으로는 밥으로 대우 받을 수 있는데도 간식처럼 구는 사람을 밥으로 대해주기엔, 세상은 바쁘고, 기회도 많고, 사람은 넘쳐 나는구나. 어서 빨리 잘 털고 조금만 아파하길.

내가 아는 사람 중, 간식 같은 남자가 한 명 있다. 가끔 만나는 모임에 속한 지인인데 그는 그야말로 왕자병 환자나. 꽤 능력 있고 매력적인 사람이다.

여자들에게 인기가 많았고 자신도 그 사실을 잘 알고 있었다. 완벽한 사람은 없다고 그에게 부족한 건 겸손함이었다. 다양한 여성 편력과 사회적 공적을 떠벌리며 하지 않아도 인정받았을 테지만 그렇게 자기 자랑을 했다. 그와 대화를 하다보면 남자친구가 아닌 지인인 게 참 다행이란 생각이 들었다. 마음에 들지 않아도 지인이란 생각에 그의 얘기를 들어주고, 맞장구쳐 주었다. 어차피 내 사람 아니고 알아서 나쁠 거 없는 인맥이기에 그의 뜻에 동조해 준 것이었다.

정작 처음에 그를 보았을 땐 이성적인 호감이 있었다. 모임을 몇 번 하며 그의 실체에 실망한 나와 달리 그는 자신을 알아주는 나를 따르고 반겨 주었다. 가끔 그가 나에게 이성으로 호감을 표하기도 했지만, 그와 남녀 간의 관계로 엮이고 싶은 마음은 추호도 없었다. 그는 몰랐을 것이다. 자신의 언행이 오히려 자신을 깎아내리고 비호감형으로 전락시키고 만다는 것을. 제삼자의 눈으로 보아도 간식 같은 남자로 행동하면서 끊임없이 밥 같은 여자를 찾아 헤맸다.

이름만 들어도 알만한 그동안 사귄 여자들의 면면이 믿어지지 않았지만, 주위의 증언과 사진 등의 증거물이 있기에 일단 믿기는 했다. 그는 그녀들을 입에 올리며 자신이 잘난 남자임을 어필하고 싶어 했다.

사람은 유유상종이라고 간식 같은 남자를 사귀었던 이름 있는 여자들 또한 간식 같은 여인네들이 아니었나 하는 의구심이 들었다. 그는 자신을 좋아하는 여자와 자신이 좋아하는 여자의 데이터를 비교하곤 했다.

듣지 않아도 알 수 있는 결론은 서로 상대의 등을 바라본다는 것이다. 자신을 좋아하는 그녀들에겐 관심이 덜 가고, 자신을 봐주지 않는 그녀에겐 관심이 간다는 얘기였다. 상대의 진심이나 정성의 소중함을 모르는 그다운 답이었다. 난 그에게 "관심이라기보다는 승부욕의 발로니 자신의 속마음을 잘 살펴보라"고 말해 주곤 했다. 상대의 제대로 된 가치나 진정성을 모르는 그는 내 말을 이해하지도 인정하려 들지 않았다.

지인이고 친구가 된 입장에서 혹 그가 이 글을 읽는다면 자신의 자만심이나 교만함을 조금 내려놓으라고 말해주고 싶다. 자신의 입으로 말하지 않아도 티내지 않아도 충분히 매력적인 사람이라고. 만나보면 나이가 무색하게 순수하고 어느 누구보다 똑똑하고 재능 넘치는 사람이라고. 사람을 평가하는 건 자신이 아니라 타인이기에 상대의 시선이나 의견을 존중해 보라고. 세상에는 나보다 그보다 훨씬 더 잘난 사람들이 많고 넘친다는 사실을 그는 정말 모르는 걸까? 실상 밥 같은 여자는 면면이 화려하고 남에게 자랑할 만한 대상에서 찾는 게 아닌 것 같다. 밥 같은 여자는 능력이나 업적 말고 상대의 여린 내면을 바라봐 주는 사람일 것이다. 그의 곁에서 점점 친구들이 지인들이 사라지는 것을 보면 그는 주위 사람들에게조차 간식 같은 존재가 되어가는 것 같다.

그는 밥 같은 조건을 갖고 있으면서도 간식 같은 대상이 되었다. 세상일은 자기 할 탓이고 뿌린 대로 거둘 수밖에 없다지만 그가 조금씩 변한다면 앞으로도 난 좋은 지인으로 사람 친구로 남아줄 의향은 있다.

사랑이 뭐기에

"사랑에 빠질수록 혼자가 되라. 두 사람이 겪으려 하지 말고 오로지 혼자가 되라."

시인으로 살다가 시처럼 생을 마감한 릴케의 시 한 문장이다. 그가 쓴 많은 사랑의 시들 중에서 사랑의 속성을 잘 나타내주는 문장이다. 아끼는 문장이다.

사랑에 빠져 본 사람은 안다. 사랑을 하다 가장 힘든 순간이 올 때가 있다. 둘이었지만, 혼자가 되어야만 그 사랑을 오랫동안 끝까지 지킬 수 있다는 것을 알게 될 때이다. 나를 바꾸는 사랑은 아름답고 위대하다. 너를 밀어내고 한 발 뒤에서 바라보는 일은, 시리고 아프다. 사랑하지만 보내야 하거나 떠나야 하는 일은, 더더욱 처절하고 고통스럽다. 나에게도 그런 시간들이 있었다.

어느 날 소박데기인 나에게 사랑이 찾아왔다. 사랑을 통해서 사랑을 알게 한 사랑. 남편이 그리 떠들어대던 사랑의 실체를 알게 한 사랑. 따뜻하기도 하고, 뜨겁기도 하고, 고통스럽기도 한 그런 사랑이 찾아왔다.

남편과의 이별 이후, 여전히 세상을 살아갈 준비는커녕 마음의 방향조차 가늠되지 않았고, 머릿속은 온통 혼란했고 복잡했던 시기였다. 과거의 찌꺼기 같은 기억들은 여전히 내 주위를 맴돌았고, 분노와 화가 여전히 남아 나를 갉아먹고 있었다. 세상 슬픔은 혼자 다 짊어진 것처럼 우울한 시간을 보냈다. 신에게는 여전히 오가며 시비를 걸고 항의를 하며 지냈다. 내가 불쌍해 보였던 건지, 어느 날 내게 하늘에서 그를 선물로 보내주셨다.

외로워지기 시작한 그때쯤이었다. 사랑 때문에, 사람 때문에 상처받은 나였다. 어리석게도 시간이 흐르자 사랑과 위로가 필요해졌다. 사랑은 사랑으로 치유되는 것이었기에. 그동안 받지 못한 사랑, 잘 몰랐다던 사랑, 어떻게 해야 잘하는 건지 모르지만, 잘 하고 싶은 사랑이 찾아왔다. 서서히 사랑을 알아가고 사랑을 배워갔다.

사랑이 아름다운 건, 웃을 수 있고 행복해지기 때문이다. 사랑이 감사한 건, 내 편의 든든한 위로와 용기를 주기 때문이다. 사랑이 가치 있는 건, 서로가 변하고 나아지기 때문이다.

나이 사십이 넘어 사랑이 뭔지를 알 게 됐다. 지난 시절의 감정이나 연애는 그뿐이었다. 사랑이 이렇게 애절하고 절절한 건지, 희열로 차올랐다. 고통으로 일그러지기도 하는 건지. 슬퍼도 웃고 행복해도 울 수 있다는 것을 알게 됐다. 사랑 하나 있으니, 삶이 전부 '감사무지'고 세상이 온통 축복이었다. 힘이 되고, 자신감을 얻고, 희망이 생겼다.

누군가를 인간적으로 잘 대하는 것과 사랑의 대상으로 대하는 것이 다르다는 걸 알았다. 사랑을 의무로 알았던 나는 사랑이 권리라는 것을 뒤늦게 알게 됐다. 그렇기에 나는 이 사랑을 첫사랑이라고 부른다.

결혼하고, 아이를 낳고, 사랑과 이별을 경험한 내게는 어울리지 않는 말인지 모르겠지만. 남편이 했던 말이 맞았다는 걸 알게 된 어느 날. 나는 사랑의 실체, 본질에 대해 깊이 빠져 들어갔다. 나는 어리석었고 교만했다. 상대를 위한 사랑을 했다고 생각했다. 거짓이었다. 내가 한 사랑은 나를 위한 것이었다. 자신이 원하는 사랑, 자신을 빛나게 하려는 사랑, 남에게 과시하고 싶은 사랑. 모든 이에게 칭찬 듣고 인정받고 싶은 사랑을 한 것이었다.

불현듯. 사랑이 아니었다던 불행한 사랑의 시작이 기억났다. 결혼 전날 밤, 날이 새도록 친정아버지는 결혼을 말렸다. 뒷수습은 다해줄 테니 다시 한 번 생각해보라며 심각하게 말리셨다.

친척들이 아빠를 뜯어말렸다. 이건 잔칫집이 아니라 초상집이었다. 결혼식 전까지 계속된 시댁 식구들의 경우 없는 언행들, 가당찮은 요구 조건들. 아직 남편의 자격을 못 갖춘 철없는 신랑감, 고향이 다르고, 문화가 다르고, 수준이 다른 사람들과 살아갈 딸의 불행을 아빠는 그때 이미 예견했던 것이다. 아빠는 최후통첩을 날렸다.

"어차피 호적은 파가겠지만 이제부터 부모자식의 연을 끊자."

끝내 하겠다고 우기고 있던 나는 그때 선택을 해야 했다. 말을 들은 후 나는 아빠에게 용서를 빌고 결혼을 포기하겠다고 말했다.

"세상에서 제일 소중 한 건 부모인데, 부모를 저버리며 얻고 싶은 행복은 세상에 아무것도 없어요."

그리고 한없이 눈물만 흘렸다. 부모님도 울고 친척들도 울었다.

그 순간 내린 내 선택으로 나는 아빠의 믿음과 신뢰를 다시 얻고 결혼식을 할 수 있었다. 깊은 한숨을 내쉬며 아빠가 말했다.

"중요한 순간에, 바른 선택을 할 수 있는 내 딸을 믿으마. 혹 살다가 정 못 살 거 같으면 아무 염려 말고 돌아 오너라. 언제든 두 팔 벌려 환영하마."

하지 말아야 했던 약속을 하고, 결혼을 허락해 주셨다. 나는 눈이 퉁퉁 부은 채였지만 스물여섯 어린 신부는 예뻤다.

결혼 전, 나는 머리가 커지고 취직을 하자 부모로부터 독립하고 싶어졌다. 부모님의 간섭과 잔소리가 싫었다. 조건 좋은 사람들과 억지로 선을 보게 하려 해서 싫었다.

나는 결혼 상품이 아니었는데. 십 대에도 안 하던 반항을 이십 대에 했다. 그것도 반대하는 결혼이란 엄청난 반항을. 나에게 결혼은 도피처고, 피난처였다. 때마침 그가 내 옆에 있었다. 나는 선택의 여지도 없이 그와 결혼했다.

그렇게 한 결혼이었기에 보란 듯이 잘 살아야 했다. 반대한 부모님, 형제자매, 친구들 보란 듯이 잘 살아야 했다. 결혼을 성공적으로 이끌어야 했고, 실패는 해서도 안 되었다. 실패한다 해도 무조건 참아야 했다. 그런 마음을 갖고 시작했다. 내가 먹여 살려야 하는 남편. 대학 4학년생을 남편이라 부르는 일은 위험한 모험이었다.

학교 때 그와 만나며 데이트도 했고, 연애도 했다. 나는 태생적으로 연애에 있어서는 수동적이었다. 상대의 적극성이 있어야만 관계가 진척되는 사람이었다. 나 자신의 감정에 크게 집중하지 않았고, 인기가 있는 편이어서 그랬는지 모르겠다. 상대의 마음에 크게 신경 쓰지도 않았다.

바로 이게 문제였다. 감정이 없었다. 힘든 시간을 겪었는데도 애증도 없는 것 같았다.

그의 말대로 그를 사랑하지 않았고, 더 정확히는 나는 사랑의 감정을 잘 몰랐다. 그러다 보니 애교도 없었고 좋다는 감정도 표현하지도 않았다. 그를 만나서 살며, 단 한 번도 떨리는 감정을 느껴본 적이 없다. 그가 보고 싶어 애가 타본 적도 없다. 사랑한다고 말한 기억조차 없다. 그는 부부관계를 할 줄도 몰랐고, 나도 하기 싫었다. 그는 세상 물정 잘 모르는 스물다섯 어린 청년이었다.

시댁에서도 결혼 반대는 있었다. 2대 독자에 외아들인 신랑이 너무 어리다는 이유였다. 다행히 시댁에서 궁합을 보고 온 다음부터는 이른 결혼이 크게 문제가 되지 않았다. 본격적인 반대는 여자 집안의 반대를 알고 나서였다. 감히 잘난 최고 명문대생 아들을 반대한다며 자존심이 상한 시댁 식구들도 반대를 하기 시작했다.

남편은 그 당시 나를 많이 사랑했던 것 같다. 결혼을 시켜달라며, 집을 나와 시위를 벌였다. 그러고 보니 결혼을 가출로 시작하고, 결혼의 끝을 가출로 끝낸 사람은 세상에 이 사람밖에 없을 것 같다.

나는 결혼을 하고 나서부터 '괘씸죄'를 적용받아 힘든 신혼생활을 시작했다.

뒤돌아보니 아픔이나 고난을 견딘 힘은 나의 자존심과 교만함이었다. 불행을 누구에게도 말하지 않았다. 부모형제는 물론 이웃 사람들, 친구에게조차. 요즘 표현을 빌리면 '쇼윈도 부부'였는지 모른다. 다만 가식도 거짓도 아니었던 건, 그땐 최선을 다했고 남편을 사랑하는 줄 알았다.

열심히 가족을 위해서 헌신하고 힘들어도 참고 노력하면 해결된다고 생각했다. 살면서 끊임없이 울고 웃고, 또 울었다. 내 감정에만 몰입했고 그 안에 갇혀 혼자 판단하고 끙끙대며 아파했다. 멋있는 여자인 척하려고 애썼다. 다 이해하는 척, 받아주는 척. 이해도 못 했고 받아 줄 마음도 오락가락했지만 참는 게 먼저였다.

나는 그에게 감정을 숨겼고 말하지 않았다. 그와 공유한 내 인생이었지만, 감정에서는 그렇지 않았다. 하지만 그때는 이 모든 게 사랑의 한 과정인 줄 알았고 그렇게 믿고 있었다. 내가 아는 사랑은 그만큼이었고, 내가 한 나름의 사랑 법이었다. 그런 내가 세월을 한참 보내고 나서야 진짜 사랑에 빠진 것이다.

남편의 말처럼 '사랑하면 내 마음이 내 마음대로 안 된다'는 사실을 알게 됐다. 눈물이 날 만큼 보고 싶은 사람이 있다는 것을 알았다. 사랑하는 사람을 만나기 전부터 가슴이 떨리는 느낌을 알았다. 무엇보다 상대에게 사랑받는 느낌이 얼마나 행복한 건 줄 알게 됐다. 귀하고 소중한 그 마음이 감사했다. 남편이 그리 원했던 느낌이 이것이었겠지.

온전한 사랑의 감정을 알았다 말 할 수 있는 건, 사랑의 슬픔도 아픔도 알 게 되어서다. 사랑이 깊어질수록 간절해지고 애절해지는 마음을 알았다. 사랑이 충만할수록 더 갖고 싶고 탐나는 마음도 알았다. 사랑은 예측이 불가능하고 불안정하다는 것도 알게 됐다. 사랑의 해피엔딩은 정답도 없고 되기도 힘들단 것도 알았다.

'23시간 힘들어도 1시간 때문에 참을 힘이 난다'라는 주은이의 말을 이해하게 됐다. 사랑이 힘들어도 안 하는 것보다 하는 게 낫다는 것도 알게 됐다. 사랑을 몰랐을 땐 모르지만 이젠 알게 됐다. 사랑을 모르는 건 어리석고 안타까운 일이지만, 알면서도 시도하지 않고 노력하지 않는다면 인생이 너무 아깝다는 생각이 든다.

이제 나는 더 적극적으로 사랑을 사랑하고, 사랑을 아끼고, 사랑을 키워나가고 싶어졌다. 사랑을 몰랐을 때도 사랑을 알게 된 지금도 다행인 것 한 가지는 사랑 앞에 부끄럽지 않다는 것이다. 사랑 앞에서 이기적이지 않았고 집중했고, 진심이었다. 받는 사랑에 감사했지만 주는 사랑의 기쁨을 알았다. 사랑에 빠졌다고 이성을 상실하지 않았고, 사랑에 모든 걸 걸지도 않았다. 사랑은 소중하지만, 사랑만큼 사랑보다 소중한 것들이 세상엔 많았다.

이제 비로소 나의 전남편에게 편지를 쓸 마음이 생겼다.

당신은 나에게 사랑에 대한 궁금함과 호기심을 알려 주었어.

당신의 잘못으로 시작된 일이었지.

나에게 죽기 전에 사랑의 감정을 알게 해주었으니 감사해야 되겠지. 사랑을 알고 사랑을 해보니 알겠더라. 그처럼 당신이 사랑에 광분하고 '올인'했던 이유를.

근데 그거 알아?

사랑이 아무리 소중하다 해도, 세상의 전부는 될 수 없다는 걸. 사랑이 아무리 애절하다 해도 참아야 하는 이유도 있다는 걸. 사랑이 가장 행복한 기쁨을 준다 해도, 놔야 할 때도 있다는 걸.

세상의 모든 일은 기본을 갖춰야 무너지지 않고 지켜지는 거라고 생각해. 내가 하는 행동이 타인에게 불행을 준다면, 가치 없고 의미 없는 일이 될 뿐이지. 그것이 자신에게 가장 가까운 사람들의 고통을 밟고 얻는 기쁨이라면 더더욱.

설사 내가 했던 사랑이 당신이 원하는 사랑이 아니었다고 해서 그게 사랑이 아니라고 단정할 순 없는 거야. 방법이 달랐을 뿐 진심과 정성을 갖고 있었기에 존중했어야 했어. 원하는 사랑이 아니었다면 당신은 당신의 사랑을 가르쳐 주면 됐어. 아니, 사랑을 제대로 안다는 당신이 나와 상관없이 사랑을 베풀면 됐던 거야.

사랑의 색깔은 다 달라. 희고, 붉고, 푸르고, 검지. 색깔이 다르다고 해서 사랑이 아닌 건 아닐 거야. 당신의 사랑이 이기적이고 빛을 잃을 수밖에 없었던 건, 옳지 않은 선택 때문이야. 가족을, 무엇보다 지켜줘야 할 의무를 가진 아이를 져버렸기 때문이야.

당신은 그 사랑을 통해서 시인이 된 것도 아니고, 성숙해져서 다른 사람으로 거듭나지도 않았어. 부끄러워 구석으로 숨었고, 제일 소중한 가족을 잃었지. 비가 오면 가슴이 아린 사랑, 본능적으로 충족됐던 기쁨. 그 추억 하나 때문에 당신은 가장 소중한, 당신 자신을 잃었단 거야.

적어도 내가 당신과 다른 건 죽을 만큼 힘든 시간들을 잘 견디고, 아이를 지키고, 나를 잃지 않은 거야. 하나 더 가치 있는 소득은 '당신의 사랑'이란 감정을 용서할 순 없지만 이해하려고 한 거야.

사랑은 아무나 할 수 있지만, 아무나 하면 안 되는 거 같아. 사랑을 아무나 하면, 아무렇게나 해버리니까.

당신 평생 속죄하며 살아. 한 여자의 인생을 부서뜨리고, 한 아이의 남은 생을 사람들 편견 속에서 살게 만들어 놨으니.

마지막으로 나는 잘못된 내 선택에 대한 대가를 치른 거라 생각하니, 미안한 마음 접어도 되지만, 아이의 안녕과 미래를 위해 '올인', '골인' 해주길 부탁할게.

끝내 당신은 헤어지는 그 순간까지 나에게 사과하지 않았지만, 나는 당신에게 잘살라 했지. 그렇게 원하는 사랑, 좋은 사람 만나라고. 지금도 그 마음은 진심이야.

끝까지 가 본 사랑, 할 만큼 해본 사랑, 탐심 비우고 당신 어머니. 아이에게 세상에서 가장 아름답고 귀한 사랑으로 마무리 해주길 바랄게. 당신에게 항상 신의 가호가 함께하길.

당신의 전부인 영으로부터.

사랑 자격증

차를 살 때 우리는 가능하면 더 좋은 차를 사려고 며칠 동안 고민에 고민을 거듭한다. 집을 살 때는 몇 달이 걸리기도 한다. 평생을 같이할 사람을 찾는 데는 얼마나 많은 시간과 공을 들여야 하는지 말해서 무엇하겠는가?

결혼을 성공과 실패라는 단어로 표현하는 건 좀 그렇지만, 사랑이나 결혼에 실패하는 큰 이유는 속사람을 보지 못하고, 조건을 보기 때문이다. 자신의 환경이나 상황 때문에 떠밀려 성급한 결정을 하는 것도 실패를 자초한다. 세상 많은 일이 처음부터 석연치 않은 일은 끝이 좋지 않다.

친언니들과 함께 텔레비전 프로그램에서 부당하게 대우받는 아이들을 본 적이 있다. 우리는 이구동성 '부모 자격증'을 받고 애를 가져야 한다며 성토를 했다. 언니들은 둘 다 강단에 서는 사람들이라 교육의 중요성을 누구보다도 잘 안다. 나는 부모 자격증보다 먼저 따야 하는 게 '결혼 자격증' 같다고 말했다. 사랑을 제대로 알고 준비하고, 그 결실로 이루어진 결혼이라면 실패하는 결혼이 적어질 거 같아서였다.

만약 결혼 자격증이 있다면 내가 아는 한 최고의 자격증을 가진 여인 한 명이 기억난다. 그녀는 나의 많은 인연 중 절대 잊을 수 없는 여인이었다. 사람으로서, 딸로서, 아내로서, 좋은 친구로서 빛났던 그녀. 갑자기 그녀가 너무나 보고 싶어졌다.

그녀가 유학생 남편과 결혼한 게 서른 살쯤이었다. 눈이 커다란 새색시는 성격도 시원시원했고 사교성도 많아 금방 사람들과 친해졌다. 결혼 얼마 뒤 첫 아이를 갖게 됐고 임신 중에도 사람들을 집으로 초대해 융숭히 대접할 정도로 마음 씀씀이가 컸다. 만삭이 될 때까지 밥 못 먹는 청년 유학생들을 챙기고, 교회 봉사를 하고, 우리 아이에게 한글도 가르쳤다. 나이가 어린데도 요리 솜씨가 뛰어났고, 손재주가 좋아 교회 환경미화는 다 그녀의 몫이었다.

내가 기억하는 그녀의 모습은 환하게 웃는 커다란 입과 하얗고 가지런한 치아였다. 화가 나거나 짜증이 나다가도 그녀의 얼굴을 보면 웃게 될 만큼 밝고 맑았다. 남편들끼리 같은 전공 박사학위를 받는 사이라 우리 둘은 더 각별하게 지냈다.

그녀는 고기를 잘 안 먹었다. 과일도 잘 안 먹었다. 시골의 정말 가난한 집 딸이어서라고 했다. 어린 시절 형편이 어렵다 보니 비싼 고기나 과일을 먹고 살 여유가 없었기에 고기와 과일 맛이 입에 달라붙지 않는다는 이유였다. 그녀는 어렵고 힘든 환경에서 독학하며 거의 혼자서 자라다시피 했다. 게다가 그녀는 집에서 종교적으로 어려움을 겪으며 자랐다. 무신론자 아빠에 불교 신자 엄마는 기독교 신자인 그녀를 집안을 말아먹는다며 혼내기 일쑤였다. 그럴수록 더 신실해졌고 성경을 품에 더 꼭 껴안았다.

그녀의 남편은 넉넉한 환경의 유학생이 아니어서 풍족한 생활은 고사하고 생계에 치이는 생활을 해야 했다. 그런데도 또래의 여유 있는 유학생 부인 틈에 껴서도 기죽지 않고 불평하지도 않았다.

그녀가 만든 초대 음식 중 최고는 채소비빔밥이었다. 학생가정에 조금씩 제공되는 땅에 그녀는 농사를 지었다. 농사꾼의 딸인 그녀의 땅에서는 탐스럽고 커다란 고추가, 오이가, 호박이, 깻잎이 쏟아져 나왔다. 그 채소들이 비빔밥의 재료였다. 그녀는 부족한 돈으로 최고로 아름다운 밥상을 차려냈다.

결혼 전엔 항상 우울하고 자신감이 없어 숨어 지내다시피 한 그녀의 남편은 결혼을 한 후에 누구보다 밝고 적극적인 사람으로 변해갔다. 주변 유학생들과 교인들이 그녀를 칭찬했고 아꼈다.

어느새 세월이 흘러 예쁜 딸아이를 낳고 둘째를 가졌다. 그녀는 큰 아이를 안고 부른 배를 뒤뚱거리면서도 교회에서 제일 먼저 새벽기도를 나왔다.

그녀의 신실함과 바지런함에 교인들은 혀를 내둘렀고, 질투 어린 시선으로 바라보기도 했다.

"뭐 저리 인생 얼마 안 남은 사람처럼 악착같게 사느냐"며 뒤에서 말하는 사람도 생겨났다. 하루를 한 달 같이, 한 달을 일 년같이 쪼개서 살았다.

둘째를 낳은 어느 날, 말이 씨가 됐던 걸까. 출산 한두 달 후부터 그녀는 자리에 누워 일어나지 못했다. 병원에서 그녀는 위암 말기 판정을 받았고, 이미 척추까지 암세포가 내려와 허리뼈가 다 부러진 상태였다. 그런 몸을 해서도 그렇게 움직였던 것이었다. 너무 고통스러웠을 텐데 어떻게 움직일 수가 있었느냐며 미국 의사는 기적 같은 일이라고 믿지를 못했다.

그 당시에는 나도 아파서 한국에 돌아와 치료를 받고 있는 중이었다. 그 소식을 들은 건 미국에 다시 돌아가서였다. 나에게 그 순간이 극적이었던 건, 당시 우리도 심각하게 이혼 위기를 겪고 있을 때였기 때문이다. 이때 그와 헤어졌다면 지금처럼 더 아픈 시간을 경험하지 않았을지도 모르지만, 신의 계획은 달랐나 보다.

우리 부부에게 목사님은 그녀의 병명과 고통을 일렀고, 죽는 사람도 있는데 산 사람들이 이해 못 하고 용서 못 할 일이 뭐가 있느냐며 우리 부부의 화해를 권유했다. 목사님 말씀이 맞았다. 죽어가는 사람도 있는데 우리가 겪는 고민이나 갈등은 사치에 불과했다.

마음을 고쳐먹은 나는 교회 여자들과 돌아가며 그녀의 아이를 돌보고 그녀의 식사 수발과 병시중을 했다. 온 교회가 나서 그녀를 위해 기도했고 그녀의 가족을 보살폈다. 핏덩이 둘째는 엄마 젖 한번 제대로 못 먹으며 남의 손에 의해 키워졌다. 우리를 가슴 아프게 한 건 그 아이가 포동포동 살이 오르고 환하게 방실방실 잘 웃는다는 것이었다. 엄마의 웃는 모습을 닮은 아이를 보며 모든 교인들은 웃으며 울었다.

기막힌 현실은 미국병원에서 그녀의 병세를 돌보지 못했다는 것이다. 위암환자가 별로 없는 미국이라 그녀를 위해 해줄 수 있는 치료라고는 강한 모르핀 주사밖에 없었다. 학생 보험으로 책임질 수 없는 병원비는 억대가 넘어갔다. 다행인 건 미국병원 특성상 선 치료 후 지불, 더군다나 돈이 없으면 평생 몇만 원 몇십 만 원씩이라도 갚을 수가 있었던 것이다.

우리를 더욱 안타깝게 만든 건 그녀의 척추가 다 부서져 움직일 수 없었기에 비행기를 타고 한국을 갈 수가 없어서였다. 밥벌이도 바쁜 친정 부모는 비행기 삯이 없어 올 수가 없었다. 그녀의 남편이 할 수 있는 건 그녀 곁에서 피눈물을 쏟으며 기도하는 일밖에 없었다.

일시적으로 화해한 우리 부부는 어떻게 해서든 한국으로 갈 방법을 찾았고, 모든 교인들의 기도로 한국행 비행기에 오를 수 있었다. 그녀의 곁엔 시어머니의 손을 잡은 친정엄마가 함께 했다. 서울로 와 백병원에 입원한 그녀를 마지막으로 보러 갔을 때 그녀의 모습을 잊을 수가 없다. 뼈와 가죽만 남은 그녀는 나를 보며 고통에 찡그려진 눈을 하고도 희미하게 웃으며 말했다.

"언니 성경책 읽어 주세요. 좋은 말씀 들려주세요."

그녀의 곁에 있던 엄마가 갑자기 폭포수 같은 눈물을 흘렸다.

"아이고 우리 아이가 저래요. 이 아이 때문에 저도 하나님을 믿게 됐어요. 농사를 짓고 돌아와 다리가 아파서 끙끙대면 내 무릎에 빨간 사인펜으로 십자가를 긋고 하나님 울 엄마 아프지 않게 해주세요. 어서 낫게 해 달라며 기도를 하는 거예요. 어린 아이 믿음에 감동해서 나도 믿기 시작했죠. 아이 아버지도 이제 마음이 누그러져 살려주면 교회 간다고 했어요."

그게 내가 본 그녀의 마지막 모습이었다. 우리는 서로 울지 않고 웃으며 다시 또 볼 것을 약속하며 헤어졌다. 우리는 그때 서로를 쳐다보며 가슴으로 울었던 것 같다.

세상에다 사랑을 실천하고 굵고 짧게 살다 간 그녀는 내가 아는 중 최고로 가치 있는 사람이다. 그녀는 한 남자를 바꿨고,

교인들을 하나 되게 했고, 우리 부부에게 다시 살 기회를 주었다. 그녀의 남편은 박사학위를 무사하게 마치고 미국에서 좋은 직장을 잡고 아이 둘과 씩씩하게 잘살고 있다. 그녀의 아버지는 그녀를 살려주면 믿는다는 마음을 바꿔 그녀가 죽기 전에 믿음을 갖게 됐고, 이단 종파에 빠졌던 그녀의 언니는 다시 온전한 신앙생활로 돌아왔다. 교인들은 이 일을 계기로 더욱 신앙에 불이 붙었다.

'○○아, 미안하고 부끄러워서 어쩌니? 나만 너의 뜻을 거슬렀구나. 지금 내 현실에 감사하며 열심히 사는 것으로 너의 숭고한 뜻 그나마 지킬게. 언젠가 기회가 돼 너의 얘기 글로 써 사람들에게 알리고 싶었는데 네가 하늘에서 나를 도와주나 보구나. 너무나 보고 싶고, 고맙고, 미안하고 미안하다. 세상에 빛으로 와 소금이 되어 주고 떠난 아름다운 여인아, 널 평생 가슴에 새기고 되뇌며 네 이름을 지키고 기억할게.'

잠시지만 내 곁에 살다 간 위대한 여인에게 고개 숙여 감사의 마음을 전한다. 진정한 사랑은 너처럼 하는 것이었다.

이 세상 것이 아닌 사랑

미국에서 살 때 조그만 한인교회에 다녔다. 백 수십 명 정도의 유학생과 약간의 교포들로 이루어진 교회였다. 미국의 큰 침례교회 산하의 한인교회였다. 교인도 적었고 재정도 없어 단독 한인교회를 만들지는 못했다. 미국이 선진국이거나 매너 있고 여유가 있다고 생각했던 건 모교회의 전폭적 지원과 후원 때문이었다. 재정을 도와주었고 장소를 협찬해 주고, 모교회로 초청해 예배를 같이 보고 맛있는 음식들을 대접해 주었다. 어떤 날은 우리 교회도 한국음식을 준비해 모교회 교인들과 '포트럭 파티'를 열기도 했다. 교회에서 '포트럭 파티'를 준비하는 사람들이 있었는데, 우리는 그들을 '집사님 부부 삼인방'이라 불렀다. 김 집사님 부부, 싱 집사님 부부, 이 집사님 부부였다.

김 집사님 부부는 모두 부러워하는 최고 명문대 출신의 부부였고 예쁜 딸아이가 있었다. 김 집사님 부인은 가정주부로 교회에서 피아노 반주를 맡고 있었다.

그녀는 육체적 병마의 고통을 절실한 신앙심으로 이겨냈다. 미국에 와 어느 날 당한 루프스병 초기 증세에 그녀는 피아노 반주를 할 수 없었다, 살을 에는 고통 때문에 일어서지 못 했고 몸져누웠다. 사람 좋고 성실한 김 집사님은 아내를 위해 할 수 있는 일은 모두 다 했다. 살림을 도맡았고 아이를 양육했다. 김 집사님은 주유소 아르바이트를 하며 박사과정을 마무리했다.

김 집사님 부인은 그 아픈 와중에도 이웃 챙기는 것을 잊지 않았다. 그녀의 집 주메뉴는 호주식 월남 쌈이었는데, 매콤한 돼지 불고기에 마요네즈로 버무린 사과 채에 샐러드를 얹은 쌈은 정말 담백했다. 훌륭한 요리사이자 지덕체를 겸비한 여인이 '체'를 잃은 셈이었다.

김 집사님 부부는 힘든 시간을 보냈지만, 그 시간 동안 부부의 정은 더 돈독해졌다. 김 집사님 부인은 신을 향해 '제발 피아노 반주를 다시 할 수 있는 기회를 달라'고 간절히 기도했다. 김 집사님은 부인을 위해 새벽기도를 나갔고 내가 미국을 떠나오는 그 순간까지 그 기도를 멈추지 않았다.

지성이면 감천이라고 치료할 수 없다던 그 병에서 그녀는 서서히 벗어났고, 다시 반주자 자리에 앉았다. 김 집사님 부부는 교회 내 대표적 잉꼬부부 중 하나였다.

한 쌍의 바퀴벌레라 불리던 성 집사님 부부도 있다. 남편 성 집사님은 교회 내 모든 유학생 부인들의 이상적인 남편상이었다. 산업공학 박사과정을 밟고 있던 성 집사님은 잘생긴 외모에다 착하고 가정적인 면모를 지녔다. 공부하는 부인을 위해서 살림을 도맡아 하고 연년생 두 딸을 거의 혼자서 보살폈다. 처남 부부까지 미국으로 데려와 공부하고 살 수 있도록 도움을 주었다. 성 집사도 다른 유학생들처럼 아르바이트를 했다. 우리들처럼 박사과정에 있는 사람들은 조교를 한다는 명목 아래 천몇백 달러를 받기도 했지만, 대부분 넉넉지 않은 형편의 유학생들은 기나긴 유학생활을 감당하려면 아르바이트는 필수 코스였다.

성 집사님은 아이들을 다 재운 새벽에 빌딩 사무실 청소를 나갔다. 교육학 학위를 따기 위해 공부하던 성 집사님 부인은 유학생 부인들에게 선망의 대상이자 원망의 대상이었다. 잘 생기고 자상한 성 집사와 함께 사는 것에 대한 묘한 질투심과 자기 자랑에 열을 올리는 그녀의 태도에 나처럼 속 좁은 아줌마들의 입길에 오르내렸다.

사람은 단점이 있으면 장점도 있다고 그녀는 아름다운 목소리를 갖고 있었다. 그녀의 아름다운 목소리는 주일마다 성가대를 빛나게 해주고 은혜롭게 했다. 성 집사님의 헌신으로 그녀는 먼저 학위를 땄다. 성 집사는 부인을 학위를 따게 한 후 자신도 다시 학업에 정진해 박사학위를 마쳤다. 그들 부부가 마냥 좋기만 한 건 아니었다. 성 집사님은 어느 날 빨래통을 들고 같이 박사학위를 하던 내 남편을 찾아와 살림의 어려움과 아내의 나태함을 하소연한 적이 있다. 성 집사의 아내도 모든 사람이 칭송하는 남편 옆에서 악처란 오명을 듣고 사는 어려움을 하소연하기도 했다. 세상에 완벽한 부부는 없다는 것을 이때 알았지만, 그 부부는 위기를 신앙심과 사랑으로 무사히 넘기고 한국으로 들어 와 부부 교수가 됐다.

이 집사님 부부가 있었다. 성 집사님의 청소 아르바이트를 주선하고 교회의 모든 대소사를 챙기는 유학생들의 대부 같은 사람이었다. 개인 사정으로 박사 학위를 십수 년 하고 있던 마흔이 넘은 늙은 유학생이었다. 교회 안팎 소식, 교민 사회 동정을 우리에게 알려주는 정보통이었다. 그들 부부가 부부의 이상형이 될 수밖에 없었던 건 티 안 내도 보이는 부부간의 사랑 때문이었다.

동네 고향 오빠, 동생 사이로 만난 부부는 첫사랑을 이룬 경우였다. 평생을 한 사람만 바라보고 산 사람들이었다. 사람들은 부러운 시선을 보내다 못해 그들을 놀려댔다. 서로의 흰 머리를 뽑아주는 모습을 보며 '엄마 원숭이가 자식의 이를 잡아먹는 모습 같다'며 놀리기도 했다. 그건 놀린다기보다는 그들의 다정한 모습이 부럽고 보기 좋아하는 말들이었다.

이 집사님 부부는 서로를 존중하고, 칭찬하고, 힘을 합쳐 주위 이웃들을 섬겼다. 그의 집에서는 주말마다 파티가 열렸다. 유학생 중에서 가장 일찍 자신의 집을 장만했는데, 그의 집 마당에는 다양한 채소가 넘쳐났다. 부부가 손을 모아 지은 농산물들을 우리에게 나눠주고 교회에 가져가 풍성한 밥상을 차려냈다.

아들 하나, 딸 하나의 자녀들은 화목한 집안 분위기 때문인지 더없이 사랑스러웠다. 항상 밝게 웃고, 어른들에게 공손하고, 공부도 잘했다. 비록 이 집사님이 오랫동안 학위를 마치지 못했지만 부인이 좋은 직장을 얻게 되자 미국에 영주권을 신청했다. 아이들은 다 시민권자라 미국에 사는 데 아무 지장이 없었다. 이 집사님 부부는 내가 미국에 있는 동안 가장 부럽고 닮고 싶은 부부였다.

영원한 행복은 없는 건지. 부부의 사랑이 너무 지나치면 하늘도 시샘한다는 말이 있다. 갑작스러운 차 사고로 이 집사님 부인이 유명을 달리했다. 내가 미국을 떠나온 지 얼마 되지 않았을 때다. 그 후에 소식은 남을 통해 듣곤 했는데 이 집사님이 말은 나를 또 감동하게 했다

"덜 사랑할 걸 그랬다고. 내가 지나치게 사랑해서 하늘이 샘이 났나 보다. 해준 게 너무 없고, 해줄 게 너무 많았는데 보내버려서 어떡해?"

오죽 안타까웠으면 그런 말을 했을까? 더 이상 뭘 어떻게 해줘야 더 잘 해주는 걸까? 사랑에 충실했고, 사람에게 겸손했고, 주위 사람들에게 선함을 본보인 그들이 복을 받는 건 당연한 일이었다. 지금은 좋은 직장, 유명한 강단에서 선하고 아름다운 영향들을 끼치며 잘살고 있다.

3부

결혼과 이혼의 방정식

잠시 뒤 법정 안으로 들어가자 메마른 눈빛의 판사가
우리가 낸 서류를 1분 아니 수십 초도 안 훑어보고
도장을 찍고 차가운 손길로 휙 돌려주었다.
내가 왜 이 몰골로 앉아있어야 하는 건가?
두 번 다시 이혼은 하지 말아야지.
이 더럽고 불쾌한 기분은 뭘까.
이혼하지 않기 위해 난 더 이상 결혼하지 않아야 한다.
이별도 아프지만 이혼은 정말로 정말로 아팠다.

결혼 잘하는 방법?

서로 다른 두 존재가 결국에는 하나가 되어야 가능한 일이 결혼이다. 게다가 둘이 하나가 됐다고 해서 모든 문제가 해결되는 것도 아니다. 결혼은 양쪽 집안과 가문 간의 결합이기도 해 부모님들의 의견은 결혼의 선택이나 결혼생활을 유지하는 데 지대한 영향을 미친다. 연애할 때는 부모로부터의 간섭을 무시할 수 있지만, 결혼 시엔 부모로부터의 참견을 무시할 수만은 없다. 결혼의 주요 목적은 부모로부터 독립하여 새살림을 차리는 것인데, 그것을 위해 부모의 지시와 판단을 받아야 한다는 건 참 아이러니 한 일이다.

그럼에도 살다 보면 옛말이 옳다는 걸 알게 된다. 어른 말을 들으면 자다가도 떡을 얻어먹는다는 말처럼 부모님의 판단이나 조언은 꼭 필요하다.

세월을 보낸 후 나도, 친구들도 그 사실을 알게 됐다. 결혼이란 게 얼마나 어려운 것인지 말해주는 실례가 있다.

승희, 선주, 희숙 등과는 대학 동기들이다. 삶이 바빠 몇 번 만나지도 못하고 살지만 여대를 나온 우리는 마치 여고 동창생들 같이 '절친'으로 지냈다. 서로의 연애를 지켜보고, 서로의 연애를, 결혼을 독려하고 말리기도 하며 비슷한 삶 속에서 수십 년을 함께 했다. 그 당시 여대에 다니는 친구들은 남학생을 만나고 사귈 기회가 적었다. 여러 친구들이 학교 때부터 사귀던 남자친구들과 결혼했다. 그만큼 연애 경험도 선택의 폭도 좁았다. 결혼 적령기라는 게 존재해 졸업하고 몇 년 안에 결혼해야 한다고 여겼다. 경험도 일천했고 충분한 시간을 갖지 않고 상대를 선택해 후회하는 일들이 생겼다. 승희가 그 대표 주자다.

그녀의 남편은 불행한 가정환경에서 자랐다. 엄마를 일찍 여의고 새어머니를 모셨는데 전처 자식인 승희의 남편을 몹시 구박했다. 그는 혼자서 독학하다시피 학교를 마치고 취직을 하자 바로 독립을 했다. 그나마 다행인 건 그의 성품이 온순하고 생활력이 강하다는 것이었다. 승희는 연애 시절 그의 성실함에 반했고, 그의 불행함을 연민했다.

승희의 엄마는 그와의 결혼을 극심하게 반대했다. 하나를 보면 열을 안다고 가정환경이 사람의 인격에 지대하게 영향을 미치는데, 분명 성격적으로 결함이 있을 거란 우려에서였다. 더군다나 그 당시 승희는 유명한 의류회사의 촉망받는 디자이너였다. 그녀의 작은 아버지가 대표인 의류회사에 다녔고, 승희의 아버지 또한 큰 건설회사의 임원이었다. 나름 집안 좋은 일등 신붓감인 승희가 안 좋은 조건의 집안으로 시집가는 걸 반대하는 건 당연했다. 요즘 같으면 말도 안 되는 일이지만 승희는 엄마에게 머리를 깎이다시피 해 집에 감금을 당하기도 했나. 승희는 당돌했다. 반대하는 부모를 뿌리치고 집에서 도망나가 동거를 시작했나. 승희의 엄마는 결국 포기를 하고 말았고, 대신 승희에게 조건을 내걸었다. 결혼식은 절대불가고, 아이도 절대 갖지 말라고. 살아보고 아닐 땐 언제든 돌아오라고.

승희와 남편은 부모님의 허락을 얻기 위해 죽을힘을 다해 열심히 살았다. 승희의 못된 시어머니가 승희를 가끔 힘들게 했지만 그 정도는 문제도 아니었다. 월세방을 어느새 전셋집으로 바꾸고 아파트를 청약받고, 차를 사고 친정으로 선물과 용돈을 보내드렸다. 그렇게 성실하게 살던 5년 만에 승희 엄마의 결혼 승낙이 떨어졌다. 그들은 주위의 환영을 받으며 성대하게 결혼식을 하고 곧 예쁜 딸을 낳았다.

거기까지였다. 긴장이 풀어지고 목표를 이루어서인지 승희의 남편은 술에 빠지기 시작했다. 그동안 사는 게 바빠 술을 입에 대지 않았지만 한번 시작한 음주 습관을 다스리기는 쉽지 않았다. 승희와 술과 담배를 안 하겠다는 약속을 했지만, 술에 취하면 호기를 부렸고 모든 술값을 자신이 계산했다. 더 문제는 아무 데서나 잠들어 버리는 것이었다. 여름 같으면 문제가 아니었지만 겨울에 술자리가 있다 하면 승희는 노심초사하기 바빴다. 그녀가 취할 수 있는 안전조치라고는, 곁에 있는 사람들에게 그의 지갑을 숨기고 술에 취하면 모텔에 재우고 전화해 달라고 하는 게 전부였다. 그동안의 억눌림과 억울함을 술로 푸는 것 같았다. 승희는 엄마의 반대가 맞았던 건가 하는 불안감을 갖고 살았다.

선주는 반대의 경우다. 시댁의 반대가 극심했다. 선주 부부와 나의 인연은 떼려야 뗄 수 없는 관계다. 그의 남편은 나의 화실 친구다. 내가 그들을 소개해 주었고 그들은 결혼이란 결실을 맺었다. 결혼하기까지, 결혼하고 나서도 선주의 고통은 극심했다. 그의 부모님은 양쪽이 다 교장, 교감 선생님으로 정년퇴직을 하신 분들이었다. 친척 다수가 학교나 학계에 적을 두고 있었다. 나름 집안에 대한 자부심이 있었고 2대 독자 외아들에 대한 사랑이 각별했다.

문제는 선주의 집안이었다. 충청도 99칸짜리 집을 가진 양반가문이었으나 선주의 부모가 이혼한 게 문제였다. 그 당시 이혼 가정은 흔한 게 아니었다. 교육자였던 시아버지에게 이혼자 가정의 며느리는 용납할 수 없는 일이었다. 그나마 선주를 예뻐하던 시어머니의 중재로 결혼은 했다. 가풍을 익혀야 한다며 시집에서 결혼생활을 시작한 선주에게 시아버지는 눈도 마주치고 않았고 말 한마디 걸지 않았다. 그녀에게 시아버지가 처음으로 말을 건 날을 그녀는 잊을 수가 없다.

"수고했다. 가문을 이어줘서."

첫 아들을 낳고 퇴원한 날. 밥상 앞에서였다.

선주는 십수 년을 산 지금도 시아버지와는 껄끄럽다며 쌓인 회를 뿜어 댄다. 양쪽 집안 부모 누구든 반대하는 결혼을 한다는 건 불행을 안고 가는 거였다.

부모의 반대 없이 결혼했다고 해서 행복한 결혼생활을 하는 것도 아니었다. 겉으론 아무 문제 없고 안락한 결혼생활로 인해 부러움을 한몸에 받던 희숙의 이야기다. 희숙은 이른바 강남의 오렌지족이었다. 우린 그녀를 그렇게 불렀다. 대학 1학년 때부터 진한 화장에 세련된 옷차림을 한 아이였다. 우리도 미대생들이었지만 그녀의 세련됨은 따라갈 수가 없었다. 친구들은 희숙 덕분에 화장을 배우고 멋을 알게 됐다. 희숙은 밝고 소탈했고 외모와 달리 순수했다. 나중에 안 것이지만 그녀는 큰 시장을 경영하고 커다란 농장을 갖고 있는 대대손손 부잣집 딸이었다. 그녀는 시집을 잘 가는 게 인생의 목표였고 대학 내내 선을 봐 원하는 대로 대기업 대표의 친척 가문으로 시집을 갔다.

희숙도 주위의 반대가 없었던 건 아니었다. 바로 친언니였다. 조건 맞춘 사람과 결혼을 하고 유학을 갔지만 불행하게 사는 언니였다. 언니는 자신처럼 사랑 없이 조건 맞춰 결혼한 희숙을 염려했다. 사랑 없는 결혼이 얼마나 불행한 건지 언니는 알았다. 시간을 보내고 세월을 보내고 나니 언니의 충고는 맞았다. 사랑도 없는 판이었는데, 친정에 대해 사사건건 트집 잡는 고상한 시어머니 덕분에 그나마 남편에게 생긴 정도 없어져 갔다. 그녀는 살면서 사랑을 대신해 부동산과 사치로 그 자리를 메워 갔다.

부모님들의 반대는 이유가 있고, 타당한 근거가 있다. 인생을 먼저 살아본 경험과 오로지 자식을 사랑하는 눈으로, 내 자녀의 입장에서 세상을 대신 바라봐 주기 때문이다. 처음부터 제대로 된 선택은 행복한 결혼의 지름길이다. 친구들끼리 모이면 이구동성 하는 말이 있다.

"부모님이 반대하는 결혼을 하는 것들은 도시락 싸들고 말려야 한다."

지금은 깔깔대고 웃으며 말할 수 있는 여유가 생겼지만, 이

시간까지 오도록 받았던 고통을 기억할 땐 우린 모두 고개를 절레절레 젓는다.

행복한 결혼이란 무엇일까? 행복한 결혼이 이것이란 정답을 누가 알까?

명사들은 텔레비전에 나와 강연을 통해 행복한 결혼을 하려면 '이렇게 하십시오. 저렇게 하십시오' 하고 가르쳐댄다. 과연 그들의 가정은 진실로 안녕할까? 나 또한 행복한 결혼을 꿈꿨고 노력했다. 내가 다시 뒤돌아보아도 부끄럽지 않고 대견할 만큼. 소소한 잘못이나 오류는 있었다. 그렇다고 그것이 나를 고통과 고난으로 몰아넣을 만큼 잘못된 것은 아니었다.

잘못하고 살면서 상대를 속이고 아무렇지 않게 지내는 이들도 많다. 살면서 후회를 하는 사람들은 살펴보면 첫 시작이 어리석거나 현명하지 못해서였다. 결혼생활을 잘하기 위해 어떤 선택을 해야 행복해질는지 정답을 자신 있게 말할 사람이 있을까?

개인적인 관심이나 취향이 다르고, 결혼을 통해서 얻고자 하는 목표지향점이 달라서 누구도 쉽게 말할 수 없을 것이다. 그나마 덜 실패하는 조건이라면, 자신이 어떤 사람인지 먼저 알고 시작해야 하는 것 같다.

내가 바라는 결혼의 중요한 조건은 어떤 것인가 생각을 해봤다. 그중 한 가지는 상황에 흔들리지 않고 조건에 구애받지 않는 그만의 생각을 가진 사람이었다. 경제적 조건이나 훌륭한 외모에는 관심이 없었다. 이미 머리가 커 절대로 커졌고 개똥 철학을 가진 내가 돼 버렸지만, 자신만의 단단한 생각을 품고 상대를 이끌 수 있는 사람이라면 나는 그 앞에 고개를 조아릴 수 있었다. 지식을 논하는 게 아니다. 지식을 그저 지식의 습득에서 멈춘 사람 말고, 지식에 인성과 철학을 담아 지혜를 얻은 사람을 말하는 것이다. 깊이 사색하고 인생을 고뇌한 사람을 존중한다. 이렇게 존경하는 사람을 만나고. 존경하는 사람과 결혼하는 게 많은 여자들의 로망 아닌가?

어렸을 땐 이런 사실을 잘 몰랐고, 마음의 준비도 없이 상대를 선택했기에 결국 안 좋은 결과를 얻어야만 했다. 자신을 성찰하고 스스로에게 가장 중요한 게 무엇인지 알고 난 뒤 결혼을 했다면 그만큼 혼란이나 갈등을 덜 겪었을 것이다.

원하는 조건을 두루 가진 사람을 만날 수 있을까? 양손의 떡 모두를 가질 수 없고, 두 마리 토끼도 잡을 수 없다는 사실은 어쩌면 자명하다. 그래도 정 그러고 싶다면 내 조건도 그만큼 높여야 한다. 자신을 올바로 알고, 갈고 닦는 노력이 있다면 가능성이 없지는 않을 것이다.

아마 그보다는 그렇게 노력하고 준비하는 과정에서 스스로 삶과 행복 또는 불행을 감당할 힘이 생길 것이다. 노력했는데도 원치 않는 상황을 만나기도 하는데, 그럴 땐 그 운명과 힘겨루기도 해야 한다. 운명을 인정하고 참아내고 감수하기도 하고, 운명을 뒤집어 보기 위해 힘도 써보기도 한다. 모두 자신을 벼르고 단련시켜야 가능한 일이다.

결혼의 최선은 준비된 선택이고 결혼의 최후는 인내한 책임감이다. 그런데도 실패했다면 그건 내 운명이다. 인정하고 상처받지 말아야 한다. 내가 불행을 겪으며 실패를 통해 생각한 결혼관이다.

시집살이시키지 말란 말이야

친정엄마는 올케를 너무 아낀다. 하나밖에 없는 외며느리이기도 하고, 엄마 자신이 혹독한 시집살이를 했기 때문이다. 엄마는 억울한 시집살이를 당하며 자신은 나중에 며느리가 생기면 정말 잘해주겠다는 다짐을 했다고 한다.

친할머니에 대한 기억은 희미하다. 할머니는 노환으로 거동이 불편해 큰 집 골방에 힘없이 누워 있었다. 늙어서 파리하게 하얀 얼굴은 지치고 힘들어 보였지만 커다란 눈은 살아서 반짝거렸고 미소가 따뜻했다. 아빠는 유난히 할머니를 닮은 사랑스러운 막내아들이었고, 나는 아빠를 닮은 딸이라 우리 삼대의 눈은 생김새가 비슷했다. 할머니는 그런 나를 여러 손주 중 제일 예뻐해 주셨다.

그런 할머니가 엄마를 그렇게 독하고 못되게 시집살이시켰다는 게 믿기지 않았지만 큰엄마, 작은엄마도 당한 할머니의 시집살이 행태를 전해 들으면 믿을 수밖에 없었다. 그 시대는 거의 시집살이를 대물림하던 시대니 크게 문제 될 건 없었다. 요즘은 시집살이라는 말이 있었다는 사실조차 모를 정도로 시집살이시키는 시어머니도, 당하는 며느리도 거의 없다.

며느리들끼리 말하길, 제일 좋은 시어머니는 택배로 김치를 보내는 시어머니라 한다. 김치를 아파트 경비 아저씨한테 맡기고 가는 게 일등인 적도 있었으나, 며느리들은 시어른들 방문으로 불편한 마음을 갖는 것 자체도 싫어한다고 한다.

한마디로 요즘 세상에 시집살이를 시키는 일은 자기 아들을 못살게 만드는 지름길이 된 것이다.

주은이와 나는 요즘 시대에 그런 시집살이를 당했다. 주은이는 시부모와 한집에 살며, 나는 떨어져 살며 원격조정으로 시집살이를 당했다. 시집살이의 끝은 참혹했다. 주은이는 시집살이 때문에 외도를 했고, 내가 이혼한 원인 중에 하나도 시집살이였다.

주은이의 남편이 어느 날 실직자가 됐다. 어쩔 수 없이 잘사는 시댁으로 살림을 합쳤다. 주은이는 평소 '만약 시집살이하게 되면 당장 이혼 하겠다'고 큰소리를 치곤했다. 그 약속을 시집살이 십 년 만에 지키게 됐지만 말이다. 시집살이란 시기는 입장에서는 그럴 수도 있고 별거 아닌 일이지만, 당하는 입장에서는 인격을 모독당하고 자존감을 상실하게 만드는 일이다. 요즘 회자하는 합법적인 '갑질'이 시집살이란 생각이 든다.

주은이의 남편도 위로 시누가 주르륵 있는 막내 외아들이고, 내 전남편도 위로 누나가 '주르르르륵' 있는 2대 독자 막내 외아들이었다.

주은이의 시누들은 주말마다 친정으로 아이들을 데려와 집안을 초토화하고, 나의 시누들은 우리 가정생활에 참견하고, 훈수를 두었다. 그나마 나는 육체적으로 힘들지는 않았으나 주은이는 다섯 가정 밥을 해대느라 허리에 이상이 생길 정도였다. 주은이를 뚜껑 열리게 한 건 아이들을 맡겨두고 시누 부부들끼리 데이트 한다며 영화를 보러 나갈 때였다.

그녀의 시부모는 여느 노인들처럼 새벽 일찍 일어났기에 주은이는 새벽부터 식사 수발을 해야 했다. 시집살이하기 전 주은이의 남편은 우유 한 잔 마시고 주은이와 아이가 깰 까 봐 뒤꿈치를 들고 출근을 한 사람이었다. 그렇게 아침잠이 많던 주은이는 새벽밥을 하기도, 먹기도 지옥같이 싫었다. 주은이는 먹는 것과 백화점에 가서 돈 쓰는 게 유일한 낙인 시어머니가 너무 싫었다. 하루 종일 걸레를 들고 다니며 온 집안을 쓸고 닦고 다니며 놀러나간 마누라를 기다리는 시아버지도 싫었다. 시집 하나는 잘 가서 떵떵거리는 시누들은 얼굴만 봐도 소름이 끼쳤다. 시댁에 오면 집을 초토화하는 그녀들의 자녀들조차도 미웠다.

나는 반대의 경우다. 결혼하고도 학생인 남편 덕분에, 생활비를 벌기 위해 직장을 다녔다. 제법 규모 있고 탄탄한 디자인 회사라 월급은 많았지만 그만큼 일이 많았다. 야근은 다반사고 밤샘도 불사했다. 더욱 불행을 자초한 건 슈퍼우먼이 되고자 했던 그놈의 책임감 때문이었다. 할 수 있는 최선을 다하려다 보니, 반대로 시댁에서는 기대감이 높아져 요구 조건이 넘쳐났다. 아침, 저녁으로 문안인사를 해야 했고 연락을 하루만 걸러도 "시부모가 뒈져도 모른 척할 ㅇㅇ"이라며 험한 말을 들어야 했다. 콩나물국에 간장을 넣어야 할지 소금을 넣어야 할지까지 간섭했다. 무엇보다 민망한 건 남편과 잠자리를 하지 말란 시어머니의 참견이었다. 기를 빼간다고.

주말마다 시 경계를 넘어 시댁에 갔다. 토요일이면 일이 끝나기 무섭게 내려가, 식사 수발 다 하고 일요일 밤늦게 올라왔다. 밥에 목숨을 건 사람들이라 아침 먹고 간식 먹고, 점심 먹고 간식 먹고, 저녁 먹고 야식을 먹었다. 시부모는 전화 간섭도 성에 안 차면 나도 모르게 만든 우리 집 열쇠를 열고 아무 때나 수시로 집을 방문에 살림을 뒤지고 잔소리를 해댔다. 돈 버느라 잠잘 시간도 없는 나에게 "속옷이 누런 걸 보니 안 삶아 입히는 것 같다"며 트집을 잡았다.

그 당시 시댁은 팔리지 않는 땅은 많았지만 현금이 없어 대학생 아들에 대한 경제적 원조는 한 푼도 못 해 주었다. 햇볕도 안 드는 반지하 허름한 방을 마련해 주고도 기세가 등등했다. 하다못해 주은이는 부자 시댁을 둬 오히려 용돈을 받으며 살았는데 말이다.

더 이상 밝히고 싶지도 밝힐 수도 없는 건 기억을 잃어서다. 말 못할 많은 우여곡절을 겪었다. 사람이 너무나 고통스러우면 그 순간의 기억을 잊는다고 했던가? 본능적으로 나를 보호하기 위해서 어느 순간부터 그 기억들을 지우고 치워버렸다. 더군다나 엄마의 아픔을 아이가 시시콜콜 다 알 필요도 없어서다. 십수 년간의 시집살이는 안 좋은 결과를 낳았다.

시집살이는 며느리에게 시집 온 가문의 가풍을 익히고 그 집안의 식구로 잘살게 하기 위한 수단임과 동시에 시부모의 권리나 힘을 확인시키고 공대받으려는 방편이었을 것이다. 혹은 자기 아들을 더 대우받게 하거나 편하게 지내게 하는 비뚤어진 '모성'의 연장이었다. 그러나 결국 그러한 행동들은 아들 부부를 망치고 불행하게 만들었다.

그나마 수확이 있는 시집살이를 한 사람들을 가끔 텔레비전에서 본다. 가문 좋은 시댁에서 요리비법을 전수한 요리 명장들이다. 그들은 좋은 가문을 자랑했다. 그런데 잘 들어보면, 우리 어머니가 엄하셔서, 손끝이 매우셔서라고만 말했다. 좋은 시어머니셨다고 말하는 사람을 본 적이 없는 것 같다. 그녀들이 말하지 않아도 얼마나 센 시집살이와 조련을 받았을지 상상이 간다.

결혼하는 이유 중 하나는 부모로부터 독립하기 위해서다. 부모님이 상대를 선택하는 데 도움이 되는 것은 감사한 일이다. 그러나 결혼 이후에는 문제가 달라진다. 이제는 그들의 자녀이기 전에 하나의 인격체, 독립체들이다. 죽이 되든 밥이 되든 상관하지 말아야 한다. 설사 잘못돼 밥이 죽이 되더라도 얼마든지 다른 사람, 다른 사람 취할 수 있는 세상이니 걱정도 붙들어 매야 한다. 자녀들을 왜 그리 미덥지 않게 여기는지 모르겠다.

요즘은 세대가 변해 시집살이를 자청하는 사람들이 있다. 시집살이가 아니라 '장모살이'란 신조어도 생겼다. 자청한 시집살이는 시부모의 부나, 자녀양육의 편의성이 그 이유일 것이다. 뜻이 나쁘면 결과도 좋을 수 없다. 시집살이도 지탄의 대상인데 출가외인인 딸 부부를 간섭하는 일은 시대를 역행하는 일이다.

나는 사랑이란 이름으로 자행되는 시집살이도, 장모살이도 그 기본에 정작 타인에 대한 사랑은 없다는 생각을 한다. 오로지 내 자식만 제일 귀하고 소중할 뿐이다. 배우자는 내 자녀의 편의나 안락을 위해서만 존재할 뿐이다.

시집이나 친정의 부나, 편의를 이용하고자 하는 젊은 친구들도 다시 한 번 생각해보길 바란다. '소탐대실'의 교훈을 뼈저리게 알 게 될 것이다.

마인드가 그렇다면 결과는 빤하기 때문이다. 내가 볼 땐 서로 잔머리를 쓰다가 그 또한 그에 상응하는 어려움을 겪을 것이다. 내용은 다르지만 본질과 결과는 같을 테니.

'시집살이시키지도 말고 하지도 말길.' 실패한 선배로부터.

아프니까 이별이지

어떤 관계가 이루어지려면 두 사람이 필요하지만, 그 관계를 끝내는 것은 혼자서도 할 수 있다. 이별이다.

한 여자가 실연을 당했다. 남자는 '사랑하지만 떠난다'라는 통속적인 말을 남기고 이민을 가버렸다. 그녀가 그를 만난 건 또래들끼리 모인 동년배 모임에서다. 두 사람은 결혼에 한 번씩 실패한 처지가 비슷해서 빨리 친해졌다. 이혼한 그들은 오랫동안 연애에 목말라 했다. 그렇게 만나서인지 급속도로 가까워졌고 두세 달도 안 되어서 깊은 사이가 되어버렸다. 옛말에 '쉬이 끓는 냄비가 쉽게 식는다'라고 했다. 교제 기간이 짧았던 그들은 만날수록 실망을 하거나 언쟁을 하는 횟수가 늘어갔다. 누군가 사랑하기도 오래 걸리고 헤어지기도 오래 걸리는 나로선 그들의 빠른 연애가 걱정되었다.

그렇다고 객관적 입장에서 볼 때 그들의 연애가 남들과 달리 특별히 모자라거나 잘못된 점은 없었다. 다만 사랑의 감정에 대해 굶주린 만큼 사람을 사랑한 것이 아니라, 사랑을 사랑하는 착각에 빠진 게 문제였다. 시간이 흐르니 사랑이 식어갔다. 그들은 사랑이 아닌, 조건이 안 맞고 자격 안 되는 대상을 보기 시작한 것이다. 그들의 사랑은 그렇게 부서지기 시작했다.

소멸을 위해 탄생한 사랑이라는 불꽃은 맹렬히 불타오르다 이성적 눈과 현실의 문제 앞에서 꺼져버린다. 사람들은 사랑의 관계에 있어 처음엔 사랑밖에 안 보인다. 시간을 보내고 만남을 거듭하면서 현실을 조건과 자격을 보기 시작한다. 사랑은 영혼의 떨림이라며 신나서 시작하다가 이기적이거나 계산적인 생각이 들면서 관계는 어긋나기 시작한다. 관계가 벌어지는 과정을 보면 양쪽이 서로 대칭되는 경우가 드물다. 상대방에 대해 실망하고 애정이 식은 한사람 때문이다. 이런 관계가 지속할 경우 한사람은 덜 사랑하는 자, 한사람은 더 사랑하는 자가 되어 끌려다닐 수밖에 없게 된다.

더 사랑하는 자 입장에선 관계를 지키고 원상복귀 하려고 많은 수고와 노력을 하게 된다. 덜 사랑하는 자는 더 사랑하는 자가 느낄 아픔은 상관하지도 않는다. 이 관계에서는 더 사랑하는 자의 모든 노력은 헛수고가 되고 그 상황에 속수무책이 되어 이별을 맞을 수밖에 없다. 관계에서 더 많이 사랑하는 사람은 결국 을이 되는 것이다. 어떤 관계를 이루는 것에는 두 사람이 필요하지만 관계를 끝내는 것은 혼자서 할 수밖에 없다는 것을 이때 알게 된다.

한두 번의 싸움을 사랑의 줄다리기라고 생각한 그녀와 달리 그 남자는 헤어짐의 빌미나 원인으로 삼았던 것이다. 마치 그녀가 잘못할 때를 기다렸다는 듯이…….

남자는 헤어지자는 말이 나온 지 얼마 안 되어서 그동안 미뤘던 이민수속을 마무리 해버렸다. 한동안 연락이 없던 그가 떠나기 전날 '살살아라'는 전화 한 통을 했다. 그녀는 황당하면서도 심한 배반감을 느꼈다. 주위의 우려에도 불구하고 그들은 불같이 사랑했다. 그녀 생각에는 충분히 성숙했고, 실패해봤기에 성공할 자신이 있었던 만남이었다. 그녀의 상처는 매우 컸다. 주위에다가는 자존심 때문에 많은 말을 하진 않았지만, 그녀는 그동안 그 남자와의 관계회복을 위해 여러 가지로 애쓴 듯 했다. 오히려 그 일이 그 남자로 하여금 멀리 떠나버리는 극단적인 선택을 하게 만들었던 거였다.

이별 후 그녀는 생병이 나버렸다. 이별의 아픔 때문에. 다하시 못한 사랑의 아쉬움 때문에. 버림받은 자존심의 상처 때문에. 다시 혼자 남겨진 두려움 때문에. 그녀는 고통스러워했다.

낙담하고 아픈 그녀에게 주위에선 지금은 충분히 아프라고 조언을 해주었다. 많이 울라고 했다. 이별을 감당하는 최고의 방법은 '눈물 흘리는 것과 시간 흘려 보내기'이기에.

어차피 어떤 만남이든 실망도 하고, 배신도 하고, 이별도 감당해야 한다. 이 순간에 필요한 게 지혜다. 자신의 감정에 두 번 다시 속지 않을 지혜. 그럼에도 관계를 유지하고 싶다면 방법은 있다. 끊임없이 차분하고 무심해져야 한다. 사람 관계에서의 주도권은 무심한 사람이 쥔다. 그녀의 모습을 보며 사랑의 관계에서도 갑과 을이 존재한다는 현실이 슬펐다. 사랑은 서로 마주 보는 것이라 했는데 종국엔 사랑은 상대의 등을 쳐다보게 된다.

사랑이 행복한 것은 가질 수 있어서다. 사랑이 불행한 것은 더 갖고 싶은데 가질 수 없어서다. 더 이상 가질 수 없단 걸 알게 될 때 그때 우리는 이별을 맞게 된다.

이별을 경험해 본 사람은 안다. 만난 시간보다 잊는 시간이 두 배 만큼 걸린다는 것을. 당장에 이별의 고통에서 벗어나는 길은 모든 생각을 잠시 접고 본능에 충실한 시간을 보내는 것이다. 울고, 먹고, 자면서 시간을 보내는 것이다. 알고 보면 이별을 선언한 사람도 고통은 받는다.

이별을 일방적으로 당하는 사람의 입장에서는 그 사랑의 깊이만큼 당하는 충격파가 다를 것이다. 심한 경우에는 천재지변이나 교통사고를 당한 기분일 수 있다. 문제는 심각하게 이별을 대하는 경우다. 우울하고 극단적인 생각을 하고 자신은 물론 상대나 주위까지 불안하게 만드는 사람들이다. 그들은 일방적으로 슬픔을 삼키다 보니 아픔을 화나 분노로 표출하기도 한다. 그 이유는 미련이 한으로 남아서다. 과거의 나도 그랬다. 울화와 분노가 쌓이다 못해 가슴에 한을 품고 있었다. 겉으론 웃고 있었지만 속에선 풀지 못한 답답함과 억울한 분노로 울고 있었다.

이때 상대에게 원망하면서 바란 것은, 이별을 맞는 당사자에게 이별의 이유를 분명히 알려 줘야 하며 이별을 준비할 시간을 줘야 한다는 것이다. 당신이 상대를 끊는 것이 아니라, 상대가 스스로 당신을 끊을 수 있는 시간과 여력을 줘야 한다는 것이다. 그건 사랑하는 관계를 떠나 인간관계의 예의고 도리 같다. 당하는 당사자도 지나친 감정에의 집중은 피해야 한다. 지난 시간에 빠져서 현실을 인정하지 않는 것은 어리석다. 지나치게 현실로 무리하게 들어와 극기 훈련의 감정을 지니는 것도 옳지 않은 것 같다. 아픈 상처에 소금을 뿌려 댈 필 필요는 없다. 이별을 해결해 주는 것은 확실히 시간밖에 없는 것 같다.

우리는 이별을 했지 사별을 하진 않았다. 정 참다 참다 못 견디겠으면 찾아가서 만나면 된다. 만나주지 않으면 그 집 앞에서 기다리고 배회하면 된다. 이 정도로 상대가 스토커라 신고를 할 수는 없다.

극단적인 예를 가르쳐 주는 게 아니라 지나치게 감상에 빠지거나 자신을 잃지 말라는 이야기다. 이별의 고통을 뼈저리게 경험한 사람은 다음 사람을 만났을 때, 내가 이별을 통보하는 사람이 되지 말아야 한다. 운명의 장난으로 내가 이별을 통보하는 당사자가 되었다면, 지금의 고통을 기억하고 상대를 배려하는 이별로 마무리하면 좋을 것 같다. 아름다운 사랑은 있지만, 세상에 아름다운 이별은 없다. 말장난일 뿐이다.

죽었다 다시 태어난다 해도 당장의 이별, 눈앞의 고통은 견디기 힘들 것이다. 사람들은 사별이 아닌 이상 다른 이유가 없다면 이별하지 않는다. 사랑에 목숨을 거는 사람도 있는 판에. 많은 사람들이 이별보다 이해나, 용서, 견딤을 택한다. '아름다운 이별'이란 말은 멋져 보이려고 싼 부푼 포장지에 불과하다. 그 속엔 반드시 숨겨진 곪아터진 이유가 있을 것이다.

사랑에 애가 타는 그녀가 이별 때문에 먹먹한 그녀가, 사랑의 노예가 아닌 주인이 되기를 바라는 마음이다. 아름다운 이별은 없겠지만, 이별 속에서 자신을 되돌아보고 변화한 모습을 갖게 된다면 그 이별은 '의미 있는 이별'이라 말할 수 있다.

뭐가 됐든 목적지에 가기까지가 힘들지, 목적지에 도달하면 답은 쉬워진다. 이별은 마음을 접고, 털면 되고, 이혼은 서류를 정리하고, 새 출발을 하면 된다. 그 끝으로 치닫기까지 과정은 개인차가 있겠지만 하나같이 아프고 힘든 것은 똑같다. 그 과정 속에서 자기의 변화된 모습을 천천히 돌아보면, 이전과 달리 관계와 감정에 더욱 성숙한 모습을 발견할 수 있을 것이다.

가끔 후배들에게 1년은 연애하고, 결혼해서 1년만 살아보면 답이 나온다고 말한다. 1년이란 기간은 최소 기간이지만 최고로 의미 있는 시간도 된다. 상대를 아는 데 1년은 걸리고, 상대를 판단하고 평가하는 데도 1년이면 충분했다. 가지 말아야 할 길은 가지 말아야 했듯이 살아봤는데 1년 만에 아니란 마음이 들면, 10년이 지나도 아니었나. 10년의 세월이 흐르니 좋은 것은 줄어들고, 나쁜 것은 더 나빠졌다. 나의 경우엔 10년의 세월을 보내고 나서 사람은 절대 변하지 않는다는 사실을 알게 됐다.

그렇다고 낙담할 것도 없다. 최선의 노력을 했다면 후회하지 않아도 된다. 파국의 당사자가 내가 아니라면 위축될 필요도 없다. 당당하기까지 할 수야 없겠지만 내가 잘못하지 않았다면 된 거다. 누구 때문에, 무엇 때문에, 어쩔 수 없어서 마지못해 사는 건 불행하다. 여러 이유를 대면서 파국의 구멍들을 임시방편으로 막다 보면 나처럼 쓰나미를 경험하고 만다.

믿음과 신뢰를 잃은 결혼의 끝은 이혼이었다. 막상 이혼 과정은 참 쉬웠다. 뒤 뒤기는 이혼소송이 아니라면 협의이혼 과정은 허망할 만큼 쉽고 단순했다. 황혼 이혼이 는다는데 수십 년의 삶이 단지 서류를 신청한 지 몇십 일 만에, 몇 시간 기다려서, 몇 분 만에 끝난다. 나 또한 연애기간 포함, 이십여 년의 시간들이 몇십 일 만에, 몇 시간 안에, 몇 분 만에 끝났다. 충분한 고통을 통해 마음에 굳은살이 박이고, 깊은 성찰을 통해 내린 결정이었지만 너무나 허망했다.

이혼 법정 안에 옹기종기 모인 수십 명의 남녀노소들. 그 속에서 내가 느낀 건 차가운 불쾌함과 치욕스러운 부끄러움이었다.

나는 죄인이 아니었으나 죄인 같았다. 이혼법정이었지만 법정이었으므로. 어쩌면 스스로 느낀 자격지심인지도 모르겠다.

이혼자들끼리는 서로 눈을 마주치려고도 안 했다. 상대방에게 인상을 쓰고 있거나 입을 꾹 다물고 있었다. 저 나이에 굳이 뭐 하러 왔나 할 만한 황혼 이혼 커플들. 재산을 노린 자녀들의 부추김으로 황혼 이혼이 늘기도 한다는데 그런 건가 하는 의구심으로 그들을 쳐다봤다. 다른 쪽에선 이혼 법정을 왜 왔나 할 정도로 어리고 발랄하게 떠드는 젊은 커플들이 보였다. 이들에겐 결혼이 장난이거나 한 번쯤 경험해볼 만한 추억이었나 하는 부정적인 눈으로 그들을 쳐다봤다. 나름 다 사유나 이유가 있겠지만 나를 포함한 모두가 온전하게 보이지 않았다.

잠시 뒤 법정 안으로 들어가자 메마른 눈빛의 판사가 우리가 낸 서류를 1분 아니 수십 초도 안 훑어보고 도장을 찍고 차가운 손길로 휙 돌려주었다.

'내가 왜 이들과 이 속에서 이 몰골로 앉아있어야 하는 건가? 두 번 다시 이혼은 하지 말아야지. 이 더럽고 불쾌한 기분은 뭘까.'

이혼하지 않기 위해 난 더 이상 결혼하지 않아야 한다. 이혼에 대한 법을 여기다 쓸 필요는 없겠지. 인터넷에 널리고 널린 정보들이니. 이별도 아프지만 이혼은 정말로 정말로 아팠다. 실패를 통해 성공을 이룬다는 말이 있지만 이 경우엔 해당사항이 없다. 재혼한 지인의 말을 들으면 그 답이 나온다.

"민약 지금처럼 참고 견디며 이해했다면 첫 번째 이혼은 안 했을 거 같다. 이혼의 과정이 너무 힘들고 어려워 두 번째는 참을 힘이 생기더라. 만약 지금 같은 마음이었다면 이혼을 피할 수 있었을 텐데."

하지만 어쩌겠는가? 현실은 다시 진행 중이니 두 번째에 충실해야 한다. 이별했다면 빨리 털고, 이혼했다면 다시 일어서야 한다.

세상의 중심은 이제부터 나다!

사랑보다 소중한 나야

가수 언니

친하게 지내는 언니가 있다. 그녀의 직업은 통기타 가수다. 더 정확히는 통기타를 치는 무명 가수다.

그녀를 처음 만난 건 기타를 배우기 위해서였다. 나의 기타 선생님이었다. 한때 나도 성악을 전공하고 싶어 음악 공부를 한 적이 있었다. 불행하게도 태생적으로 성량이 작아 그 꿈을 이루지 못했지만 평생 음악 언저리를 맴돌며 살았다. 그녀와 첫 수업을 하며 놀란 건 그녀 손가락 마디마디 박인 굳은살이었다. 지난 시간 그녀가 어떤 삶을 살아왔는지 짐작이 가고도 남았다. 그녀와 나는 음악을 사랑하는 것 외에도 이혼녀란 공통점이 있었다. 그녀는 자의에 의한, 나는 타의에 의한 이혼이었지만 혼자 세상을 살아가야 하는 운명은 같았다. 언니는 나와 한 살 차이밖에 안 났지만 나는 조금이라도 어린 척을 하고 싶어 '언니, 언니' 하며 그녀를 따랐다.

그녀는 나이가 무색할 만큼의 '동안'을 유지하고 있었고, 매력적인 긴 파마머리를 하고 있었다. 나도 한 '동안'하는 사람이지만 그녀의 동안은 샘이 날 정도였다.

가끔 언니 집에 가 밤늦도록 이야기꽃을 피웠다. 노래만 잘하는 게 아니라 깊고 다양한 독서로 지식 또한 방대했다. 언니는 직접 노래를 만들어 부르는 '싱어송라이터'였다. 나는 언니의 연륜과 깊이에서 나오는 철학적인 가사를 좋아했다. 그녀는 밤을 새워가며 피 토하듯 노래하고 기타를 치며 연습을 했다. 음유시인 같은 허스키한 목소리는 듣는 이의 가슴을 심연까지 끌고 내려갔다.

그녀는 천부적인 음색을 갖고 있었고 후천적인 노력으로 스스로 빛을 발하는 아름다운 여인이었다.

언니는 넉넉하고 풍족한 결혼생활을 했었다. 하지만 그녀 남편의 사치는 도를 넘었다. 그의 사치에 비하면 그저 약간의 풍족한 생활일 뿐이었다. 사정을 모르는 사람이 봤을 땐 그녀의 이혼은 배부른 투정으로 보였겠지만, 그녀가 목숨 걸고 하고자 하는 꿈을 이룰 수 없는 삶이었다. 꿈을 무시당하는 결혼의 굴레는 그녀에게는 지옥이나 다를 바 없었다.

처녀 때인 가수 시절에 만난 남편은 그녀의 재능과 꿈을 이

끼고 응원해 주었다. 결혼 후에 더 빛나게 해 평생을 노래 부르며 살게 해 주겠다는 약속을 했지만 약속은 지켜지지 않았다.

사람들은 내 짝은 좀 다르고 특별하기를 원하지만 대부분 남자는 결혼 전후가 바뀐다. 밥 해주는 여자가 필요하면 밥만 잘하는 여자를 선택하면 된다. 많은 자녀를 원하면 몸 좋고 수더분한 여자를 만나면 된다. 감당도 못 할 사람을 탐내 꺾어다 들여앉히고 상대의 꿈을 꺾을 순 없다.

언니는 예인의 끼를 잠재우기 위해 오랜 기간 마음을 잡고 비우고, 생활에 충실하며 힘겨운 노력을 했다. 그럴수록 점점 더 노래가 부르고 싶고 음악을 하고 싶었고 결국 생병이 났다. 이기적인 남편은 언니를 모른 척하고 자기의 즐거운 삶만을 찾았다. 언니에게 음악을 하고 싶은 꿈은 아주 어린 시절부터의 꿈이었고 이상이었다. 음악은 그녀에게 꿈이었고 살아갈 이유였다. 그녀는 예술가의 운명을 갖고 태어난 사람이었다.

살기 위해, 살고 싶어서 결혼이란 자리를 털고 일어났다. 그녀는 가난한 가수로 새 인생을 시작했다.

그녀는 지금 너무나 행복하다. 항상 눈웃음과 밝은 미소로 사람들을 대한다. 크고 작은 무대에 서고 무료봉사 콘서트에 부지런히 참여한다. 그녀의 선택의 결과가 더 값진 이유다. 그리 밝게 보이는 그녀지만 노래만큼은 깊이 있다 못해 가슴을 아리게 하고 심장을 무겁게 만든다.

현실의 유명세나 인지도는 중요하지 않다. 아픈 나를 더 아프고 고개 숙이게 만들 수 있다면, 그녀의 고통의 깊이는 처절했던 것이다.

그녀는 지금도 끊임없이 밤을 새우며 책을 읽고, 사람들에게 감동을 줄 가사를 쓰며 곡을 만든다. 매일 매일 사람들에게 안식과 사색을 줄 노래를 부른다. 세상의 잣대로 이혼은 불행한 선택이지만 자신이 책임진 이혼, 자신이 노력하고 바꾸는 새 삶은 결코 불행하지 않다.

자아를 찾겠다고 사랑을 찾겠다고 집을 뛰쳐나가고, 아이들을 버리는 요즘 세상. 그녀는 집을 뛰쳐나가지도, 아이를 버리지도 않았다. 정당한 절차를 밟았고, 아이들을 끌어안았다. 부자 아빠가 있는데도, 가난한 엄마 밑에서 아이들은 진심 어린 삶을 배워간다. 그녀가 더 아름다워 보이고, 잘되어야만 하는 이유다.

환하게 웃는 그녀가 지금 내 앞으로 다가온다.

"언니, 안녕?"

나

준비 없이 시작한 사회생활, 일천한 경력으로 시작한 직장생활은 너무나 고달팠다. 상냥하고 친절한 성품과는 달리 사람들을 좋아하지도 남에게 관심도 없었다. 가식적이라고 오해받는 경우도 있었다. 결혼 전엔 아이도 개도 싫어했다. 결혼하고 아이를 낳고 나서야 아이를 좋아하게 됐고, 아이가 좋아하는 개도 좋아하게 됐다. 이혼 후 사람들에게 관심을 갖게 됐고, 타인의 아픔에도 눈을 돌리고 같이 아파할 수 있었다. 감사하게 부모 복을 갖고 태어나 이 나이 되도록 부모 도움을 받고 살고 있는 온실 속 화초 같은 삶을 살았던 나였다.

잘못된 결혼은 나를 메마르게 했고, 준비 없는 이혼은 나를 무너뜨렸다. 지금이야 옛 이야기하듯 이렇게 글로 쓰고 있지만, 돌이켜 생각해보면 견딜 수 없이 지루한 악몽을 꾼 것 같았다.

결혼생활을 이어가면서 나 자신을 내려놓고 싶은 순간을 많이 겪었다. 부모에게 죄송한 마음이라 쉽게 이혼할 수 없었다. 아이가 불쌍해서 기어이 살아냈다. 내가 노력하면 혹시나 남편이 변할지도 모른다고 생각해서 꾸역꾸역 살았다. 혼자 살 자신이 없어서 미련하게 벗어나지 못하고 살았다. 살다 보니 그냥 그렇게 살았다. 결국 그 끝은 이혼이었다.

이혼을 통해 자존감을 잃은 나는 사회생활을 시작하며 자신감마저 잃었다. 세상엔 잘난 사람들이 너무도 많았다. 남들은 이미 저만치 높이 가 있었고 나는 엉금엉금 기어가는 거북이였다. 일천한 경력과 짧은 지식을 극복하기 위해 시간을 쪼개고 잠을 줄였다. 퇴근하기 무섭게 강의를 들으러 다녔다. 모르는 것을 남에게 알리고 싶지 않아 책을 보며 동영상을 찾았다. 별로 좋아하지도 않던 독서를 습관화했다. 늦게 시작한 나를 보는 편견과 연민의 시선은 나를 주눅이 들게 했다. 그렇게 몇 년을 발버둥 쳤다. 나는 백조였다. 속으로는 죽을 것 같았지만, 겉으로는 화려한 척 즐거운 척 웃었으니깐.

남들은 쉽게 넘어가는 낮은 벽조차도 내게는 감히 넘을 수 없는 벽이었다. 내 부족함을 탓하면서 하루하루를 또박또박 살고자 했다. 억지로라도 그 날의 의미를 만들어 하루를 채웠다. 모든 걸 포기하고 싶은 순간이 밀물처럼 들이닥칠 때마다 마음을 추슬렀다. 그렇게 견딘 시간은 차곡차곡 쌓였고, 결국 지금의 나를 이끌어내기에 이르렀다. 이제는 남들처럼 벽을 넘는 건 물론, 때론 벽을 부숴버릴 용기도 가지게 됐다. 감사한 것은 그 와중에 좋은 인연들이 내게 걸어왔다는 것이다. 그렇게 힘들 때마다 투정부리듯 했던 기도가 하나하나 이루어졌다.

신은 어느 누구도 버리지 않고 우리를 지켜주신다. 우리가 믿는 신이 부처님이든 하나님이든 알라신이든 그건 우리가 만난 운명이며 선택이다. 신은 존재하고 신을 믿으면 살 힘도, 용기도 생긴다는 이 평범한 진리를 알게 됐다.

직장생활이 안정되고 여유가 생기자 또 다른 노선과 꿈이 생겼다. 배워야 했다. '죽을 때까지 배우다 가야한다'라는 진성아버지의 가르침은 나를 채찍질 했다.

배웠다. 닥치는 대로 배웠다. 나는 나를 업그레이드 시키고 불쌍한 이혼녀란 꼬리표를 떼고 싶었다. 학부모, 학생을 상대하고 관리하는 교육기관에 있기에 상담법과 매너 예절 교육을, 그리고 보이스 트레이닝과 스피치 법을 배웠다. 홍보팀장이란 직함을 감당하기 힘들어 마케팅을, 기획자가 되는 법을, 컴퓨터를 배웠다. 직함에 맞는 외모를 가꾸려고 메이크업 기술과 코디네이터 수업을 배웠다. 몸매를 위해 요가와 헬스도 했다.

돌이켜 생각해보면 이런 노력들이 나에게 준 도움은 자신감과 인맥이었다. 나는 가치 있는 사람이며 세상에 조금은 도움이 되는 사람이 될 수 있다는 자신감이 생겼고 꼭 그렇게 되고 싶다는 꿈도 갖게 됐다. 세상은 마음먹기 따라 변한다고, 억지로라도 웃으며 준비한 내일은 작은 행복을 선물해 주었다.

세상은 이혼자를 실패한 인생이라고 취급한다. 모든 이혼이, 모든 이혼자가 불행한 건 아니다. 실패는 성공을 위한 발판이 될 수도 있다. 이혼은 자의에 의한 선택일 수 있고 타인에 의한 결과일 수 있다. 이혼이 실패가 되지 않으려면 다가온 운명을 피하지 않아야 한다. 조금 더 빨리 그 고통과 혼란에서 빠져나와야 한다.

새로운 삶을 꿈꾸다 보니 원하는 시간은 다가왔다. 그 시간이 세상에 내놓을 만한 일이든 별거 아닌 일이든 상관없었다. 나는 행복해졌고, 내 행복으로 주위에 기쁨과 용기도 줄 수 있었으니. 시간을 보내고 경험을 해보니 불행의 끝도 고통의 끝도 한없는 게 아니었다. 돌이켜보면 행복은 나를 기다리고 있었다. 아까운 시간을 보내고, 많은 시행착오를 거친 후 알게 됐다. 꿈이 있어야 한다는 것을. 꿈은 나를 살렸고, 나를 세워주었고, 나를 지켜주었다.

결혼은 우연이었지만 이혼은 필연이었다. 그것이 비록 내가 원하지 않았고, 타인의 선택에 의한 것이었지만, 나를 선택한 이혼 덕에 나는 바뀌었고 변해갔다. 이젠 더 이상 그 누구도 내 인생을 망치거나 휘두르게 내버려 두진 않는다. 나를 희생하고 억눌러서 타인의 보호자가 되지 않을 것이다. 엄마가 누나가 필요한 사람은 집에 가서 찾아야 한다. 여자가 아내가 보호자가 되길 원하는 사람은 그가 먼저 그녀의 아빠가, 오빠가 되어야 한다.

나는 믿는다. 마음먹기 따라 '의미 있는 이혼'도 있다는 것을.

4부

사람, 사람들

내가 잘못해서 문제가 일어날 수도 있다.
내가 잘못하지 않아도, 원한 적 없어도
우연이나 운명처럼 예기치 못한 일이 일어나기도 한다.
내가 참을 수 있을지, 내가 책임질 수 있을지
깊이 자신을 바라보면 알게 된다.
없어도 더 잘 살 수 있다면 놓아도 된다.
잃고서 살 수 없다면 지켜야 한다.

인생 뭐 있어?
나쁜 그녀들

'나이데'라는 자연 발생적 모임이 하나 있었다. 액세서리 가게 여주인을 중심으로 단골손님들이 하나둘 모여서 만든 여자들 모임이다. 가게 여주인인 진숙 언니는 한참 동안 자기 나이를 속여 정확한 나이를 알 수 없었다. 그녀가 오십 대 초반의 여자란 걸 나중에 알게 됐다.

멤버 은숙이가 있다. 그녀는 간호사로 삼십 대 중반에 튀어나온 입 모양새에 깡말라 볼품없는 외모를 지녔다.

멤버 수연이 있다. 그녀는 은행을 다녔고 작고 통통했지만 글래머러스한 몸매와 뛰어난 미모를 지녔다. 나이는 삼십 대 초중반이었는데 무엇보다 그녀를 빛나게 하는 건 특유의 애교 섞인 콧소리였다.

마흔이 다 된 노처녀 정현이 있다. 규모가 큰 레스토랑 매니저며 돈 많은 애인 덕에 온몸을 명품으로 도배하고 다녔다.

오십 대 중반의 선희 언니가 있다. 그녀는 부동산중개업자다. 나이보다 어려 보이는 뛰어난 외모 덕에 또래 남성들에게 인기가 많았다. 그녀는 수채화를 그리는 고상한 취미를 가졌다.

사람들은 제각각 개성이 있고 자기만의 매력을 갖고 있다. 성격의 장단점들도 갖고 있다.

그녀들도 그랬다. 진숙 언니는 몸매는 아줌마였지만 세련된 커트 머리에 시크한 분위기를 지녔다. 외모와 달리 마음이 따뜻하고 친화력이 넘쳐 손님을 금세 '절친'으로 만드는 재주가 있었다. 간호사 은숙은 외모는 볼품 없었으나 마르고 큰 키 덕에 옷매무새가 좋았다. 성격이 차분했고 말 수가 적어 사람이 진중해 보였다.

은행원 수연이 이들 중 가장 뛰어난 외모를 지녔다. 안정적인 직장에, 착실한 남편에 크게 문제 될 게 없어 보였다. 그녀의 타고난 눈웃음과 콧소리는 여자들도 반하게 할 만큼 예뻤다.

매니저 정현은 나이는 좀 있지만 처녀는 처녀인지라 가는 허리에 핑크빛이 도는 좋은 피부를 갖고 있었다. 성격이 화통하고 바른말을 잘하다 못해 '내 말이 정답이야'를 입버릇처럼 달고 다녔다. 나이보다 지나치게 많이 겪은 '산전수전 공중전' 때문에 세상을 다 아는 양했다.

멤버 중 제일 연장자인 선희 언니는 이 모임에서 가장 빛났고 어울리지 않는 멤버였다. 우아한 외모에, 안정된 직업, 능력 있고 가정적인 남편과 똑똑한 자식들. 언니는 평범한 사람 중에서도 참 복 받은 사람 같았다. 목소리도 차분하고 겸손하기까지 했다.

추측해 보면 진숙 언니가 신통방통 끼를 발동해 꼬인 사람 같았다. 진숙 언니는 소주 한두 병을 마시면 '그분'이 내리셔서 그녀들의 현재 상황이나 미래를 족집게처럼 맞추곤 했다. '그분'이 오지 않더라도 인생의 다양한 경험을 통해 그녀들의 인생을 카운슬링 해주었다.

그러다 보니 속 깊은 얘기들을 하게 됐고 관계는 더 돈독해져 갔다. 시간이 흐르며 서로 비밀을 말하고 사생활을 공유하게 됐다. 문제는 거기서 비롯됐다.

더 뭉치려면 나쁜 짓은 같이하면 된다고 때에 따라 자기들이 아는 남자들을 소개해 주며 만남을 유지했다.

나도 진숙 언니 때문에 한 번 당황한 적이 있었다. 언니가 저녁을 사준다고 나오라는 장소에 가보니 모르는 남자 둘이 앉아있었다. 불쾌한 기분이 들었고, 바로 자리를 박차고 일어나 나와 언니에게 화를 냈다.

"언니 뭐하는 거야? 누가 지금 남자 소개시켜달라고 했어?

더군다나 유부남 같아 보이는데, 이게 뭐야?"라며 버럭 화를 냈다.

모르는 사람을 만나는 자리를 못 견디게 싫어하는 나였고 언니도 그걸 알고 있었다. 그 이후 진숙 언니는 두 번 다시 그런 일을 벌이지 않았다.

아마 나머지 멤버에게 그런 식으로 마담 뚜 역할을 한 듯 했다. 요즘 많은 여자들이 예전과 달리 이런 식으로 외도를 경험한다는 것을 이때 알게 됐다. 그것도 비밀스러운 것이 아니라 당당하거나 자랑스럽기까지 한 스토리로 등장한다는 것을.

말만 한 딸을 둔 진숙 언니는 대학교 때 첫사랑과 만나고 있었다. 그녀에게는 이십 년 된 학부형 친목모임이 있다. 그 모임은 먹고 마시기 위한 여자들만의 모임인데 뒤풀이로 꼭 나이트클럽을 갔다. 진숙 언니는 친목모임을 마치고 나이트클럽을 갔고 거기서 우연히 첫사랑을 만나게 됐다. 그 후에는 첫사랑뿐만 아니라 그의 친구들과도 만남을 가졌다.

진숙 언니는 어느 날 첫사랑 남자친구들 중 한 명을 나이테 멤버 정현에게 소개해 주었다. 그 남자는 정현에게 명품을 사주는 돈 많은 유부남이었다. 그는 커다란 건설회사 임원으로 법인카드를 개인카드처럼 실컷 전횡했다. 정현에게 맛있는 것을 사주고 선물을 사주고 가슴수술도 시켜주었다. 그 남자는 후에 여러 죄목이 겹쳐 이름만 명예퇴직인 강제 퇴직자가 됐다는 말을 들었다.

'얌전한 고양이 부뚜막에 먼저 오른다'라고 얌전해 보이던 은숙은 얼마 전 큰 곤욕을 치렀다. 외도 상대인 동료의 부인에게 걸려 험한 꼴을 당했기 때문이다. 은숙을 기막히게 한 건 외도남이 은숙을 나 몰라라 하며 부인에게 손발을 싹싹 빌며 돌아갔기 때문이다. 더 큰 문제는 외도남의 부인이 은숙의 집에 불륜 사실을 알리겠다며 그녀를 협박하고 이직을 권유한 것이었다. 이유도 없이 멀쩡한 직장을 옮긴다는 자체가 집에서 의심을 받는 일이었는데 말이다. 상대 부인에게 자신의 주민증을 복사해주고 각서를 쓴 후, 다음 해에 지방발령을 자원하는 것으로 문제는 일단락되었다.

'혹시나 했는데 역시나'라고 은행원 수연도 마찬가지였다. 뛰어난 미모의 그녀는 오랫동안 직장상사와 내연 관계를 맺고 있었다. 좋은 부서에 있는 관계로 VIP 고객들이 많았고, 뒤에서 그들이나 그들 지인들과 만나 밥을 먹고 술을 마시고 잠도 잤다. 수연은 내가 아는 한 대표적으로 얼굴값을 톡톡히 하는 여자였다.

조신한 선희 언니가 이 모임에 안 어울리는 이유다. 그녀는 다른 멤버들과 달랐다. 여자들은 자기 입이 산실서려 말을 안 할 수가 없다. 내가 이 많은 얘기를 들은 것도 그녀들의 입을 통해서가 아닌가? 선희 언니는 그 외모를 갖고 얼굴값은커녕 연꽃 같은 삶을 살았다.

후에 친구를 통해 들은 바로는 유부녀들의 외도는 이제 시대 흐름이라고까지 했다. 최근 간통죄가 폐지됐지만 실상 요즘 간통죄 적용을 받았던 경우가 여자가 더 많다는 말도 있다. 주위에 애인 있는 유부녀들이 꽤 많은 걸 보면 틀린 말은 아닌 거 같았다.

모임 멤버들과 가볍게 만나 맛있는 것을 먹고 웃고 떠드는 건 좋았다. 그러나 어느 날부터인가 그녀들과 만나면 화가 나는 날이 점점 늘었다. 내 자격지심일 수 있지만 그녀들을 점점 멀리하기 시작했다. 조신하게 열심히 살아도 배반당해 혼자 몸으로 외롭게 사는 처지가 된 내 앞에서 남편 흉을 보고 애인 자랑을 하는 게 볼썽사나워 보여서이었다. 그녀들은 배울 만큼 배웠고, 능력도 있고, 가정적으로 문제가 없는 여자들이었다. 나를 더 기막히게 한 건 그녀들이 남편들보다 더 큰소리치고 당당하기까지 한 것이었다. 친구 주은이의 경우처럼 외도가 그녀들이 가정을 지키는 이유가 되고 있는지 모르겠다.

어느 날 나를 분노케 하고 그들과의 관계를 끊게 만든 일이 있었다. 그녀들의 교만스러운 언행 때문이었다. 뭐가 뭐 나무란다고. 옳지는 않았지만 본의 아니게 양다리를 걸치게 된 처녀 정현을 성토했다.

"어떻게 두 남자를 한꺼번에 사귈 수 있어?"

어이없다는 뉘앙스를 풍기며 말을 했다. 갑자기 그동안 참았던 화가 치솟았다.

"언니는? 너희는? 애인 있고 남편 있는 너희는? 집에 있는 남편들은 남자 아니야? 너희 술 먹는 거 방해 말고 남편들 바람나서 너희 좀 귀찮게 안했으면 좋겠다고 했지? 바람난 남자랑 사는 게 어떤 건지 한번 제대로 알려 줘볼까? 너희가 볼 때 내가 너희보다 뭐 하지 있어 보이니? 너희만큼 못해 내가 소박당한 거로 보이니? 정현은 나이 좀 있다 해도 처녀야. 싱글이 둘을 만나든 셋을 만나든 너희가 참견 할일 아니지. 더군다나 애인까지 두고 계신 유부녀들께서 뭐라 할 자격은 있을까?"

하나같이 술꾼인 그녀들은 입을 닫았다. 자기들이 보기에도 내 말이 합당했고, 나 또한 멤버들 중 괜찮은 조건의 사람으로 인정받고 있었기 때문에 내 말에 토를 달진 않았다. 그 날을 끝으로 그녀들과의 인연을 끝냈다. 그녀들은 지금도 여전히 세상을 속이며 남자들을 사냥하고 다닌다. 불쌍한 남자들. 남편들. 지금 당신의 아내들이 이러고 살고 있을 수도 있다는 것을 아는지 모르는지?

바보 같거나 어리석게 상대를 너무 믿지 말고 꺼진 불이라 우습게 여기지 말아야 한다. 시대가 변해 남자들도 소박당하는 세상이 됐다는 걸 명심해야 할 것 같다.

인생 뭐 있어!
참는 사람들

지혜로운 남자 현우

참을 수 없는 일을 참는 사람들이 있다. 그들은 멋지고 아름다운 사람들이다. 세상은 그들을 안됐다고 여기고 왜 그렇게 사느냐고 조롱할 수도 있겠지만 그들이야말로 성숙한 사람들이다.

현우는 가정적이고 성실한 남편이었다. 열심히 돈을 벌었고 돈을 모았다. 그는 아름다운 아내, 사랑스러운 딸을 둔 가장이었다. 그의 아내는 조그만 회사 경리 직원이라 큰돈은 아니었지만 자기 용돈 벌이는 하는 사람이었다. 아내는 직장을 가졌고 얼굴도 예뻤고 몸매도 아름다웠다. 사랑스러운 딸은 예쁘고 총명했다.

그가 각고의 노력을 통해 얻은 아내를 바라보면 세상에 무러

울 게 없었다. 거래처 직원인 아내를 보고 첫 눈에 반해, 3년을 공들여 결혼에 골인했다. 아내가 게을러 집 안 청소를 즐기지 않는 것도, 술을 좋아해 밖으로 나도는 것도 다 이해했다. 그가 술을 잘 못하니 밖에서라도 즐거움을 찾을 수 있다면 그것조차 감사한 일이었다.

아내가 하는 지나친 잔소리도, 살면서 늘어가는 불평불만도 웃고 넘기며 살았다. 화려한 아내는 사치하길 원했고, 마음껏 자유롭게 사람들과 교류하며 살고 싶어 했다. 구두쇠 남편의 주머니에서는 나오는 돈이 적었고, 자정만 넘기면 오는 남편의 귀가 종용 전화나 문자는 그녀를 귀찮고 피곤하게 했다. 그는 그런 그녀를 다 이해하고 참고 넘겼다. 너무나 사랑했기에. 그는 다시 태어난다 해도 아내와 결혼을 했을 테니까.

어느 날 현우에게 충격적인 일이 벌어졌다. 모임에서 늦게 돌아온 아내가 샤워를 하고 있을 때였다. 아이가 아내의 핸드폰으로 게임을 하다말고 핸드폰을 그에게 들고 왔다. 엄마의 핸드폰으로 카카오톡 알림이 자꾸 와 게임을 할 수 없어서였다. 아내는 아이에게 게임을 하라고 핸드폰 비밀번호를 알려주었다. 그도 아내를 믿고 의심한 적이 없어서 그녀의 비밀번호를 알 필요가 없었고, 관심조차 두지 않았던 때다. 아빠에게 아이가 핸드폰을 좀 봐달라고 갖고 온 그 시간부터 그는 행복한 세상과 이별했다. 아내의 핸드폰은 지옥이었다.

카카오톡 메시지들, 문자들, 사진들. 무수한 사람들, 남자들, 여자들. 그들과 연애하고 어울리며, 놀고먹는 모습들.

한 시간 이상 샤워를 하는 그녀가 오늘은 오히려 고마웠다. 그는 그것들을 본 순간부터 심장이 멈추고 머릿속이 정지해 버렸다. 정신을 가다듬고 아이에게 지금의 상황을 주의시켰다.

"엄마가 핸드폰 누가 보는 거 싫어하는 거 알지? 엄마한테 아빠가 핸드폰 봤다고 하면 엄마가 화를 낼 거야. 그러니 절대 엄마한테 말하지 말자."

초등학생 아이라 속일 수 있었다. 아이한테 비밀번호를 확인한 후 모른 척, 아무 일도 없었던 양 그는 일단 잠을 청했다.

아내는 술에 곯아떨어져 깊은 잠을 잤다. 아내가 깊이 잠든 걸 보고 일어나 아내의 핸드폰을 열었다. 아내는 서너 명의 남자들과 연애를 하고 있었고, 연애의 감정을 슬쩍 주고받는 남자들도 여러 명 있었다. 함께 어울리는 여자들은 하나같이 술 먹고 놀기 위해 만나는 사람들이 대부분이었다. 그는 두 시간에 걸쳐 핸드폰을 훑어보고 난 뒤 다시 자리에 누웠다. 제정신이 있다면 아내와 한 침대에 누울 순 없었다. 소파로 나와 쿠션으로 입을 틀어막고 밤을 새워 울었다. 남자가 울었다. 그날 밤 그는 지옥문으로 성큼성큼 걸어 들어갔다.

아내는 새벽부터 말없이 사라진 남편을 의아하게 생각했다. 어질러진 소파 위 쿠션 하나가 흠뻑 젖어 있었다. 남편은 그녀가 코를 심하게 골거나, 가끔 잠이 안 오면 소파에 나가 잠을 잤다. 자는 그녀를 깨우지 않기 위해서다. 어젯밤도 그랬나 보다.

'이 쿠션의 땀은 뭐지? 이 사람 몸이 부실해졌나? 보약을 해 줘야겠다'는 생각을 했다.

현우는 그 날부터 보름간 장기 출장을 갔다. 다른 직원의 출장을 대신해서 갔다. 연차도 며칠 냈다. 생각할 시간이 필요해서였다. 아내는 내성적이고 냉정할 만큼 차분한 그의 성격을 지겨워했다. 그는 지금만큼은 그런 자신의 성격이 다행이라 여겼다. 회사 일을 서둘러 마치고 그는 밤마다 마시지도 못하는 술을 마셨다. 첫날은 정신을 잃고 쓰러져 길거리에서 깨어났다. 다행히 무엇인가 잃어버리거나 다친 데는 없었지만 크게 후회했다. 다음 날부터는 숙소로 술을 사 왔다. 정신을 차리면 술을 마셨고, 괴로워서 정신을 차릴 수 없으면 또 술을 마셨다. 생각에 생각을 거듭했다.

가끔 아이에게서 걸려오는 전화는 그를 살리는 오아시스였다. 보름간 밖에 못 나가고 있던 아내의 원망 어린 목소리를 들으며 살의를 느꼈다. 그는 생각하고 생각했다. 그는 자신을 되돌아보는 일을 먼저 했다. 자신이 무엇을 잘못했는지를 생각했다. 그는 왜 이런 일이 일어났는지를 돌이켜봤다. 무엇보다 자신의 속을 바라봤다. 앞으로 어떤 삶을 살 건지, 살아야 하는지 생각했다. 그는 마침내 선택이란 문 앞에 서게 됐다. 항상 그랬다. 인생은 선택의 연속이었다. 신은 우리에게 두 가지를 다 갖게 하지 않았다. 하나를 버려야만 남은 한 가지를 주었다.

그는 출장을 떠난 보름 뒤 너무나 초췌해진 몰골로 집으로 돌아왔다. 다음 날. 그는 술에 취해 코를 골고 잠든 아내의 핸드폰을 열고 문자를 보냈다. 아내의 남자들과 여자들에게. 정중하고, 절도 있고, 무섭고, 간절하게.

'나는 ○○의 남편 ○○○입니다. ○○은 저의 아내입니다. 과거는 지우겠습니다. 댁의 과오에 대해선 책임을 묻지 않겠습니다. 댁의 과오를 다 알고 있고 만약을 위해 증거자료도 남겨 두었습니다. 저는 그럼에도 불구하고 아내를 사랑하고 저희 가정을 지키겠습니다. 만약 조금의 양심이나 죄의식을 갖고 있으시다면, 저의 아내의 안녕과 저희 가정에 평화를 지켜주시기 바랍니다. 말할 수 없는 아픔과 고통을 갖고 용기 내 문자를 보내오니 추후 이 관계가 계속 이어지는 일은 없도록 부탁합니다. 댁의 연락처를 다 알고 있으니 더 이상의 악연은 연결되지 않기를 바랍니다. 간절히 부탁드립니다.'

그는 끝까지 '댁'이란 말로 그녀를 배려했다. '여러분'이라 말하지 않았다. 그 이후 모든 남자들은 관계를 끊고 여자들은 더 이상 그녀를 술자리로 불러내지 않았다. 그녀도 모든 것을 알게 됐고 이혼당할 일만 남았다고 생각해 모든 걸 체념했다. 며칠 뒤 그녀의 생일 아침, 그는 새벽부터 일어나 미역국을 끓이고 요리를 해 한상 가득 생일상을 차렸다. 그는 차분하고 다정한 목소리로 그녀에게 말했다.

"미안하다. 진심으로 미안했다. 현실에 급급해 먹고살기 바빠, 널 외롭게 했구나. 술도 못 마시고 재미없어 널 혼자 놀게 했구나. 일에 쫓기다 보니 지치고 피곤해 널 자주 안아주지 않았구나. 아름다운 아내와 살려면 나도 멋진 남자가 되어야 했는데 나태했구나. 너의 약간의 허영과 사치를 이해해야 했는데 배려하지 못했나 보다."

그는 갑자기 깊은 한숨을 몰아쉬며 목소리를 바꿔 말했다. 차갑게.

"밤을 새워가며 생각에 생각을 거듭했다. 나는 당신을 너무 사랑하고 우리 아이 없이는 살 이유가 없었다. 아이는 엄마 없이는 살 수 없는 나이고. 나는 우리 가정이 지켜지길 원한다. 그리고 무엇보다. 나를 용서해라. 내가 너무 당신을 사랑했다. 사랑을 나 혼자 마음대로 해버렸다. 내가 지나치리만큼 당신을 사랑했기에 당신이 사랑의 소중함을 모르게 한 거 같다는 생각이 들었다. 그 사랑 이제부터 줄이고 멈춰보려고 한다. 하지만 아직은 당신 사랑하는 마음을 놓지는 못하겠다. 지금의 이 선택이 후회 없길 신에게 울면서 기도했다."

그는 차오르는 눈물을 죽을힘을 다해 억누르며 말을 이어갔다. 그녀는 그 이후 남편이 차려 준 생일상을 카카오톡 프로필에 올렸다.

지금 그들은 잘살고 있다. 그녀는 지금 세상 그 어느 아내보다도 조신하게 살고 있다는 풍문이 들려왔다. 그의 선택이 아름다운 결말을 맺길 진심으로 바란다.

현명한 여자 현미

현미는 현모양처다. 남들은 시집살이가 어렵다고 하는데 그녀는 햇수로 이십 년째 시부모를 모셨고, 얼마 전 시아버지를 하늘로 보냈다. 시댁에서 대대로 운영하던 지방의 잡화점을 그녀가 운영하고 있어서이지만 남편의 뜻을 거스를 수 없어서이기도 했다. 결혼 첫째 조건이 시집살이였다. 다행히 딸이 없는 시어머니는 그녀를 예뻐하고 아껴 주었다. 두 형제의 맏이인 남편은 대학 때 만난 캠퍼스 커플이다. 첫사랑인 남편과 결혼해 별 탈 없이 살았고, 고1 아들은 전교 1등, 2등을 다투는 수재였고, 첼로를 전공하는 중학생 딸은 재능 있고 예뻤다. 성당을 다녔던 그녀는 신앙심도 깊었고 주위에 어려운 이웃들도 잘 보살폈다.

천성이 착하기도 했지만 시어머니의 명예를 위해서 더 열심히 살았다. 시어머니는 지방의 정당에서 활동하고 있었다. 그녀의 시댁은 지방에서 제법 규모가 큰 잡화점을 운영했고 재산도 많았다. 부자 시어머니니까 20년 시집살이를 한다고 뒤에서 말하는 사람도 있었지만 그건 오해였다. 그녀 친정 또한 지방 유지였다. 말 그대로 지방 유지끼리의 결합이었다.

그녀가 시어머니를 존중하며 현모양처로 가정에 최선을 다하는 이유는 사랑 때문이었다. 이십 년이 다 돼 가는데도 그녀는 남편을 보면 가슴이 설렌다. 그의 모든 것이 마음에 든다. 그는 다정다감하고 성실했고 효자였다. 남들은 효자가 싫다는데 그녀는 그 마음이 좋았다. 부모를 공경하는 사람이 아내도 존중한다는 것을 친정아버지를 보고 배워 알기 때문이었다.

감사하고 평탄한 결혼 이십 년을 코앞에 앞둔 어느 날. 그녀에게 하늘이 무너지는 일이 생겼다. 남편이 바람이 났단다. 딸아이 예술고 입학과 사업 확장을 위해 서울로 올라간 남편에게 사고가 생겼단다. 더 기가 막힌 건 이 소식을 전해 준 사람이 남편의 그녀였다. 그녀와 통화를 자주 하며 해결 방법을 강구하던 중, 결국은 남편의 외도 사실이 시어머니의 귀에까지 들어갔다. 집안이 벌집을 쑤셔 놓은 듯 쑥대밭이 됐다. 아이들이 알까 봐 어른들은 조심했고 현미는 끓어오르는 분노와 기막힘을 삭이러 밤이면 밤마다 집에서 멀리 나가 서럽게 울다 지쳐 들어왔다. 혹시나 누가 보고 소문이라도 내면 안 되기에.

그러나 세상 어디 한 군데 마음 놓고 울 데가 없었다. 너무

기가 막혀 우는 것조차 사치처럼 느껴졌다.

바람 난 사람들 얘기는 텔레비전 드라마에나 나오는 얘기인 줄 알았다. 아는 사람 얘기를 들었을 때도 남 얘기라고만 생각한 그녀였다. 문제는 고민할 시간조차 사치일 만큼 황당한 일이 생겼다.

남편의 그녀가 문제였다. 그녀는 관계를 끊으려는 남편에게 매달렸다. 뜻대로 안 되자 그의 아내에게 알리고 피해보상으로 천만 원을 요구했다. 돈은 문제가 안 됐다. 같은 고향 출신의 그녀는 그의 집안을 알았고 그의 어머니의 위치를 알아 협박을 한 것이었다. 어른들에게 무엇보다 중요한 것은 명예였다. 한 번 실추된 명예는 원상회복이 어렵다. 현미는 남편의 그녀를 만나야 했다.

현미 앞에 앉은 그녀는 당당했다. 드라마에 나오는 것처럼 현미 앞에서 전혀 주눅이 들지 않았다. 남편은 유부남인 걸 속이고 이혼남이라 했단다. 그녀가 믿을 수밖에 없었던 것은 큰 집에 혼자 살고 있었고, 가족은 보이지 않았기 때문이었단다. 그녀와 남편을 소개해 준 건 남편의 친구였다. 불륜을 조장하려고 소개한 것이 아니라 사업상 관련이 있어 소개해준 것이었다. 그녀는 작은 오퍼상을 운영하는 노처녀 사장이었다. 일만 하다 보니 혼기를 놓쳐 마흔이 다 된 그녀는 이성 교제의 경험이 일천했다. 그러던 중 만난 그 남자는 신사였고 매너 있고 다정다감했다.

외모에 자신이 없었던 그녀에게 자신감을 주었고, 일에 지쳐 힘든 그녀를 다독이며 힘을 주었다. 그놈의 술이 문제였다. 서로 엄청나게 취한 어느 날 역사는 이루어졌다. 노처녀로 혼자 나이 들어가던 그녀와 가족 없이 혼자서 외롭게 생활하던 남편은 대화가 통하고 뜻이 맞았다.

사랑이나 연애는 첨에만 달콤하고 좋았다. 그 순간은 새롭고, 특별하고, 진지하다. 시간이 흐르다 보면 누군가가 집착하게 되고, 진심이 부족했던 사람은 떠나가기 마련이다. 그들도 그런 수순을 밟았다.

그녀가 요구한 천만 원이나, 시집에 대한 협박은 홧김에 한 말이었다. 처녀인 자신을 속이고, 가족들한테 더 이상 죄 지을 수 없다는 그의 말이 가소로웠기 때문이었다. 그녀의 말을 들으며 현미는 남편 얼굴을 다시 볼 수 있을까 하는 두려움이 엄습했다. 남편의 말은 달랐다. 남편은 자신을 이혼남이라고 말한 적이 없다고 했다. 소개해 준 친구가 거짓말을 했고 바로 자신은 유부남인 걸 알렸고 정말 조심했다고. 그놈의 술만 아니었으면 시작되지 않았을 일이라고 변명을 했다.

세상의 술 먹는 사람들은 다 외도를 할까? 술을 안 먹으면 세상의 모든 역사는 이루어지지 않을까? 왜 죄지은 사람들은 사과가 먼저란 사실을 모를까? 왜 세상의 모든 불륜은 변명이 있는 걸까? 죄짓지 않고 바르게 사는 사람들이야말로 바보들인 건가? 이들을 어떻게 이해하고 어떻게 판단하고 용서해야 한단 말인가?

예쁜 아이들, 자신의 아들보다 현미를 더 의지했던 시어머니, 너무나 사랑했던 남편. 그들의 얼굴이 떠올랐다. 칼로 심장을 도려내는 기분이 이런 걸까? 가슴에서 피눈물이 난다는 말이 이런 걸까? 살아있지만 죽은 거나 다름없다는 게 이런 기분일까? 그녀는 그동안 태어나 살며 흘린 눈물보다 더 많은 눈물을 흘리고 흘렸다. 현미는 선택의 갈림길에 섰다.

선택을 마친 그녀는 남편의 그녀를 달랬다. 힘들었지만 진심으로 그녀를 이해하려고 애썼다. 어려운 가정에서 작지만 자수성가한 그녀를 측은하게 생각했다. 불륜의 늪에 빠진 모습을 참아 주었다. 헤어지기 싫어서 했던 많은 욕설과 협박을 용서하기로 했다. 그리고 그녀 남편의 죄를 용서해 달라고 진심으로 빌었다. 자신의 코가 석 자인 사람이, 자신이 피해자인 사람이, 가해자에게 진심으로 사과했다.

그녀는 남편도 용서했다. 그의 잘못에 초점을 맞추지 않고 결론을 먼저 생각했다. 살 것인지, 말 것인지.

극도의 고통과 오랜 고민 끝에 선택을 했다. 사랑하는 아이들, 사랑하는 시어머니, 사랑했던 남편을 한 번의 실수로 불행하게 잃을 순 없었다. 두 번 다시 있을 수 없는 일이지만, 설사 남편이 또 그런 일을 벌인다 하더라도 그녀는 가정을 지키기로 했다. 가족은 부부만 있는 것이 아니라 자녀가 있고, 어른들도 있다. 어리석은 부부 때문에 나머지 가족에게 불행과 파탄을 줄 순 없다. 참을 수 있는 사람이 참아야만 하고 이유가 있는 사람이 참으면 된다.

피를 토하는 기분이 들었지만 피를 토하지는 않았다. 죽을 것 같았지만 죽지도 않았다.

세상에서 자신에게 제일 소중한 것이 사랑이라면, 많은 것을 참아야 한다. 세상에 고통 없이 얻을 수 있는 행복은 아주 작다. 그녀는 가족을 너무나 사랑했다. 그녀는 아름답고 지혜로운 사람이었다.

그 이후 그들은 더 잘 살고 있다는 걸 풍문으로 전해 들었다. 그녀의 선택에 축복을.

참는 사람을 조롱하지도 불쌍해하지도 말아야 한다. 나 같으면 그러고 살지 않을 거라 말한다든지, 나 같으면 더 잘할 수 있었다고 말한다든지 그러지 말아야 한다. 그런 일이 나에게는 일어나지 않는다고 교만해서는 더더욱 안 된다.

내가 잘못해서 문제가 일어날 수도 있다. 내가 잘못하지 않아도 원한 적이 없어도 우연이나 운명처럼 예기치 못한 일이 일어나기도 한다. 그럴 때 문제를 푸는 현명한 방법은 과거를 접어놓고 미래만 보는 것이다.

내가 참을 수 있을지, 내가 견딜 수 있을지, 내가 책임질 수 있을지 깊이 자신을 바라보면 알게 된다. 없어도 더 잘 살 수 있다면 놓아도 된다. 잃고서 살 수 없다면 지켜야 한다.

내가 한 선택에 따른 고통이나 인내는 그때부터 나만의 몫이 된다. 참아야 한다. 나를 버리고 지킨 사람, 사랑은 아름답고 고귀하다. 이 선택을 욕하거나 탓할 자격이 있는 사람이 이 세상에 있을까?

인생 뭐 별거 없다. 즐겁게 살고, 행복하게 지내고, 소소하고 소탈하게 살면 되는 것이다. 그렇게 사는 멋진 이들도 있었다.

인생 뭐 있어?!
행복한 사람들

혜은 언니

나를 정말 예뻐해 주고 응원해 주는 언니가 있다. 혜은 언니다. 언니는 너무나 사랑스럽다. 언니는 자그마한 키에 오동통한 몸매를 갖고 있다. 그렇다고 뚱뚱하거나 살쪄 보이진 않는다. 귀여운 'S라인'을 갖고 있기 때문이다. 반짝이는 피부에 핑크빛 볼이 참 예쁜 사람이다. 언니는 오십 후반이란 나이가 믿기지 않을 만큼 젊다.

언니를 더 빛나게 하는 건 반짝이는 검은 눈동자다. 그 나이에 그렇게 맑은 눈동자를 갖고 있다는 게 신기 할 정도다. 나는 죽었다 다시 태어나도 못 따라 할 애교와 눈웃음은 언니의 필살기다. 친한 동생 희경이랑 나는 이런 언니를 보며 "노친네, 교태 좀 그만 부리셔"하며 놀려댄다.

언니와 나는 고향 선후배 사이다. 바로 옆 여학교를 다녔다는 이유만으로 우린 '절친' 선후배가 됐다. 나이 차가 났지만 외모상으론 차이가 안 날 만큼 젊은 언니의 모습은 신선한 자극이었다. 그녀의 생활이나 삶의 모습을 보면 언니가 왜 생기 넘치고 활기찬 지 그 이유를 알 수 있다. 일단 언니는 평생 처녀다. 고양이 딸이 하나 있긴 하지만.

조그맣고 예쁜 음식점을 하고 있는 언니는 매주 일요일이면 가게 문을 닫고 서둘러 교회에 간다. 그녀 인생 최고의 애인인 하나님을 만나기 위해서다. 평생 가는 교회지만 하나님을 만나러 가는 날은 두근두근 가슴이 설렌다고 해서 붙인 말이다.

예배가 끝나고 나면 약간 민망해 보이는 짝 붙는 사이클 유니폼으로 갈아입고 자전거를 타고 야외로 나간다. 하루 수십 킬로미터를 달리는 건 문제도 아니다. 십수 년 탄 자전거는 언니의 자가용이었다. 언니는 동호회에 가입은 하지 않았다. 언니가 처녀인지라 오히려 사람들의 오해를 사는 게 싫어서였다. 대신 친구들과 정기적으로 '사이클 데이'를 만들어 신나게 시합을 하곤 한다. 사계절 운동을 좋아하는 언니는 겨울엔 보드를 타고, 여름엔 수영하고, 봄엔 등산을 다닌다. 운동은 평생을 해도 질리지 않고 말 잘 듣는 또 다른 언니의 친구고 애인이라며 무척 좋아한다.

요즘 언니에게는 새로운 꿈이 생겼다. 언니의 새로운 목표는 요트 자격증을 따는 것이다. 우연히 친구네 요트를 타고나서부터다. 언젠가 요트를 사서 먼바다로 여행을 가겠다는 멋진 꿈. 언니는 나이가 나이인지라 이론 공부가 어렵다며 귀여운 투정을 부린다.

언니의 음식점은 그녀만의 손맛이 담긴 음식과 인테리어로 단골손님으로 북적거린다. 요즘은 손 글씨를 배우느라 땀을 흘리는 중이다. 조만간 직접 글씨를 쓴 간판도 만들어서 달 태세다. 언니는 애교 많은 사장인지라 동네 중년, 그레이들의 인기를 한몸에 받고 있다.

언니는 어렸을 때 고향 동네에서 제일 큰집에 살았던 부잣집 딸이었다. 외제 승용차에 기사를 부렸으며, 살림은 가정부들이 맡아서 해줄 정도였다. 십 대 때부터 해외여행을 다니고 스무 살부터 자가용을 몰고 다녔다. 언니가 보여주던 사진을 보면 그 풍족함이 어느 정도인지 짐작이 갔다. 언니의 넉넉함은 어린 시절의 풍요로움이 영향을 준 듯도 했다. 하지만 부자 삼대 못 간다고 아버지가 돌아가시자 가세가 기울기 시작했다. 언니는 그때 이미 독립을 해서 개인사업을 하고 있었지만, 아버지의 부재는 언니의 사업에도 어쩔 수 없이 영향을 미쳤다. 그로 인해 잠시 경제적으로는 흔들리긴 했지만 언니의 굳건함은 변화가 없었다. 언니는 여성스러운 외모와 달리 스케일이 커 다양한 사업을 했다. 물론 사업은 망하기도, 흥하기도 했다. 언니의 진짜 매력은 외적인 것보다 그녀의 품성과 마음가짐이다.

언니가 사업할 때 얘기를 듣다 보면 마치 영화 한 편을 본 느낌이 든다. 언니도 나름 인생의 우여곡절과 고난을 겪은 사람이다. 그런데도 언니는 너무 밝고 맑다. ‘감사합니다. 행복합니다’를 입에 달고 산다. 그래서 언니의 또 다른 별명은 해피 바이러스다. 언니는 ‘자기가 왜 세균이냐며 바꿔 달라’고 장난을 치기도 한다. 태생이 낙천적인 이유도 있지만 언니의 마인드 때문이다. 긍정의 화신, 도전하는 마인드다. 내가 볼 땐 언니의 캐릭터는 ‘바람과 함께 사라지다’의 ‘스칼렛 오하라’다. ‘내일은 내일의 태양이 다시 떠오른다’고 말하는.

언니가 나에게 주는 좋은 영향이 바로 이 마인드와 절절한 신앙심이다. 언니의 식당에서 맛있는 음식이 무상으로 제공되고 무한리필 되는 건 서비스다. 우리 아이, 부모님까지 챙겨준다. 언니의 밝고 착한 성품이 주위에 얼마나 좋은 영향을 미치는지 보며 지냈다. 아무리 우울해도 힘들어도 언니 곁으로 가면 힘든 일은 잠시나마 잊게 된다. 말 한마디를 해도 어쩌면 그리 따뜻한지 말로 천 냥 빚을 갚는 사람이다. 그런 언니가 남긴 명언 한마디가 있다. 오랜만에 첫사랑을 만나고 와서 한 말이다. 지나간 사랑을 붙잡지 말라고. 추억은 추억일 뿐.

“첫사랑은 다시 만나는 게 아니더라고. 다시 꼭 보고 싶다는 애틋한 설렘조차 잃어버렸다고.”

그런 언니가 나에게 늘 하는 말이 있다. 꿈을 버리지 말라는 격려다. "너처럼 예쁘고 재능 있는 애는 언젠가 꼭 꽃을 피울 거라고. 나이는 숫자에 불과하다"며 끊임없이 내 꿈을 상기시켜 준다.

언니에게 받은 도움은 언니 자신이 그 증거다. 항상 배우고 도전하는 모습을 보면 자극이 된다. 언니의 밝음과 신앙심을 보면서 반성을 한다. 언니의 휴식과 여가를 보면 인생의 기쁨과 행복이 별거 아니란 걸 알게 된다. 언니는 오늘도 콧노래를 부르며 청소를 시작한다. 예쁘고 사랑스러운 이 여인을 누가 사랑하지 않을 수 있을까?

요즘, 언니는 멋진 연하의 애인과 열애 중이다. 언니의 애인은 언니를 만나기 전 진한 회색빛 얼굴을 하고 있었다. 최근에 본 그의 얼굴은 뽀얗다 못해 빛이 났다. 해피바이러스에 전염된 것이다. 올봄 인생 처음으로 면사포를 쓸 언니의 영원한 행복을 기도해 본다.

"언니. 언니 앞에서는 민망해서 말하지 않았지만. 언니 정말 고맙고 사랑해. 힘들었던 지난 몇 년 언니의 위로와 응원이 나를 얼마나 힘나게 했는지 몰라. 언니 덕분에 좋은 인연들도 많이 알게 됐고. 인생의 행복은 작은 거란 거. 말 한마디로 천 냥 빚을 갚는단 사실을 알았어. 글을 통해 부끄럽지만 감사함 전할게. 사랑해 언니."

나는 언니를 보며 도전과 분발을 하고, 아끼는 동생 희경이는 나를 보며 희망과 꿈을 키웠다. 우린 늙으면 마당 넓은 집에서 텃밭을 일구며 같이 살기로 했다. 우리가 다들 미모가 되니까 형부는 보디가드로 데리고 살기로 했다. 우린 부지런히 땅값도 모으기로 했다. 그 핑계로 언니는 우리에게 저축을 권장했다. 언니의 깊은 뜻을 안다.

혼자 살려면 자신이 능력이 있어야 한다는 것을, 언니는 내가 능력이 있어야 혼자 살아도 무시당하지 않으며 누구한테 기대지 않고 당당히 살 수 있다는 것을 알려준 나의 멘토다. 언니가 남사였으면 당연히 그에게 시집을 갔을 것이다. 애석하다.

"언니 다시 태어나면 멋진 남자로 태어나 나에게 오라. 내가 진짜 예뻐해 줄게."

홀릭맨 클럽

보기만 해도 미소 짓게 하는 사람들이 있다. 건전하게 인생을 즐기는 사람들이다.

'홀릭'이라는 조그만 와인 바는 그들이 모이는 아지트다. 나이가 무색한 동안의 여사장에게는 어렸을 때부터 친구였던 남자가 있다. '홀릭맨'들은 그의 서울의 한 고등학교 동기동창 네이버 밴드 모임 멤버이다. 동창회 운영자들을 주축으로 모인 모임은 활기차고 젊었다.

오십 초반의 아저씨들인 이들이 어울리는 모습은 영락없이 고등학교 교실 안 풍경이었다. 나는 학창시절 서너 명의 친구만 사귀었다. 그림을 배우러 다닌다는 핑계로 야간자율학습의 기억도, 주말에 애들과 놀러 다닌 기억도 전혀 없다. 학창시절의 추억도, 친구도 별로 없던 나는 이들이 참 부러웠다. 그들은 홀릭에 많이 모일 땐 스무 명도 정도가 모였다. 주기적으로는 열 명 안팎의 인원들이 모여 깊고 늙은 우정을 나눴다.

이들의 화려한 면면은 모임의 매력을 더해준다. 학교 때부터 공부를 잘한 친구들끼리 모인 탓도 있지만 각자 준수한 사회적 지위를 배경에 두고 있었다. 대학교수에, 기업 이사, 피부과 원장, PD, 개인 사업가, 사진가, 재미교포 가수, 영화배우에 자동차정비전문가 등 다양한 직업을 갖고 있었다. 외모도 준수했고 성격도 좋았다. 잘 자랐고 잘살아 온 사람들이다. 그런 그들이 모인 자리였는데도 재밌고 장난스럽고 격의가 없었다. 가끔 새벽까지 이어지는 술자리에 음악 하는 친구의 기타줄이 퉁겨지면 멋진 팝송이 울려 퍼졌다. 그 화음이 절묘했다.

그들은 경조사는 물론 가끔 남자들끼리 엠티를 가 친목을 도모하고 삼삼오오 모이면 운동을 했다. 특별한 일이 없는 한 일주일에 두세 번 이상을 만났다. 자기들끼린 '지겨운 놈들 싫증 나서 죽겠다'고 말하지만 그 얼굴에는 환한 미소와 깊은 애정이 보였다. 외도하는 사람도 없고 회사 접대 자리도 마다하고 친구들을 만나러 홀릭으로 날라 온다 했다. 한마디로 친구들에게 '홀릭'된 사람들이었다. 나는 술 먹고 '놀아나'는 남녀들을 많이 봐온지라 이들의 모습이 신선하고 무척 부러웠다. 이리 멋진 '맨'들을 친구로 거느린 여사장 언니는 더 부러웠다.

가끔 우연한 기회에 '파리 떼' 같은 여자애들이 끼기도 했다. 그녀들의 유혹도 남자들의 우정이란 견고한 철옹성을 넘진 못했다. 디자이너를 한다던 40대 초반의 미모의 '돌싱'과 모델 일을 하는 노처녀도 그들의 관심을 얻는 데 실패했다. 오히려 여사장 언니 지인, 친구들에게 '작업'을 걸다 망신을 톡톡히 당하고 쫓겨나기도 했다. 홀릭맨들은 인생을 즐길 줄 알고 즐길 자격이 있는 사람들이었다. 너절한 연애사보다 끈끈한 우정을 더 소중히 여기는 그들의 태도는 아름다웠다.

그들이 이런 모임을 가질 수 있었던 건 여사장 언니의 노고가 컸다. 그녀는 싱글이지만 이 멋진 남자들을 여자 친구쯤으로 대한다. 남자들 마음은 모르겠다. 총각들도 있으니. 다양한 사회생활을 해 본 그녀는 이성 문제로 인해 모임이 깨지는 걸 자주 봐 왔다. 그 귀엽고 예쁜 얼굴을 갖고서 남자인 척 할 때는 웃음이 다 난다. 그녀의 또 다른 수고는 잠을 쪼개는 일이다. 그녀는 투잡족이다. 낮에는 강남에서 커다란 커피체인점을 운영한다. 저녁엔 이윤보다는 친구들의 모임을 위해 늦게까지 서비스를 제공한다. 언니는 항상 수면부족에 시달렸지만 친구들의 우정에 보탬이 돼 주고 싶어 잠을 참았다.

남자들도 의리 있는 친구들이라 여사장 언니가 혼자 기르는 딸아이에게는 삼촌이 혹은 아빠가 돼 주었다. 아빠라 부르는 이들은 언니에게 흑심이 있는 거 같았고 삼촌이라 부르는 사람은 자기가 젊다고 착각하는 사람들 같았다. 만남이 무르익고 자리가 좋아지는 건 유부남 친구들이 부인을 데리고 나올 때였다. 가끔 부인들도 나와서 웃고 마시고 떠들고 옛 추억을 회상하고 놀다 갔다.

여사장 언니와 부인들은 대부분 친했다. 예쁘게 생긴 언니를 경계하지 않았다. 여자는 여자가 알아보기에 언니의 털털함과 솔직함을 파악해서다.

이 모임을 내가 인정하는 건 건전해서다. 오가는 대화는 순수하고 유쾌했다. 심각해지면 깊이 있고 절도가 있었고, 치기어린 욕도 없고 음담패설도 없었다. 여러 말 하지 않아도 서로를 아끼고 걱정해주는 언행이 절절 느껴졌다. 남자들은 나쁜 것을 공유하며 친해진다고 하던데 이들은 서로의 가족에게 더 잘할 것을 권면했다.

행복은 별 게 아니었다. 아끼고 사랑하는 사람들과 뜻을 같이 해 즐겁게 사는 것이었다. 대단한 배려나 말이 필요한 것도 아니었다. 말 한마디로라도 상대에게 힘을 주고 희망을 주고, 아픔을 공유하고 공감하면 그뿐이다. 서로에게 시선을 맞추고 그저 한없이 웃어주는 일, 상대의 웃는 모습을 보기 좋아라하며 봐주는 일. 그 자리에서 변함없이 흔들림 없이 상대를 품어주는 일. 열심히 사는 모습만으로도 상대에게 분발과 감동을 줄 수 있다면 그들은 다 '해피바이러스 증후군' 환자들이다.

언니
울지 마!

"사는 게 너무 힘들구나. 그래도 너희들이 있어서 나는 참 행복한 사람이라고 힘을 낸다. 정말 고맙다. 얘들아."

전화기 너머로 흐느낌이 들려왔다. 조금의 돈을 모아 후배 희경이랑 가끔 보내는 용돈에 언니는 감격했고 눈물로 고마움을 표시했다. 내가 아는 중 가장 비운의 명을 갖고 태어난 여자가 주희 언니였다.

언니는 자신의 탄생부터 비운의 시작이라고 했다. 딸 하나를 갖고 상처한 언니의 엄마가 먹고살기 위해서 선택한 길은 대가 끊긴 어느 부잣집에 손을 이어주는 씨받이로 가는 것이었다.

예전 시골에서는 비일비재 한 일이었다. 언니는 씨받이가 낳은 딸이었다. 언니가 딸로 태어나버려 세 모녀는 몇 푼의 돈을 받고 그 집에서 쫓겨나 버렸다. 아들로 태어나지 않고 딸로 태어난 언니를 엄마는 크는 내내 구박했고 씨가 다른 언니의 언니 역시 크게 다를 바가 없었다. 내 동생이 아니라며 같이 놀아주지도 않았다.

본인의 말에 의하면 언니의 아비였던 사람을 닮아서인지 언니는 억척스러운 생활력을 갖고 태어났다 했다.

언니의 지난 삶 얘기를 들으며 소설보다 더 소설 같은 스토리에 우리는 울고 웃었다. 언니는 얘기를 하다말고 자신의 소망을 부탁했다.

"영아 넌 글을 쓰니 만약 글을 쓴다면 내 얘기 하나 소설로 좀 써서 보여주라. 나는 배운 게 없고 무식하니 할 수가 없잖니."

억척스러운 생활력을 갖고 언니는 살아왔다. 언니의 매력은 예순이 다 된 나이에도 아직도 순수하고 사랑스럽다는 것이다. 어렵고 힘든 시간을 살아왔는데도 그런 선한 마음을 지킬 수 있다는 게 놀랍고 고마웠다. 언니는 어린 나이부터 스스로 돈을 벌어 중학교를 가까스로 마치고 고등학교에 입학했지만 식구들을 먹여 살리는 가장 역할을 떠맡았기에 고등학교를 중퇴해 버렸다.

언니는 미용사로 직업을 선택했다. 손재주가 있고 성격이 서글서글하고 친화력이 넘쳐서 금세 실력을 인정받았다. 결국엔 서울의 중심 소공동 한복판에서도 유명한 미용사가 됐다. 지금은 늙어 뚱뚱하지만 처녀 적 언니는 글래머러스한 몸매에 귀여운 외모로 남자 손님들이 줄을 서서 예약을 할 정도였다 한다.

그 옛날 잘 나가던 시절 언니는 명동, 소공동 호텔 나이트클럽 단골이었다. '원나잇'이나 부킹을 즐기려는 요즘의 나이트클럽 문화와는 달리, 그 당시 호텔 나이트클럽은 기업가나, 정치가, 부잣집 도련님과 연예인이나 정말 미모나 재력이 되는 여자들이 드나들던 곳이었다 한다. 미장원 일을 마치고 동료들과 함께 가곤했다. 피크 타임이 되면 언니와 친구들은 뛰어난 미모와 세련된 자태로 남자 손님들의 인기를 독차지했다.

요즘처럼 만나자마자 당장 '만리장성'을 쌓는 일은 상상도 못 할 시절이었다. 시간을 두고 관찰을 하고 신원을 확인하고 확신이 생기면 기사 딸린 고급 차로 여자를 모셔갔다고 한다.

그 당시 언니에게도 두 번 정도 그런 기회가 있었는데 한 번은 유명 정치가였고, 한 명은 아주 높은 빌딩의 창업주 아들이었다. 특히 창업주 아들이 데려간 곳은 마당이 꽃으로 곱게 가꿔진 예쁜 단독주택이었다. 그의 제안은 이곳에서 언니가 생활을 하라는 것이었다. 한마디로 첩살이로 들어앉으라는 제안이었다. 예전이나 지금이나 씩씩하고 독립적인 언니는 콧방귀를 뀌며 그 제안을 거절했다. 그 당시 언니는 충분히 돈을 벌었고 충분히 인기 있었고 충분히 행복했기 때문이었다.

어느 날 텔레비전을 보던 언니는 예전에 정말 유명했던 가수를 보더니, "나 저놈 정말 싫어. 술 먹으면 개야. 예전의 호텔 나이트 시절에 엘리베이터를 탔는데 저놈이 글쎄 술이 취해 물건을 내놓고 그 안에서 소변을 싸고 있더라. 같이 간 동료들끼리 그 모습을 보고 얼마나 놀랐는지 몰라. 그게 할 짓이니? 그러고 잘났다고 아직도 나온다"며 장난스럽게 옛 추억을 꺼내며 마구 웃기도 했다.

화려한 처녀 시절의 행복은 잘못된 결혼으로 끝이 났다. 집안의 가장인 언니는 돈을 버느라 서른이 다 돼 친구 소개로 만난 남자와 결혼을 했다. 사기 결혼이었다. 우린 그 결혼을 그렇게 불렀다. 지방 유지에다 부잣집 아들인 그 남자는 총각이었지만 총각이 아니었다. 군대 가기 전 사고를 쳐 초등학생 아들이 있었다. 결혼해서 몇 년을 속이다 이제라고 싶을 때 내 배째라는 식으로 아이에 대한 사실을 터트려버렸다.

그때 언니는 홑몸이 아니었다. 아이 얘기를 숨긴 그 남자와 가족들에 대한 배반감에 충격을 받은 언니는 아이를 유산하고 말았다. 그 이후 언니는 더 이상 아이를 가질 수 없게 되었다.

언니를 슬프게 만든 건 돌아갈 친정이 없다는 것이었다. 처녀 시절 부지런히 모아 장만한 집이 있었는데, 시집을 가면서 이 집을 친정에 강제로 뺏기고 말았다. 언니의 형부란 작자가 언니에게 칼부림하며 '장모와 자신들의 집'이라며 강제로 명의를 뺏어버렸었다. 그런 친정으로 다시 돌아갈 순 없었다.

그나마 언니에게는 강한 생활력과 책임감이란 장점이 있었다. 언니는 어쩔 수 없이 팔자라 여기고 살아야 했다.

부잣집 도련님은 총각 때 배운 권투로 알량한 체육관을 운영했지만 백수나 마찬가지였다. 언니는 시집을 가서도 미용실을 했다. 뼈 빠지게 일을 했고 누구의 밭에서 태어났는지도 모르는 아들을 죽어라 예뻐하며 키웠다. 상을 줘도 부족한 언니를 가끔 그 남편은 말로 깔아뭉개고 손찌검을 하며 학대했다. 언니는 버릇처럼 "내 팔자, 제대로 액땜을 못 하는 거 같아. 태생부터 불행하니 사는 게 불행할 수밖에 없더구나. 정말 열심히 살았는데 열심히 살면 살수록 여기저기 뜯어먹으려는 인간밖에 없더구나"라며 슬프게 말했다.

좋은 시절도 있었다. 고생 끝에 낙이 온다고 했던가? 언니의 노력과 정성이 하늘을 감동시켰는지 미용실은 부흥했고 사업이라 부를 만큼 여러 가게를 운영하게 됐다. 제 속으로 낳은 자식은 아니지만 아들은 착하게 말을 잘 들었고 친정, 시댁 식구들은 언제부턴가 돈 잘 버는 언니 밑에 고개를 조아렸다. 지방에서 자리를 잡자 서울로 올라와 고급 아파트를 여러 채를 사들였고, 서울 생활을 시작했다. 아들은 장성해 적당한 여자와 짝을 맞춰 주었다. 아들에게는 그 시대로서는 큰돈인 억대 아파트를 사주고, 며느리에게는 보석과 밍크코트, 명품으로 온

몸을 도배시켜 주었다.

머느리는 돈 많은 시어머니에게 입안의 혀처럼 굴었다. 얼마 있지 않아 눈에 넣어도 아프지 않을 손자가 태어났다. 언니는 손자에게 마치 자신이 낳은 아들인양 해줄 수 있는 모든 것들을 쏟아 부었다. 너무 행복하면 마가 낀다고 했던가?

그놈의 돈이 불행의 시작이었다. 평생을 속 썩이며 못살게 굴던 남편이 자신의 명의로 해둔 아파트를 하나둘씩 팔아먹기 시작했다. 분명 언니 돈으로 산 것이었음에도. 주식으로 돈을 너 불려준다는 이유였다. 허울뿐인 명목이었다.

어느 날 아침 청천병력 같은 일이 일어났다. 자고 일어났더니 집행관들이 온 집안에 빨간 딱지를 도배해 놓고 가버렸다. 나머지 아파트와 건물도 경매 신청이 들어왔다. 밟혀도 죽지 않는 잡초 같은 근성으로 살아온 지난 세월이었다. 강한 생활력도, 지독한 책임감도, 무한긍정 성격도 수십억 원을 잃은 언니를 더 이상 지켜주지 못했다.

언니는 한 움큼 약을 털어먹고 세상을 등지기로 했다. 언니는 죽지 않았고 다시 깨어난 그 순간부터 신실한 기독교인으로 거듭났다. 예전에 시련을 팔자라 여겼던 언니는 신을 믿은 이후 변했다. 시련을 연단이라며 감사했다. 얼마 뒤 그나마 남은 돈 몇천만 원을 탈탈 털어 조그만 카페를 차렸다.

언니의 카페는 희경이의 바로 집 앞이었다. 우리의 만남은 그렇게 시작됐다.

우리는 한 달에 두세 번 정도 만나서 언니가 해주는 맛난 음식을 먹고 언니의 살아온 얘기들을 들으며 같이 아파하며 우정을 나눴다. 언니에게 우리는 친동생들이었고 딸들이었다. 우리를 화나게 했고 울분을 갖게 한 건 한 줌 인간들이 돈 없어진 언니를 푸대접하는 일이었다.

언니의 남편이란 작자는 평생 속만 썩이더니 지병을 얻어 병원비로 생활비의 반을 나눴고, 병든 자기 동생을 자신들에게 떠넘길까 봐 시댁 식구들은 아예 왕래를 끊었다. 언니가 잘 나갈 때 미용 기술을 가르쳐주고 가게를 차려준 조카들은 망한 이모가 창피하다며 아는 척을 안했다. 입 안의 혀 같던 며느리는 시어머니가 하는 카페에 와서 산처럼 쌓인 설거지는 거들떠보지도 않고, 끓여주는 차만 마시고, 사주는 밥만 먹고, 아이 선물만 덥석 받아들고 집으로 가버렸다.

세상을 살아가다 보면 어른들 말처럼 위를 봐도 끝이 없고 아래를 봐도 끝이 없는 불행한 인생살이들이 있었다.

우리는 언니를 보듬었고 언니는 어려움이 있었던 희경이와 나를 위로하며 용기를 주었다. 나는 가끔 언니를 대신해서 하늘에다 시비를 걸었다.

'너무 하시는 거 아니에요? 한 사람에게 처음부터 끝까지 너무 오랫동안 고통을 주시는 거 아니냐고요? 아무리 봐도 언니가 잘못한 건 없는 거 같은데, 저렇게 하늘만 바라보며 사는데 예쁘지 않으세요? 인제 그만 행복하게 해주세요. 언니 그만 울게 해주세요. 네?'

언니의 말도 안 되는 시련은 지금도 계속되고 있다. 언니는 혼자 모든 걸 정리하고 지방의 한적한 마을로 내려가 조그만 미용실을 하며 텃밭을 가꾸며 산다. 언니의 나이가 너무 많아 처음엔 걱정했지만 서울서 내려온 세련된 마담이 솜씨가 좋다며 입소문이 나 조금씩 손님이 늘고 있다 했다.

세상에 의지할 곳도 의지할 사람 하나 없는 사람도 있다. 언니였다. 그런데도 그녀는 씩씩했다. 나는 언니를 보고 강한 의지를 배웠고, 신실한 믿음의 모습에 반성했고, 무엇보다 내가 겪은 시련은 아무 것도 아니란 위안 아닌 위안을 얻었다. 무엇보다 언니가 나를 감동시킨 건 그 누구도 원망하지 않았고 미워하지 않은 것이었다. 언니는 자신의 팔자에 힘들어 했지만 감사함을 입에 달고 살았다.

언니는 잘못된 결혼의 굴레를 끝까지 지키고 책임졌다. 언니는 사람을, 사랑을, 인연을, 운명을 거역하지 않았다. 나와 희경이는 평생 언니 곁을 떠나지 않기로 했다.

"언니 이젠 더 이상 울지 마. 우리가 곁에 있을 게. 평생 우리 이렇게 함께 하자. 나중에 언니가 하고 싶은 말, 다 밝힐 수 없었던 이야기. 꼭 소설로 써줄게. 아프지 말고, 밥 잘 챙겨먹고, 잘 지내고 있어. 여름휴가 때 희경이랑 내려갈게. 그때 맛있는 거 많이많이 사먹자. 사랑해"

세상에 아픈 사람이 많았다. 억울한 사람도 많았다. 세상은 나빴고 그녀는 슬펐다.

그녀와 함께하소서

"나쁜 새끼. 언니, 세상에 뭐 이런 나쁜 놈이 다 있어? 이걸 죽여 살려? 나 착한 마음 먹고 얼마나 열심히 사는 줄 언니는 알지?"

희경이의 분노가 전화기 밖까지 보이는 것 같았다.

희경이는 아이 둘을 혼자서 키우는 멋진 '돌싱녀'다. 그녀를 볼 때마다 나는 또 하늘에다 시비를 건다. 이런 여인이 왜 이리 힘들게 살아야 하는지 궁금해서다. 그녀는 미모면 미모, 성격이면 성격, 재능이면 재능, 나무랄 데가 없는 여인이다.

정말 두루두루 멋진 여인이다. 긍정적인 성격에, 의리에 죽고 의리에 살며, 화통하기가 이루 말할 수 없다. 회사에서도 여자들 사이에서 인기투표 1위를 할 만큼 사랑받는 직장인이었다. 주위 언니 동생들을 다 품어 줄 만큼 가슴도 넓었다. 주희 언니한테 용돈을 보낸 것도 희경이의 아이디어였을 만큼 마음이 따뜻하고 정 많은 여인이었다.

그런 그녀가 몹시 화가 났다. 이유인즉, 얼마 전 희경이의 둘째 아이가 횡단보도를 건너다 음주운전 차량에 치어 다친 적이 있었다. 아이 상태를 봐야 하기에 합의를 해주지 않았다. 지방으로 장기 출장을 간 그녀는 전남편한테 사건을 맡겼고 알아서 해결한다는 말을 믿고 시간을 보냈다. 아이는 다행히 큰 부상이 아니었고 통원 치료만으로도 상처를 회복했다.

어느 날 우연히 알 게 된 사실에 그녀는 경악했다. 사건 해결에 대한 답을 차일피일 미루는 전남편이 이상해 가해자에게 알아보니 아이 아버지하고 이미 합의가 끝나 많은 돈을 준 지 오래라 했다. 한마디로 다친 아들 합의금을 아비가 중간에서 가로챘던 것이다. 헤어진 후 몇 년이 지나도록 아이들 양육비 한 푼 주지 않았던 아빠라는 사람이 말이다. 자기 쓸 것은 다 쓰면서도. 희경이의 전남편은 그런 남자였다.

교통사고 합의금은 사소한 경우였다. 그녀를 더 힘들게 한 건 결혼생활 중 얻은 빚 때문이었다. 위자료는커녕 남편과 그의 형이 희경이의 명의를 빌려 진 수천만 원의 빚을 떠안아야 했다. 이걸 해결하느라 그녀는 퇴근하고도 저녁에 편의점에서 아르바이트까지 했다. 고달픈 삶을 살아가는 그녀에게 인간이 참는 한계를 시험하게 하는 전남편이란 작자는 도대체 어떤 사람인 걸까?

그녀가 결혼이란 도피처를 찾은 이유는 그녀의 아버지 때문이었다. 원래는 좋은 사람이었다는데 사고로 한쪽 다리를 다치면서 성격이 변하기 시작했다. 평소 말 없고 얌전했던 그녀의 아버지는 그 화를 술로 풀었다. 술의 양이 늘수록 주먹을 휘두르는 횟수도 늘어갔다. 그 화를 그녀의 엄마가 고스란히 받았다. 희경이는 어렸을 때 아빠한테 맞고 있는 엄마를 지켜주지 못해 많이 울었단다. 어느 날 그녀가 자기 다리의 상처를 보여주며 나에게 물었다.

"언니 이 다리에 난 상처가 다 뭔지 알아? 나 어렸을 때 당하는 엄마를 막아주다가 다친 상처야. 이건 맥주병 조각. 이건 소주병 조각."

그녀에게 결혼은 탈출이었고 도피처가 분명했다. 더군다나 잘사는 집으로 가는 거니 그동안 못 누린 호강 실컷 누릴 수 있는 좋은 기회였다. 기회는 기대에서 그쳤다. 결혼하자마자 아이가 생겨 신혼생활도 누리지 못했고 시집살이까지 했다. 시댁 인간들은 가풍을 배워야 한다며 가난한 집 딸이라는 이유로 함부로 대했다. 그런데도 참을 수 있었던 건 먹고사는 게 편해졌고 시댁에서 무슨 이유에서인지 다니던 직장을 계속 다니게 해 줘 경제적으로 친정을 도울 수 있어서였다. 잠시지만 그런대로 행복한 시간이었다. 둘째가 생긴 어느 날부터 남편의 태도가 변하는 걸 느꼈다. 그들은 남녀공학 고등학교 동기동창이었고 그녀는 남편의 첫사랑이었다. 희경이는 그가 몇 년간을 쫓아다닌 끝에 얻은 여인이었다. 그랬던 그가 변했다. 다니던 직장을 때려치우고 사업을 시작하면서부터다. 잦은 술자리와 외박을 일삼았고 돈을 물 쓰듯 했다. 본래 돈 귀한 줄 모르고 큰 사람이긴 했지만 골프를 한다며 수시로 골프장에 나가고 명품으로 온몸을 휘감고 최고급 외제차를 몰았다.

잘못된 자식 뒤엔 반드시 잘못 키운 부모가 있었다. 위태로워 보이는 그의 일탈을 식구들 아무도 말리지 않았고 여윳돈이 많다는 이유로 금전적으로 위기가 생길 때마다 문제를 해결하게 하지 않고 돈으로 모든 걸 메워주었다. 얼마 지나지 않아 '구멍 난 독에 물 붓기'라는 말은 현실이 되었다. 그의 사업은 결국엔 위태로워졌고, 사업 아이템을 바꿔 형과 함께 학원사업을 했지만 그 역시 실패하고 말았다. 그때 그가 희경이에게 보증을 서게 했다. 그 인간들은 결국 부도를 냈고 아들들이 도망가자 시댁도 그 아들들 때문에 풍비박산이 나버렸다. 그는 그 돈을 갚지 않았을뿐더러, 다른 여자를 만나고 급기야 바람까지 나버렸다. 그와 이혼하게 되면서 크나큰 마음의 상처와 빚은 고스란히 그녀의 몫이 됐다. 그녀는 '부모형제지간에도 보증은 해주지 말라'는 말을 살면서 뼈저리게 아파했다.

다시 아이 둘과 친정의 방 한 칸에 얹혀살게 됐다. 하루하루 자신의 처참한 처지를 깨달으며 얼마나 아파했는지 모른다.

세상에는 착한 사람도 많다는데 이렇게 좋은 여인이 이런 고난의 운명을 짊어지고 사는 이유가 무엇일까? 그것은 잘못된 선택 때문이었다. 나도 그랬던 것처럼 그녀 또한 결혼을 도피처로 삼았기 때문이다. 부모님의 간섭과 잔소리를 피하고 싶었던 나와 달리, 그녀의 선택은 살기 위해서였다. 힘든 가정환경에서 벗어나 잘 먹고 잘살기 위해서였다.

그녀의 선택을 탓하지 않는다. 탓할 자격도 없다. 우리는 통했다. 바람난 남편들 때문에 '돌싱녀'가 되어버린 처지가 같아서인지 우리는 뜻과 생각이 일치했다.

무엇보다 우리를 결속시킨 건 좌절하거나 낙담하지 않고 내 일을, 비전을 꿈꾸는 것이었다. 나는 책을 읽었고 그녀는 공부했다. 나는 글을 쓰게 됐고 그녀는 경영학 야간대학원에 입학했다. 우리는 서로를 위로했고 용기가 되어 주었다. 남자들만의 의리가 아니라 여자가 나누는 의리도 만만치 않게 진하다는 것을 남자들은 알까?

우리는 볼 때마다 서로를 치켜세우기 바쁘다. 누군가가 붙여준 별명이 '자뻑' 자매다. 비웃는 게 아니라 서로 어려운 처지에도 모이기만 하면 깔깔거리기 바쁘고 에너지가 넘치는 우리가 보기좋아 하는 농담이었다. 우리는 같은 상처를 안고 여자 몸으로 혼자 세상과 맞서 싸우며 사는 게 얼마나 힘든 줄 안다. 그런데도 그녀는 너무나 밝고 씩씩했다. 설사 그것이 가식이라 해도 나는 그녀에게서 성실함을 배웠고 억지로라도 웃는 법을 배웠다. 나는 나를 도와줄 부모가 있고 아이 양육의 고통에서 해방됐는데도 우울하고 외로워했다. 나는 동생 희경이 앞에만 서면 부끄럽고 미안해지는 이 마음이 또 미안했다. 나는 반드시 믿는다. 그녀는 종국엔 삶의 승리자가 될 것이라고.

우리 '자뻑' 자매는 가끔 주위에서 만나기만 하면 남편과 시댁을 욕하는 사람들에게 싫은 소리를 해댄다. 정확히는 희경이의 주장이다.

"네가 잘나서 잘사는 거 아니다. 우리가 못나서 못산 거 아닌 것처럼. 우리처럼 예쁘고 능력 있는 여자들도 소박당했는데 니들은 뭘 믿고 그렇게 불평불만이 많니? 이것들아 누군가 곁에 있을 때 잘해. 그래도 싫으면 우리한테 넘기시던지. 파하하."

헌신하다가 헌 신 된다

오랜만에 후배 희은이에게서 국제 전화가 왔다. 거의 반 년만이었다. 나도 외국 생활을 했지만 국제전화는 시차 때문에 하기 쉽지 않다. '절친' 일지라도 일 년에 몇 번 전화하는 게 어려웠다. 희은이와는 고등학교 선후배 사이였고 엄마들끼리 동네 친구였다.

희은이는 정말 착하고 예쁜 아이였다. 상냥하고 여성스러웠고, 성당을 다니며 어려서부터 봉사활동을 열심히 했다. 그녀가 성당을 다니던 대학교 때 에피소드가 하나 있다.

그녀한테 반한 남학생 한 명이 학교를 그만두고서라도 그녀를 만나려 한 적이 있었다. 그 남학생은 신부가 되기 위해 신학교를 다니던 신학생이었다. 그녀와 나중에 결혼하고 싶어 신부가 되지 않겠다는 그를, 신부님, 수녀님이 나서서 말리고 그녀가 성당을 그만두며 그 일은 일단락되었다. 그녀는 그럴 만큼 주위 사람 모두에게 사랑받았고 사랑받게 행동했다.

희은이의 불행 역시 잘못된 결혼 때문이었다. 그녀의 남편은 남동생의 과외 선생이었다. 그는 가난한 고학생이었다. 대학교를 수석 입학 할 정도로 똑똑한 친구였지만 불행한 가정사로 인해 항상 우울하고 침울했다. 착한 희은이는 불쌍한 마음에 그를 챙겼다. 그는 라면만 먹다가 영양실조에 걸리고, 급성 신장염으로 입원해 사경을 헤매기도 했다. 그녀는 항상 그 곁에서 지극정성 병간호를 했다. 그녀는 그에게 가족이고 보호자였다. 그를 향한 연민이 극에 달했을 때 그는 그녀의 마음을 낚아챘다. 순진하고 착한 희은이는 관계를 맺진 않았지만 입을 맞췄다는 이유만으로 그에게 시집을 갔다. 지금 같으면 말도 안 되는 일이지만 그녀는 그런 아이였다.

가난한 고학생을 사위로 받아들이는 것을 원치 않는 부모님의 반대도 있었다. 착한 아이의 뒤엔 착한 부모가 있었기에 희은이의 부모는 끝내는 그녀의 뜻을 존중해 주었다.

그는 어렵게 대학을 마치고 대학원에 들어갔다. 그 부부는 능력이 없었기에 친정살이를 했고 남편의 학비는 희은이의 아버지 주머니에서 나왔다.

기가 막힌 일은 평소에 상관도 안 하던 시어머니란 사람이 나타나 혼수를 요구하고 희은이에게 시집살이를 시키는 것이었다. 희은이를 수시로 불러내 선물을 요구하고 자신의 집 살림을 내맡겼다. 착한 희은이는 그 누구에게도, 남편에게도 말하지 않고 그 억울함을 묵묵히 견뎠다. 그녀를 지키는 힘은 신에게 드리는 기도였다.

그래도 다행인 건 두 부부는 서로 아끼고 사랑했다. 겉으론 그래 보였다. 평온한 얼마간의 시간이 흐른 어느 날부터 희은이가 이상해졌다. 수심이 가득해졌다. 저녁이면 부부가 밖에 나갔다 들어왔다. 밖에서 들어오면 얼굴이 붉게 상기 돼 있었다. 어느 날부턴가 그녀는 조금씩 말라가고 문제가 있어 보였으니 입 밖으로 말하지 않아 알 수가 없었다.

문제를 처음으로 안 건 나였다. 남동생밖에 없던 희은이에게 나는 친언니나 마찬가지였다.

그녀에게 자초지종을 다 듣고 나는 어이가 없어 분노했다. 그녀의 결혼은 사기결혼이나 마찬가지였다. 희은이의 남편은 그녀를 사랑해서 결혼한 게 아니었다. 그녀 집의 부가 그의 결혼 조건이었다. 공부에 남달리 욕심이 많았던 그는 박사학위 취득을 위한 유학을 준비했고 그녀에게 유학비를 요구했지만 그녀가 거부한 것이다. 그동안 부모님께 도움받은 것도 죄송한데 더 도움을 받을 수 없었다. 밤이면 부모님이 들을까 무서워 공원으로 나가 싸우고 들어왔다고 했다.

'가여운 것.'

어디다 말도 못하고 혼자 끙끙 앓았을 생각을 하니 가슴이 미어졌다. 그녀의 이야기는 그녀의 간곡한 부탁으로 비밀에 부쳤다. 얼마 뒤 희은이는 취직했고, 그녀의 남편도 유학을 포기하고 취직했다. 선배가 하는 무역회사 기획실장이라는 자리였다. 그는 두뇌가 우수한 사람이라 직장생활에서도 환영을 받았다. 해외출장을 자주 다녔고, 술 접대도 다반사였다.

희은이는 대기업 산하 계열사 부사장 비서로 취직했다. 희은이의 아버지 지인 소개로 이루어진 일이었다. 부족할 게 없었던 그녀의 취직은 사실 의외였다. 나중에 안 일이지만 그것은 독립을 위한 준비였다. 5년 넘게 이어진 공짜 친정살이는 더 이상 할 짓이 아니었다. 십 원 한 장 안 내고 얹혀사는 꼴을 남동생 부부에게 보이는 게 부끄러웠다. 동생의 결혼도 임박해 오자 서둘러 분가를 했다. 부모님 명의의 큰방 2개, 작은방 1개가 딸린 빌라였다.

비록 고급빌라는 아니었지만 분가하는 딸을 위해 부모님이 집을 리모델링해줘 살기에 불편함은 없었다. 그런데도 번듯한 아파트를 얻어주지 않는다고 그녀의 남편은 불평했다. 정말 봉잡으려고 장가온 인간 같았다. 나는 그녀에게 무조건 순응하며 헌신하며 살지 말라고 충고했다. 내 코가 석 자인 주제고 누가 누구에게 훈수 둘 처지도 아니었지만.

희은이의 엄마와 우리 엄마는 모이기만 하면 사위들을 성토

했다. 개천서 용 난 사람들은 못 쓴다고. 희은이의 시댁은 배웠으나 몰락한 집안이었고, 내 시댁은 여력은 있었지만 배우지 못한 집안이었다. 아들들이 잘나 공부를 잘하니, 그 아들들한테 온 식구가 성공하기만을 종용했다. 집안을 일으켜야 한다는 강박관념이 아들들의 성격을 변형시켰다.

한 명은 지극히 현실적으로 물질을 추구했고, 한 명은 지극히 몽상적으로 놀이란 곳으로 탈출을 시도했다.

희은이의 남편은 월급을 내놓지 않았다. 혼자 사는 시어머니 약값이나 생활비를 핑계로 거의 주지 않았다. 세금과 자기 명의로 붓고 있는 적금 비용만 내놨다. 그녀의 월급이 생활비였고 친정서 퍼다 나르는 음식으로 생활을 했다. 희은이는 그 음식을 시댁으로 퍼다 날랐다. 무슨 일인지 남편은 아이 갖기를 거부했고 그런데도 그녀는 불평하지 않고 열심히 살았다. 일을 핑계로 집에 들어오는 횟수가 점점 줄어들고 나중엔 연락도 잘 안 됐다.

그러던 어느 날 희은이 앞으로 누런 봉투에 넣어진 이혼소장이 날라 왔다. 이혼사유는 '사기결혼과 의부증'. 정신적 피해보상을 이유로 위자료도 청구됐다. 그가 적반하장의 사유로 이혼소송을 건 것이었다. 유학을 보내주기로 약속해서 결혼 안 할 걸 결혼했다고. 결혼하고 나니 약속을 지키지 않았다는 게 사유였다.

적반하장도 유분수. 주위에서는 기가 막혀서 말문이 막혔다. 의부증 스토리도 말 같지 않았다. 그동안 크고 작은 여자 관련 일들이 있었다. 그걸로 다툼을 하면 희은이를 의부증 환자로 몰아붙였다고 한다.

나는 법을 잘 모른다. 그렇다 해도 이런 이유가 상식적으로 타당한 것인가? 인당수에 팔려가는 심청도 아니고, 여자도 아닌 남자가 조건으로 결혼한다는 것이 가당키나 한 건가? 판사도 웃기지도 않았는지 지루한 소송이 진행됐지만 희은이의 손을 들어주었다. 그는 몇천만 원의 위자료를 배상해야 했다. 그 인간은 돈이 없다며 착한 희은이의 마음을 움직여 위자료도 깎았다.

이혼하고 나서 여리고 착한 그녀는 무척 힘들어했다. 가족들도 나도 위로했고 흔들림 없이 아껴주었다. 희은이는 정말로 한 남자에게 헌신해서 헌신짝처럼 버려져 '헌 신'이 됐다. 그렇지 않아도 마른 몸이 앙상한 나뭇가지가 되어 갔다. 그녀의 가족들도 나도 그녀를 위로했지만 힘을 얻지 못했다. 몇 푼의 위자료도 위로해주지 못했다.

그녀는 원치 않던 그 돈을 다 써버리기로 결심했다. 미국으로 어학연수를 가기로 했다. 미국을 간 후 '굿 뉴스'와 '배드 뉴스'를 들었다.

굿 뉴스는 미국에서 초등학교 총각 동창을 만나 결혼하게 된 것이었다. 시댁의 반대는 없었다. 오히려 매우 예쁜 처자가 장가 못 간 노총각 아들을 구제한다며 환영을 해주었다. 고난을 겪었어도 그녀의 미모는 여전히 아름다웠다. 주위에서 그 부부를 '미녀와 야수'라 불렀다. 후에 미국에서 그들과 만난 적이 있었다. 둘은 근사하게 어울렸다. 그녀의 남편은 결혼한 지 몇 년이 흘렀어도 눈에서 하트가 떠나지 않았다. 그가 사랑스러운 눈으로 그녀를 쳐다보며 기분 좋은 웃음을 지으며 말했다.

"예쁘죠? 예쁘죠? 우리 허니 예쁘죠? 허니가 왜 더 예쁘냐 하면요, 마음이 예뻐서예요. 마음이 아주 예쁜데 얼굴도 예뻐요. 제가 전생에 나라를 구했나 봐요. 허허허."

남편이 재미교포인지라 그녀도 얼마 뒤 시민권자가 됐고 이젠 예쁜 세 아이의 엄마가 됐다. 결혼한 지 십 년이 넘었지만 애정전선 이상무다. 그는 그의 말대로 복덩이 아내 덕에 승승장구 승진해 억대 연봉을 받는다.

배드 뉴스는 남편과 결혼을 하게 돼 대사관에 제출하는 서류를 준비하던 중 충격적인 사실을 알게 된 것이다. 그녀의 호적에 전남편과 이혼도 되기 전에 누군지도 모르는 외국 이름의 여자아이가 출생신고가 되어 있었다. 그의 출장지가 주로 러시아였는데, 그 아이의 엄마는 그의 러시아 통역사였다. 알고 보니 이혼소송은 그래서 낸 것이었다.

그동안 희은이가 받은 고통의 시간을 짧은 원고로 풀어낸다는 건 불가능한 일이다. 그녀는 그 하루하루를 핏빛으로 물든 일기장에 써내려갔다.

그녀의 엄마가 그 일기장을 잠깐 보여준 적이 있는데, 그걸 읽고 그녀 엄마와 난 서로 끌어안고 목 놓아 울 수밖에 없었다. 눈처럼 순수한 희은이는 많은 순간 전철로 뛰어들고자 하는 유혹을 이겨내야 했다. 스스로 놓으려 했던 이생과의 끈을 다시 그러쥐려는 노력은 읽는 사람의 마음을 부숴버렸다.

그러면서도 그 남자와 그 가족의 안녕을 위해 진심으로 기도했다. 희은이의 마음에는 복수와 원한 같은 단어는 없었다. 그런 마음이 하늘을 움직였을 것이다.

그 남자는 결국 버림을 받았고, 희은이는 행복을 얻었다. 세상에는 분명 선한 끝은 반드시 있다고 믿는다.

5부

사랑이라는 이름

"내 마음을 몰랐다고? 그건 핑계일 뿐이지,

내가 아니라 당신은 당신 자신의 마음조차 몰랐던 거야.

당신은 내가 아니라 당신 자신조차 못 믿었던 거야.

한 번 깊이 생각해봐. 당신 마음을 잘 들여다봐.

사랑은 그 후에 해도 돼.

당신은 아직도 사랑할 준비가 덜 돼 있었던 거야."

위대한 사랑 앞에서

아흔하나를 일기로 하늘로 가신 외할머니는 내가 아는 노인 중 가장 멋지고 아름다운 여인이었다. 마지막 가는 그 순간까지 세상에 헌신과 사랑의 기억을 남겨주고 가셨다. 비록 그 사랑이 주위 이웃, 가족이라는 작은 영역이었지만, 떠나는 그분을 위하여 많은 이들이 눈물 흘리고 아쉬워했기 때문이다.

외할머니는 외할아버지의 갑작스러운 사고로, 삼십 대에 일찍 과부가 되었다. 뱃속에 유복자를 포함 다섯 형제의 삶을 책임진 할머니의 고생은 이루 말할 수 없었다. 예전엔 흔한 스토리일 수도 있지만 할머니가 고생한 얘기를 엄마에게 전해 들으면 어찌 그리 잘 사신 건지 고개가 숙여졌다.

외할머니는 온 가족들로부터 사랑받는 큰 딸이었고, 그 시대엔 흔치 않던 양갓집 규수였다. 외할아버지 집안은 큰 부자는 아니었지만 외할머니가 고생할 환경은 아니었다. 외갓집이 어려워진 건 외할아버지가 돌아가시기 전후였다. 사람 좋은 외할아버지는 주위 어려운 이웃들에게 글을 가르쳐 주고 돈도 빌려주었다. 사람들은 빚을 갚지 않거나, 갚지 못했고 그 빚은 고스란히 외갓집의 빚이 됐고, 그때쯤 당한 외할아버지의 죽음은 외갓집을 나락으로 떨어뜨렸다. 할머니는 자식들을 생각하며 온 힘을 다해 가계를 이끄셨다.

할머니는 힘들게 자식을 키우는 와중에도 사이사이 어려운 사람들을 도왔고, 배고픈 아이들에게 밥을 나눠주셨다. 자기 자식들 밥을 나누어 불쌍하고 배고픈 아이들에게 나누어 준 것이다. 엄마는 어렸을 때 할머니의 모습이 이해가 안 돼 너무 싫었다고 한다. 피는 못 속인다고 엄마 또한 성당서 갖은 봉사활동을 다 하시는 걸 보면 사랑도 어쩔 수 없는 내력인가 보다. 엄마는 지금도 텔레비전에서 밥 못 먹는 아이들이 나오면 제일 가슴 아파한다.

할머니는 평생 자식들의 그늘이자 버팀목이셨다. 자식들이 서울로 올라오라 청해도 마다하고 돌아가시는 그 순간까지 혼자서 고향 집을 지켰다. 공기가 좋아 그곳에 산다고 했지만 자식들에게 짐을 지우기 싫어서 그랬던 것 같다. 할머니는 텃밭을 일궈 평생 자식들 먹거리를 돌보아주었다. 할머니가 돌아가실 때쯤이 친정 엄가가 환갑이 넘었을 때였다. 할머니는 그때까지도 큰딸인 엄마의 먹거리를 챙겼다. 주위 이웃들에게는 서울서 자식들이 보낸 것들을 나눠 주었다.

할머니는 동해안 작은 바닷가마을에 살았다. 지금은 고속도로가 뚫려 유명하고 멋진 곳이 됐지만 나 어렸을 때는 교통편이 어려워 외갓집 방문은 엄두를 못 냈다. 할머니가 농산물에 해산물까지 이고지고 바리바리 싸서 올라오곤 했다. 할머니가 손수 삶아서 갖고 온 문어와 대게는 너무 달고 맛있었다. 지금도 그 풍성한 맛과 행복한 기억을 잊을 수가 없다.

내가 할머니를 존경했던 것, 인생의 경험에서 나온 인간의 도리와 예의에 관한 가르침 때문이었다. 좋은 소리만 골라 하신 게 아니라, 진심과 깊이가 느껴지는 말이었기에 그 말을 경청할 수밖에 없었다. 가끔 나는 친정엄마의 잔소리와 마주할 땐, 외할머니만 못 하다고 건방을 떨었다. 그럴 때마다 엄마는 돌아가신 외할머니가 생각나 울컥하시며 눈물 바람을 하시곤 했다.

"영아 너도 부모 살아있을 때 효도 미리미리 해라, 나처럼 후회하지 말고."

그러면 나는 아무 말 못하고 너무 머쓱하고 미안해했다. 집안 최고의 골칫덩어리에 불효녀니 무슨 할 말이 있겠는가? 잠시 들어앉은 친정살이를 지금껏 쭉 하고 있는 나는 염치없는 죄인 아닌가?

할머니가 엄마 마음을 더 아프게 한 건 할머니가 돌아가셨을 때 일 때문이었다. 할머니는 돌아가실 것을 예견했는지 손 편지를 써놓고 돌아가셨다. 손 편지에는 자식들에 대한 사랑과 고마움이 적혀 있었고, 도와주고 있던 아이들을 챙기라고 적혀 있었다. 기가 막힌 건 그동안 자식들이 준 용돈을 쓰지 않고 베개 속에, 이불 속에 당신의 장례비를 모아두고 가신 일이었다. 장례를 치르고 나서보니, 할머니가 남기고 간 현금과 장례비가 거의 일치했다. 돌아가시는 그 순간까지 자식들에게 눈곱만큼의 부담도 주지 않고 떠나신 분이 외할머니였다. 갑자기 그분이 정말 보고 싶어진다.

사랑에는 분명 내력이 있다. 엄마도 할머니의 성품을 닮아 마음이 곱고 정이 많은 사람이다. 이 꼴이 된 나를 엄마는 측은하고 불쌍해한다. 나는 바쁘다는 핑계로 주말이나 돼야 시간을 내서 가끔 빨래, 청소한다. 남들한테 욕먹을 일이지만 엄마는 하지 말라고 해도 어느새 내 빨래를, 방 청소를 해놓는다. 빨래를 차곡차곡 접어서 서랍장에까지 넣어놓는다. 내손 거칠어진다고. 설거지조차 하지 말라고 말린다. 아침마다 몸에 좋은 아침 밥상을 준비해 준다. 출근하기 바빠서 못 먹고 나오는 게 다 반사지만. 언니들에게 선물 받은 명품 화장품을 내게 몰래

주고, 주말이면 마사지 크림을 만들어 마스크 팩을 하는 걸 도와준다. 내가 더 예뻐져야 한다고. 좋은 사람 만나려면 예뻐져야 한다고.

그럴 때마다 가만히 있던 아빠가 정색하며 "좋은 사람은 무슨 좋은 사람. 다 늦게 또 시집을 가라고? 다 늦게 누구 밥해주고 빨래해 주라고? 자신이 잘나면 돼. 이젠 혼자서 남은 인생은 멋지게 살아야지 무슨 소리"냐며 엄마의 말문을 막아버린다. 출근하는 아침마다 아빠가 주는 응원의 말은 나에게 최고의 위로고 용기다.

"우리 영이 아주 멋지다. 내 딸이지만 내가 작품 하난 잘 뽑아놨단 말이야. 누가 널 네 나이로 보겠니? 우리한테 감사해야 해. 이렇게 좋은 유전자를 물려주었으니. 하하하!"

아빠의 부탁으로 엄마도 나에게 일 시킬 엄두를 못 냈다.

"마음고생, 몸 고생 하다 온 애 일 시키지 말고. 커리어 우먼으로 살 애니깐, 일은 평생 살림한 당신이 맡아서 해주라"고.

엄마가 아빠의 말에 발끈하면 아빠는 또 한 말씀을 한다.

"당신은 평생 돈 벌어다 주는 내가 있잖아. 저 아이는 이제 자신이 스스로 보호자가 돼야 하는 애야. 자리 잡을 때까지 도와주는 게 우리 의무이자 낙이야."

나는 부모님께 물려받은 사랑을 내 아이에게 눈곱만큼도 흉내 내지 못하며 살고 있다.

사랑하는 나의 부모님.

부끄럽습니다, 죄송합니다. 존경합니다. 그리고 너무나 감사합니다. 지난 아픈 시간들 두 분의 사랑과 은혜로 힘겹지만 버틸 수 있었습니다. 그러면서 제가 깨닫게 된 사실이 있습니다.

세상의 그 많은 사랑 중에 최고의 사랑은 부모님의 사랑입니다. 조건 없고 한없는 사랑. 시리도록 숭고한 사랑. 저는 두 분께 빚진 사람이지만 영원히 그 빚 갚을 순 없습니다. 더 이상 빚을 더하진 않겠다는 다짐과 약속으로 그 사랑에 조금 더 기대봅니다.

못난 저도 부족해, 제 아이까지 금같이 꽃같이 키워주셨네요. 사회에서 자리 잡는다고 바쁘단 핑계로, 엄마인 제가 챙기지 못하는 외손녀를 예쁘고 곱디고운 도자기로 빚어 주셨습니다. 이젠 성인이 된 아이는 좋은 학교도 가고 부모님 덕분에 독립도 하게 됐어요.

정작 전 부모 도리도, 자식 도리도 못하는 부족한 사람이지만 노력하는 모습으로 더 열심히 사는 것으로 그 은혜에 보답해 드릴게요.

그만 눈물을 멈출게요. 그만 아파할게요. 그만 힘들어할게요. 이젠 정말 잘 알고 있으니까요. 제가 참 행복한 사람이란 걸. 제가 참 복 받은 사람이란 걸 말이에요.

세상 그 많고 많은 사람 중에 당신들이 제 부모여서 자랑스럽습니다. 제 남은 생명을 더 가져가서라도 오래오래 사시길 간절히 기도합니다. 사랑 그보다 더한 이름이 있다면 다 내어 드리고 싶습니다.

사랑합니다.

사랑합니다.

사랑합니다.

치유되는 사랑이다

주위에 좋은 소식들이 생겼다. 주희 언니와 동생 희경이에게 좋은 남자친구가 생겼다. 그녀들 좀 행복하게 해달라고 참 많이 기도했는데 이렇게 감사한 일이 생겼다. 그녀들 또한 그 어려운 삶 속에서도 기도를 해온 사람들이니 선물을 받는 건 당연했다. 언니의 선물은 언니 곁으로 우연히 찾아왔다.

언니는 상황이 계속 어려웠다. 서울에 있는 카페를 정리하고 친정식구들이 있는 지방으로 내려가 피부 관리실을 차렸다. 나이가 많은지라 운영이 어려웠다. 피붙이라곤 씨 다른 언니와 그 조카들밖에 없었다. 조카들은 언니의 도움으로 미용기술을 배우고 다들 지방에서 유명세를 치르는 '원장님'들이 됐다. 그들은 언니 덕분에 명예를 얻고 부도 축적했지만 친정식구들은 능력 없어진 언니가 자신들의 짐이 될까 봐 모른 체했다. 원래는 조카들과는 사이가 좋았는데 주희 언니의 씨 다른 언니가 그들 사이를 방해해서 나빠지기 시작했다. 자녀들의 사랑을 뺏기는 게 싫었고, 자신의 치부를 너무 아는 그녀를 경계해서였다.

서울 일을 정리하고 내려오는 건 쉬운 일이 아니었다. 언니의 남편이었던 사람은 끝끝내 언니를 착취했고, 가짜 아들, 며느리는 언니를 아는 척도 안 하고 자기 아비만 챙겼다. 그들은 언니와 연을 끊었고 언니는 세상에 홀로 남겨졌다. 그렇게 외롭고 힘들게 내려온 친정이었다. 그녀는 이젠 야속한 친정식구들을 뒤로한 채 운영이 어려워진 피부 관리실도 정리했다. 앞으로 살아갈 일이 막막한 언니에게 첫 번째 선물이 나타났다.

착한 사람을 하늘은 버리지 않나 보다. 예전에 미용기술을 가르친 제자가 언니의 은혜에 보답한다며 언니 손을 억지로 끌고 가다시피 해서, 시골동네에 아담한 미용실을 차려 주었다.

불쌍한 언니에게 두 번째 선물이 찾아왔다. 남자친구가 생긴 것이다. 남자친구는 어느 날 미용실로 머리를 자르러 온 손님이었다. 한여름이었지만 온수기 설치가 늦어져 찬물로 그 손님 머리를 감겨주자 그가 화를 냈다. 평소 언니의 천진난만한 말투로 화를 받아냈다.

"제가 망해서 겨우 이걸 차려서 아직 부족한 게 많아요. 손님이 이해해 주시고요, 근데 손님. 머리엔 뜨거운 물 안 좋아요. 미지근한 물이 좋아요. 호호"

손님은 여전히 화가 났다.

"아주머니, 이게 미지근한 물이에요? 찬물이지?"

언니의 "호호"도 여전했다.

"손님, 날씨가 너무 더워 햇볕이 데운 물이니 미지근한 거 맞죠. 호호."

며칠 뒤 언니 집으로 온수기가 배달돼 왔다. 그 손님이 보낸 것이었다. '제 일 년 치 머리 깎는 값입니다. 잘 부탁드립니다. 전담 미용사님'이라고 쓴 쪽지와 함께.

손님은 그 동네에서는 제법 땅도 많고 돈도 많은 '사별남'이었다. 주위에서 소개해 준다는 여자 다 마다하고 선택한 여자가 언니였다. 언니의 때 묻지 않는 순수함과, 뻔뻔한 꿋꿋함, 긍정적인 마인드가 아주 예뻤단다.

언니는 이제 조금씩 행복해지고 있다. 드디어 상대를 존중하고 배려해 주는 남자를 만난 것이다. 불행 끝 행복 시작이어야 한다. 어서 빨리 행복해져야 한다. 그래야 내가 시비를 걸던 하늘이나 나나 좀 쉴 수가 있다.

또 다른 굿 뉴스는 희경이에게 남자친구가 생긴 것이다. 혼자서 아이 둘 데리고 먹고사는 게 바빠 연애 한 번 변변히 한 적

없는 애였다. 그녀의 남자친구는 야간대학원에서 만난 동기다.

대기업에 다니는 그 남자는 능력 있는 '돌싱'이었다. 그는 투잡족이었다. 유산인지, 자수성가인지는 모르지만 제주도에 펜션을 운영하고 있는 사람이었다. 기러기 아빠였는데 현지인과 눈이 맞아 현지에 정착해버린 아내와 아들 때문에 혼자가 된 사람이었다. 희경이와 남자친구는 사연이 통하고, 비전이 통하고, 무엇보다 술이 통했다. 둘은 술친구로 만났다. 술잔을 기울이며 삶을 나누다 보니 서로의 어려운 처지를 알게 됐고 그는 그녀를 위로했고 힘이 되어주었다.

그는 어느 날, 희경이에게 그녀의 이름으로 된 2천만 원짜리 적금통장을 하나 만들게 했다. 그 통장은 그녀가 갖고 있고, 비밀번호도 희경이만 알게 했다. 한 달에 몇십만 원씩 삼 년만 부으면 되는 통장이었다. 그 남자는 어느 날 희경이가 그동안 힘들게 이자만 갚아오던 빚 4천만 원을 먼저 갚아 주었다. 그 빚은 전남편이 떠맡긴 빚이다. 그가 갚아 준 현금은 3천만 원이었지만 금융전문가인 그 남자친구가 채권자와 조정을 해 1천만 원의 빚을 탕감받아 주었다. 희경이가 자신 이름으로 붓고 있는 2천만 원과 퇴직하게 되면 그때 받을 퇴직금 중 1천만 원을 합해 자기에게 갚는다는 조건이었다.

그녀에게 이 얘기를 전해 듣고 놀랐고 감동했다. 한 마디로 굳이 돌려받을 생각이 없다는 뜻이었다. 그의 행동은 자존심이

센 희경이를 배려한 것이었다. 오히려 삼 년 뒤에는 2천만 원이란 목돈이 쌓일 거고, 퇴직금을 갚으려면 정년까지 만나야 하는데, 그건 일종의 프러포즈였다. 그가 그녀에게 해준 말은 더 멋졌다.

"돈은 돈일뿐이다. 감히 돈 따위가 당신의 앞길을 막을 순 없어. 나는 그대처럼 씩씩하고, 용기 있고, 꿈 많은 여자를 만나본 적이 없어. 나는 얼굴도 모르는 남도 도우며 살았거든. 당신처럼 아름답고 착한 여자를 도울 수 있다는 게 내게는 영광인 게지. 돈은 있는 사람, 남는 사람이 더 쓰라고 있는 거니 미안해 말아. 불우이웃님 어서 돈 모아서 빚 갚으세요. 하하하."

남자친구는 한 살 많았지만 어려 보이고 세련되면서도 든든하고 어른스러웠다. 그를 만난 이후 희경이는 더 아름답고 멋져졌다.

나는 딴 여자가 이런 남자를 만났다면 배가 아팠을 것이다. 그러나 지난 시간 가장 가까운 사람들 때문에 고생 고생한 희경이를 두고 그럴 수는 없다. 그래도 조금은 부럽다.

이제부터 희경이는 행복하기만 하면 된다. 고생 끝 행복 시작이다.

사랑의 힘

고통의 농도도 시간이 지나면 옅어진다. 나도 지옥 같은 시간을 견뎠고, 이제는 어느 정도 마음의 평형을 찾은 것 같다. 그렇다 해도 얼마나 치유가 된 건지, 다 치유가 된 건지 함부로 답할 순 없다. 다만 주위 모든 상황이 안정되어 갔다.

죄는 미워하되 사람은 미워하지 말라 했다. 아이의 아빠라는 변할 수 없는 사실, 그리고, 한때지만 깊은 연을 맺은 사람이며, 남의 집 귀한 아들인 사람이기에 그의 안녕을 기도했다. 마음 한구석에서는 죽이고 싶도록 미웠지만, 아이를 생각해 잘되라고, 잘 되게 해달라고 기도했다. 도 닦는 심정이었다. 가슴으로는 욕하고, 입으론 축복을 빌었다. 착한 척하며 세상을 살기는 너무 어렵고 힘들었다. 만약 신이 하늘에서 나를 쳐다본다면 허허허 웃을 것 같았다. 울었다 웃었다 하는 한 가련한 여인을 보며. 어느 한 곳에 털이 나서 원숭이처럼 됐을지도 모를 정도인 그런 여인을 보며.

기도는 통했다. 내 기도보다는 내가 남을 위해 하는 기도가 잘 통하나 보다. 아이 아빠에게 조금씩 기회가 주어졌다. 나 몰라라 방치하던 그들이 조금씩 아이를 챙기기 시작했다.

아이는 한동안 자기 아빠를 안 보려 했다. 친정 식구가 전체가 나서서 아이를 설득하기 시작했다. 그러면 안 된다고. 아무리 부모가 못나고 잘못해도 자식은 부모를 판단하고, 평가하면 안 된다고. 부부가 잘못될 때는 반드시 반반의 책임이 있으니 네 어미도 잘못한 게 있는 거라고. 네 아빠를 이해하고 받아드리라고 설득했다.

나는 아이에게 "우린 너에게 엄마, 아빠지만 부부고, 이성지간이란다. 남녀로 맞지 않아 헤어진 거뿐이야. 아빠가 널 얼마나 사랑했는데" 하며 아이를 아꼈던 과거를 쭉 읊어주었다.

그로부터 1년쯤 뒤부터 지금까지 아이는 아빠와 교류하며 좋은 부녀 관계를 유지하고 있다. 방학이면 아빠와 캠핑을 간다. 이제 아이가 대학생이 돼 방학에도 바빠져 시간을 내기 힘들겠지만 그럴수록 그는 틈틈이 아이의 필요를 챙겨준다. 많이 미안해서 더 잘하려는 것 같다. 그동안 못다 한 것 이제라도 아이에게 그 빚을 갚아주면 좋으련만.

아이는 아이 나름대로 상처가 깊었지만 너무 바르게 잘 자랐다. 그저 고맙고 감사할 뿐인 아이다. 아이의 부모가 우리인 게 부끄럽고 미안할 만큼 아이는 나에게 감동을 주며, 나를 지켜주었다.

이제 전남편과는 완전한 남남이다. 아이 아빠, 엄마는 서로의 역할일 뿐이다. 자신 앞으로 재산 한 푼 없던 그에게 나는 재산분할은커녕 위자료도 받지 못하고 헤어졌다. 그의 명의로 된 재산이 없어서다. 나는 만남부터 헤어짐까지 이십여 년의 삶을 재산 한 푼 없는 이혼녀로 남았다. 요즘은 이혼녀의 위자료를 보고 달려드는 제비도 있다는데 그 위험은 걱정할 필요가 없다 싶어 헛웃음을 짓기도 했다. 나는 그래도 당당하다. 나 스스로 벌어 어디 신세 지지 않고 잘살고 있는데 뭐가 부끄러운가?

내가 어쩌다 늦게 들어오는 날이면 아빠는 걱정을 하셨다. 남자는 다 도둑놈인데 나쁜 남자 만나 잘못될까 봐 걱정을 하셨다. 그 말을 엄마에게 전해들은 나는 크게 박장대소를 했다.

"엄마. 알다시피 나는 재산도 없고 월급도 나 쓰기도 바쁜데, 뜯길 돈이 어디 있고, 더군다나 내가 나이가 몇 개야? 누가 나를 여자로 대해주면 그건 오히려 내가 감사해야 해."

가만히 듣고 있던 엄마도 알아듣겠다는 듯 크게 웃었다.

"앞으론 너 들어오지 않으면 감사해야겠구나."

결혼 전에 엄마랑 티격태격 많이도 싸웠는데 같이 살다 보니 요즘은 엄마랑 점점 친구가 돼가는 것 같다. 엄마도 나이가 드시나 보다. 잘 삐치고 아이 같은 모습을 보일 때가 있다. 나도 나이를 먹어서인지 이제는 건방지게 엄마한테 훈계도 한다. 하지만 우리 사이가 더 끈끈하고 깊어지는 것 같아 좋기도 하다. 잃은 게 있으면 얻는 게 있다고 시집가서 쭉 살았으면 나 살기 바빠 우리만의 이야기는 없었을 것이다. 엄마가, 아빠가 하늘나라 가는 순간이 언젠간 올 것이다. 그때 가장 가까이 곁에 있을 수 있어 너무 다행이고 감사하다.

전남편과는 표면적으로 '쿨' 하게 지낸다. 우리 딴에는 미국물 좀 먹고 온 터라 서로 '아메리칸 스타일'로 대하려고 애쓴다. 아이의 대소사에는 함께 참여하고 아이에게 관련된 연락은 주고받는다. 근데 딱 거기까지만이다. 그 이상 그 어떤 교류나 관심도 없다. 부부는 1촌보다 가까운 0촌이지만, 이혼은 두 남녀를 아무것도 남지 않은 0으로 만든다.

간혹 전부인 전남편 때문에 힘들어하는 재혼가정을 보기도 한다. 한쪽에서 상대를 못 잊어 하여 그 마음을 상대에게 강요하는 경우다. 새로운 상대가 없다면 모를까 새로운 상대가 있다면 과거로 돌아가는 일은 거의 불가능하다. 새로운 상대가 없더라도 불가능하기는 마찬가지일 것이다. 이혼은 정말 함께 살 수 없었기에 한 것이기 때문이다. 수백 번 고민한 끝에 얻은 결론이기 때문이다. 슬픔과 아픔을 입술을 깨물면서 감당하기로 하고 한 이혼이기 때문이다. 그냥 못 살 거 같은 이유로 이혼한다면 아마 전국 부부의 절반은 이혼했을 것이다.

법정에서도 어느 한쪽이 이혼을 거부하면 이혼 성립이 안 된다. 정말 남편과 아내 모두 못 살 이유가 충분해서 이혼하는 것이다. 어쩌다 전 부부가 다시 재결합하는 걸 보는데, 이혼했던 이유가 그렇게 쉽게 사라지지 않기에 그들은 결국 또 헤어질 수밖에 없다.

막상 이혼하고 나니 생각이 많아졌다. 주위 사람들에게 하고 싶은 말도 생겼다. 세상에는 힘든 건 참아가며 평탄하게 살려고 하는 사람들이 훨씬 더 많지 않은가?

이혼이 자랑스러울 순 없다. 자신이 아니라고 해서 이혼자를 색안경 끼고 보는 것도 어리석다. 자신이 아니라도 가족, 친구 중에 이혼자는 생긴다. 자신의 얼굴에 침을 뱉는 일도 생길 수 있다. 이혼했거나, 당했다 해서 너무 좌절할 것도 없다. 잃은 게 있으면 얻은 게 있다. 내 경우엔 자유와 가족과 친구들의 사랑을 얻었다. 일부러 원해서 얻은 건 아니었지만 지금은 너무나 감사하고 있다.

이혼은 절대 권장사항이 될 수 없다. '이혼해서 행복해요' 이런 거 없다. 이혼하고 지금 이 자리에 오기까지 얼마나 힘들었는지 모른다. 나는 결혼 전 직장생활을 했던 사람이고, 결혼

내내 소소하지만 끊임없이 배우고 공부한 사람이다. 그런데도 쓴맛을 많이 봤다. 나는 보통 여자여서 보통밖에 해낼 수가 없었다. 보통 아줌마가 사회에서 대우받는 일은 하늘의 별 따기였다.

하물며 아무 준비 없이 이혼을 맞는 여자는 막막할 수밖에 없고, 세상을 헤쳐나가는 고통은 이루 말할 수 없을 것이다. 내가 했다는 공부도 사실 아무 도움도 안 되었다. 아무런 준비 없이 벌거벗긴 채 내동댕이쳐진 나는 감히 어디로 향해야 할지 갈피도 잡을 수 없었다.

이기적인 자신의 행복만을 위해 이혼을 감행한 그들은 행복할까? 그렇게 원하던 이혼. 그래서 원하는 목적, 이윤을 달성했을까? 쉽진 않았을 것이다. 타인의 고통이 자신의 행복의 기초라면 그건 무너지게 돼 있다. 무너지는 게 맞다.

사람들이 이혼을 쉽게 보거나 우습게 알지 않았으면 좋겠다. 남자들은 이혼하면 처녀장가나 띠동갑을 만날 거라 착각하지만, 단언컨대 남자가 대단한 매력을 갖고 있지 않은 이상 한참 연상의 남자를 따르는 어린 여자를 만나는 건 상식적으로 이해할 수 없는 일이다.

여자들 또한 마찬가지다. 백마 탄 왕자나 총각이 우리를 기다려줄 줄 알지만 그건 착각이다. 여성잡지 가십 면을 보면 한참 연상이거나 '돌싱'인 여자와 결혼한 유명한 남자들이 나오기도 한다. 이들과 결혼한 부인들의 면면을 보면 그 남자들보다 더 나은 지위나 재산을 갖고 있었다. 현실이 그렇다.

이혼을 원한 적도 없고, 준비도 안 됐지만 했다. 내 경우는 좀 억울했다. 아니 많이 억울했다. 문제는 남편이 일으켰지만 결론적으로는 내가 이혼당한 것이다. 합의이혼이긴 했지만 말이다. 그리고 그저 현실을 인정하고 책임감을 발휘해 열심히 산 것이지만 지금도 누가 이혼한다고 하면 말린다. 이혼이 더 행복하다 떠벌리는 사람들도 있지만 가지 말아야 하는 길이다. 지금 이혼을 후회하는 건 아니다. 억울한 면이 있지만 그건 운명이고 팔자였다 생각한다.

그나마 다행히 실패한 이혼이라고 생각하지 않는 건 또 다른 나, 새로운 나를 찾게 되어서다. 혼란을 겪었지만 '나쁜 나'도 '좋은 나'도 알게 된 건 큰 수확이었다.

내가 결코 잘살기만 한 게 아니었단 걸 알게 된 이후부터 전 남편 대하기가 훨씬 덜 껄끄럽고 편해지기 시작했다. 어차피 내가 선택했고, 연을 맺었던 사람이다. 그리고 아이 아빠란 이름으로 평생을 모르쇠 할 수 있는 사람도 아니다. 나 자신을 위해 미움도, 아픔도, 상처도 탓하지 말고 버리기로 했다. 남에게 악감정을 품고 산다는 것처럼 견디기 힘든 일은 없는 것 같다.

부모의 기운은 아이에게 전해진다. 엄마 아빠 사이가 편해지는 걸 느낀 아이의 언행이 훨씬 밝고 자연스러워졌다. 학교생활도 잘하고 친구 관계에도 자신감이 넘쳤다. 아무 거슬림 없이 온전하게 나를 버리자 세상사가 편해지고 여유가 생겼다. 이러면서도 한 번도 제대로 풀지 못한 분노와 한으로 이뤄진 한스러움이 한 번씩 나를 오갔지만, 시간은 스스로 알아서 흐르고 세월도 흘러갔다.

이렇게 세월을 보내다 보니 좋은 사람들이 생기고 좋은 일들이 생겼다. 곧 혜은 언니의 결혼식이 있다. 태어나 처음으로 면사포를 쓸 언니의 모습이 너무 궁금하고 기대된다.

언니의 음식점은 동네 장사라 늦게 끝났다. 건설업체 이사인 능력 있는 형부의 요즘 주 업무는 언니 가게 서빙이나 주방보조다. 자영업이라는 게 1년 내내 하루 종일 그곳에 메여있다고 봐도 좋을 만큼 시간이 없다. 언니는 겨우 일요일만 예배와 데이트를 위해 휴가를 내는 정도였다. 집에서 살림만 해도 되는 환경이지만 일하고 싶은 언니의 요구를 형부는 직접 몸으로 거들어 주고 있었다.

이런 게 사랑이라는 생각이다. 사랑은 결코 대단하지 않다. 사랑은 그냥 그 이름대로 사랑일 뿐이다.

사랑할 때 작은 거라도 할 수 있는 것까지 최선을 다해 해주는 일인 것 같다. 어쩌면 최선을 다해야 한다는 말도 자신 없다. 사람마다 자신의 베스트가 다르기 때문이다. 게으르고 잠 많은 그에게 잠을 쪼개 사랑하라 하면 그건 무리다, 밥을 굶어 가면서까지 뱃살을 빼고 있는 그녀에게 뱃살을 더 빼라 하면 그건 상처다. 그저 하고 싶은 대로 원하는 만큼 자기대로 자기답게 사랑하게 하면 되고 사랑받으면 된다. 사랑받는 사람이 할 일은 사랑받음에 감사하고 칭찬해 주는 일이다.

남녀 간의 사랑에 영원한 사랑이 있다고 믿는 건 산타클로스 할아버지가 실제로 있다고 믿는 것과 똑같다. 사랑은 분명 한계가 있고 기한이 있다. 사랑은 사랑을 하는 그 순간을 천국처럼 생각하고 있는 그대로 누리면 된다. 재고 따지고 '밀당'하고 잔머리 굴리며 사랑할 필요가 있을까?

사랑은 인생을 살며 자주 오는 기회가 아니다. 그 소중한 순간이 내게 왔을 때 겸손하게 받아들이고 가장 행복하게 누려야 한다. 그게 잠시든 오랫동안이든 사랑하는 그 순간 치유되지 않는 상처는 없다.

곁에 누군가가 있다. 그가, 그녀가 나를 사랑해준다. 감사하자. 축복이다. 사랑할 수 있는 그, 그녀를 가진 당신은 복 받은 사람이다. 더욱이 사랑하는 누군가와 함께 산다면 그건 인생을 가로지르는 작품이다. 사랑이 만든 작품이 바로 결혼이다.

작품은 오랫동안 간직하고 아낄수록 그 가치가 높아진다. 잘

그렸건 못 그렸건 내가 그린 그림이고, 내가 산 그림이다. 내가 내 그림을 귀하게 여기지 않는다면, 스스로를 낭비하고 하찮은 존재로 만드는 격이다.

살다 보면 그림을 걸어 놓은 위치가 마음에 안 들어 위치를 바꾸고 싶을지도 모른다. 자꾸 보다 보면 지겨워져 뒤집어 놓고 싶기도 하다. 세월이 흐르다 보면 그림이 낡고 먼지가 쌓이기도 한다. 그런데 생각해보면, 명작이라 여기는 그림들은 세월의 흔적이 고스란히 묻어있다. 세월이 흘러 희미해졌지만 색채가 깊어진 작품이 되어서다.

나는 안타깝게도 결혼이라는 그림을 잃어버렸다. 아직 곁에 그림이 남아있는 사람들은 그 작품을 잘 가꿔 명화로 남겼으면 한다.

결혼은 하늘이 준 선물이고 축복이다. 잃어보면 안다. 그것이 얼마나 아름답고 소중한 기회였던 건지.

친구들을 위한 부부지침서

사랑을 잃고 사람을 잃은 이후에 잘못된 것들을 알게 됐다. 사랑을 몰랐다고 해서 면죄부를 받을 순 없다. 상대의 잘못을 탓하기 전에 내 잘못도 되새겨봐야 했다.

상대의 마음을 헤아리고 깊이 있게 관찰했는지? 나를 위한 이해나 용서가 아니라 상대의 입장이 되는 일을 먼저 했는지? 사랑을 알게 되고 사람에게 관심을 가지며 알게 됐다. 사랑이, 사람이 얼마나 소중한 존재인지. 내 곁에 있는 사랑이, 사람이 당연히 존재하는 것이 아니란 것을. 마음가짐에 의해 다른 결론을 얻을 수도 있었다는 사실을 알게 됐다.

수없이 말을 해도 사랑은 중요하다. 사랑은 사람에게 없어서 안 되는 화두고, 주제고, 숙제다. 더 중요한 것은 사람이었다. 사랑이 중요하지만 사랑은 사람을 위해 존재한다고 생각한다.

사랑은 사람을 행복하고 즐겁게 만든다. 그럼에도 사랑은 사람이 살아가는 이유 중 하나일 뿐이다.

사랑은 중요하지만 지극히 개인적이고 주관적인 감정이다. 사랑의 온도는 매우 높다. 그 기간은 분명히 끝이 있었고, 끝까지 다 타고나면 재로 남았다. 사랑에 모든 걸 걸 수도, 걸어서도 안 되는 이유다. 사랑은 아무나 구원해 주지 않는다.

인생은 우리에게 그리 긴 시간을 허락하지 않는다. 인생 수십 년도 종이 서너 장짜리 스토리밖에 안되는 게 인생사다. 인생의 초점은 사람이다. 사랑이든, 우정이든, 연민이든, 애증이든 바로 그 대상자가 사람이다. 사람이 가장 귀하고 그중에 제일은 사람인 게 맞다. 결국 가장 소중한 것은 사람이고, 먼저 알아야 할 사람은 나 자신이었다. 내가 어떤 사람인지 잘 아는 것은 정말 중요한 일이었다.

그, 그녀의 존재 자체에, 그들이 함께하는 자체에 나는, 우리는 감사해야 한다. 그들과 하는 사랑이 서툴고, 부족하고, 성에 안 찰 때가 있다. 그럴 때 자신을 제대로 보고 알았다면 나도, 우리도 혼란을 덜 겪었을 것 같다. 끊임없이 억울하다고 하소연했지만 결과가 그랬다면 이유가 있는 것이다.

끊임없이 반성의 시간을 가진 적이 있다. 내가 알게 된 내 불행의 원인은 지나치게 이성적이며 목표지향적인 사람이었다는 것, 한마디로 차가운 여자였던 것이다.

'결혼의 이유는 이혼의 사유'라는 말이 있다. 남편은 시골 출신의 최고 명문대 촌놈이었다. 나는 긴 생머리의 세련된 도시 출신의 미대 여학생이었다. 나는 그의 촌스러움이 좋았고, 그는 나의 도회적인 모습을 좋아했다.

겉으로 보이는 바로는 큰 문제가 없어 보이지만 살아봐야 안다는 말처럼, 결혼생활은 순탄하지 않았다. 가정 분위기의 차이, 문화적 감수성의 차이, 취향의 차이는 오랜 시간이 지나도 융화되기가 어려웠다. 그런데도 완벽함이란 가공의 목표에 집착해 가정 내에서 내가 할 도리, 여자의 역할, 엄마의 위치를 열심히 유지하며 살았다. 내 가치관이나 목표에 의한 삶이었다. 그렇다고 그것에 만족을 한 것도 아니었다. 그만큼의 답과 보답을 얻고자 했다. 더 나빴던 건 상대를 통해 대리만족을 얻고자 했던 일이었다.

내 과오는 좋은 머리를 갖고도 공부하기 싫어했던 남편을 교수로 만들려고 한 일이었다. 아이는 교수의 자녀이고 나는 교수 부인이 되고 싶었다. 아빠의 직업은 아이의 미래에 지대한 영향을 미치고, 나 자신이 교수가 되고 싶었지만 정작 나는 공부할 자신이 없었다. 나만의 욕심만은 아니었다. 시댁도 마찬가지였다. 집안의 명예를 세우기 위해서라도 그는 교수가 되어야 했다. 의도가 안 좋으면 결과도 좋을 수 없다.

같은 해 입학한 최고 명문대 대학원 입학 1등 후배는 공부를 귀하게 여겨 귀한 사람이 됐고, 2등으로 입학한 남편은 공부를 우습게 알아 우스운 사람이 됐다.

교수가 된 후배는 얼마 전 책을 내고 행복을 전파하는 최고의 지성이 되어 있었다. 성당에서 하는 그 후배의 결혼식에 갔었고 학위 받는 과정을 지켜봤다. 텔레비전에 비치는 후배의 모습은 이십 년 전 모습 그대로였다. 남편은 미국 박사학위 수료로 학위 경력은 단절되었다. 그와 함께 교수 부인이 되고자 했던 나의 바람도 물거품이 되었다.

돌이켜 생각해보면 후회되는 일이 많다. 미국에서 밥만 하느라 영어를 배울 기회도 놓치고, 아르바이트조차 할 수 없어서 자립할 준비도 못 했다. 그저 시댁에서 보내오는 생활비에 길들어 그 굴레에서 벗어날 줄 몰랐다. 그 생활비가 나를 노예로 묶어두는 걸 모르고 그 속에 안주했다. 그때 깨달아야 했다. 나 스스로 벌지 않으면 돈을 쥔 사람에게 굴욕을 당할 수밖에 없다는 사실을. 부모도 자식도 결혼하면 서로 독립해야 한다. 어쩌면 가족 구성원 한 명 한 명이 독립된 존재로 함께 살아야 하는지도 모른다.

내가 배우자를 위해 살고, 배우자도 나를 위해 살아야 한다는 태도는 각자가 가져야할 마음가짐이다. 그걸 당연한 거라 여기면 남의 인생에 합승해 편히 가겠다는 이기심일 뿐이다. 결혼은 무엇을 얻기 위해 하는 것이 아니고, 오히려 나눠주는 것이다. 나눠 줄 무언가가 있을 때 결혼을 해야 하는 것이다.

나는 내 노력, 내 희생의 대가를 바란 게 아닌가 하고 반성한다. 차라리 우리의 결혼이 나의 성장을 위해 노력하는 시간이었다면, 더 의미 있고 행복했을 거라는 후회와 함께 말이다.

결혼은 새로운 사람으로 거듭나는 과정이다. 자신만의 삶을 살던 두 사람이 만나 사랑하는 상대방의 서로가 되어보기도 하고 너와 내가 하나가 되어보기도 하는 과정을 함께 겪는 것이다. 아이를 키우며 함께 어른이 되어 가는 과정이다. 그 과정에서 희로애락을 겪으며 성숙해지는 것이다. 그 과정은 부부가 함께 마음을 모아야 한다. 그 마음의 중심에는 사랑보다 오히려 신뢰와 믿음이 자리 잡고 있다.

상대의 태도와 상관없이 믿음은 우선 나의 몫이다. 내가 먼저 우리 가족을 믿고 귀하게 대해야 한다. 그러고 나서 서로 신뢰에 대한 마음을 확인해야 한다.

이런 신뢰를 깨는 것은 사소한 거짓말에서 시작된다. 나의 신뢰를 지키는 것은 아주 작은 거짓말도 스스로 용납하지 않는 것이다. 거짓말은 한 번 하면, 계속 자라나고 걷잡을 수 없을 정도로 커진다. 그러면 사소하고 작은 것에서 시작된 신뢰의 틈은 파죽지세로 벌어진다. 사소한 거짓말들이 쌓이나 보면 자신을 바라보는 상대의 시선은 왜곡되거나 변형될 수밖에 없다. 한 번 신뢰를 잃기 시작하면 아무리 아니라고 해도 의심의 벽은 더 높이 쌓이게 된다.

가끔 초등학교 동창회 모임에 가보면 중간에 남자 녀석들이 전화를 받느라 부산을 떤다. 전화의 주인공은 그들의 부인이다.

심한 경우엔 한 시간에 한 번 전화를 하는 부인도 있다. 그렇게 전화를 하면 안심이 되는 걸까? 그런다고 딴 마음을 먹은 남자들이 할 짓을 못할까? 마음먹고 도둑질 하려는 사람을 잡을 수 없다. 동창회 간다고 말하고 온 남편들은 오히려 믿을 수 있다. 동창회 가서 누군가와 눈이 맞아 불륜의 관계로 진척될 사람이면, 진작 다른 곳에서 바람이 났을 가능성이 크다.

그런 짓이 부질없는 일이라는 걸 느낀 나는 주변 지인들에게 말한다. 전화할 시간에 스스로를 위한 시간을 만들라고. 아이한테 더 신경 쓰고, 독서를 하고, 무엇인가를 배우라고. 차라리 전화할 시간에 남편을 위해 맛있는 술국을 끓이라고. 남편들을 집으로 돌아오게 하는 방법은 집을 편안한 공간으로 만들어 최고의 휴식을 제공하는 것이라고 말이다.

글쓰기 선생님이 계셨다. 조건도 좋고 인기도 많은 사람이었다. 글쓰기 반 동문회를 하다 보면 모임이 많았다. 여러 번을 지켜봤지만 그의 부인에게 전화가 오는 일은 없었다. 우리는 선생님에게 집에서 따돌림당한다며 놀려 댔다. 오히려 선생님은 부인과 사이가 좋았고 십수 년을 산 지금도 아내를 보면 가슴이 떨린다고 했다.

전화하지 않는 부인에 대한 감사와 오히려 어느 순간엔 '나에 대한 관심이 없나? 도대체 집에서 뭘 하기에 나한테 관심을 안 두는 거지?' 하며 아내의 상황이 궁금해졌다고 했다.

선생님의 아내는 그 시간에 플로리스트로서 작품을 만들거나, 책을 보며 공부를 했다. 자기 일을 사랑하고 남편의 사생활을 존중해 주는 세상에서 가장 아름다운 아내였던 것이다. 선생님에게 이런 아내를 능가 할 여자는 세상에 단 한명도 없었다.

상대를 붙잡아두려고 애쓸 필요는 없다. 인위적으로 그를, 그녀를 자기의 영역에 잡아두려는 일은 어리석은 일이다. 내가 상대보다 더 멋지고, 배울 게 있고, 감동받는 존재가 되는 게 먼저 할 일이다.

세상에 멋있는 남자가 많다. 예쁘고 매력적인 여자도 지천으로 널렸다. 하지만 내가 선택한 건 그고, 그녀다. 더 멋지고 더 예쁜 그들을 쳐다볼 시간에 나 자신을 먼저 바라봐야 한다. 내가 멋지고 예쁜 그들인지. 그들이 아니라면 나는 노력해야 한다. 밖에 있는 허상들이 아니라 내 곁에서 나를 바라보고 가정을 지키는 배우자에게 더 멋진, 더 예쁜 그들이 되는 일이 내가 해야 할 일이다. 나이가 들었나고 배 나온 아서씨가 되고, 남은 밥을 먹는다는 책임감에 낭낭한 아줌마가 되는 일을 허락해선 안 된다. 단지 상대를 위해서 나를 가꾸는 일만이 아니다. 세상에서 제일 소중한 나를 망치거나 흐트러뜨리는 일은 안타까운 일 아닌가? 집에 안 들어오는 남편을 뜬 눈으로 지새우며 분노와 오해를 키우는 일은 어리석다. 아내의 헌신은 아랑곳하지 않고 잠깐의 본능과 탐욕으로 이기심을 충족하는 일은 한심하고 불쌍한 일이다.

결혼은 신중하고 책임감이란 무기로 무장을 해야 한다. 배우자를 위해 기꺼이 자유를 버리는 결단이 필요하다. 결혼은 서로의 인생항로를 한곳을 향해 가겠다는 약속이며 사랑의 결실을 지키고 고통조차 견뎌내는 울타리다.

즐거움만 맛보려면 연애만 하고, 편의를 구하려면 파출부를 구하면 된다. 상대의 부나 능력에 의지해서 편한 노후를 보장받고 싶다면 지덕체를 갖춘 여인부터 되어야 한다. 어쩌다 좋은 남편 덕에 잘 먹고 잘사는 여자들은 하늘에 감사하는 마음으로 살아야 한다.

한사람의 인생에 함부로 뛰어들어 타인의 인생을 망칠 자격은 그 누구에게도 없다. 내 인생을 망치는 사람이라도 내가 한 선택이었다면 책임은 내 몫이다. 결과에 대해 반성해야 하고 후회할 줄 알아야 한다. 인생은 내 것이었고 내 실패로부터 나는 자유로울 수 없다. 남은 인생. 더 이상 실패하지 않으며 살아야 한다고 생각한다. 아직도 힘겹지만 지금 그 길을 가고 있다. 두 번 다시 후회하지 않게 간절히 기도하며. 지금, 곁에 있는 그, 그녀에게 감사하며 살아야 한다. 그래야 나 같이 스크래치 난 인생을 사는 여자들이 없을 것이다.

그리고 참는 게 우선이지만 참다 참다 안 될 때는 새롭게 살아도 된다. 노력해도 참아 봐도 어쩔 수 없는 운명이 나를 찾아왔다면 기쁜 마음으로 화답해주자. '아임 오케이'라고.

홀로 된 이를 위한 인생지침서

'사람은 죽어서 이름을 남기고, 호랑이는 죽어서 가죽을 남긴다.' 는 아주 유명한 속담이 있다. 그런데 죽어서 이름을 남기는 사람은 아주 드물고, 호랑이는 가죽은 고사하고 '어홍' 소리도 듣지 못했다.

모든 사람이 이름을 남길 필요도, 모든 호랑이가 가죽을 남길 필요도 없다. 아니 그렇지 못한 게 인생살이다. 주어진 현실에서 자신을 이겨가며 한 땀 한 땀 살아내는 게 인생이다.

과거에 얽매여 허우적대며 살기에는 우리 인생은 너무 가파르다. 현재의 발판조차 제대로 찾기 어려운 판에 과거로 인해 나를 부정하거나 힘들게 하며 사는 일은 어리석다. 과거를 돌이켜 본다면 지난날을 회상하는 추억거리로 만족하자. 오히려 지금 내 곁에 있는 소중한 것들에 감사하자. 내 곁을 지키는 소중한 것들, 소중한 사람들. 그들 때문에 나는 과거를 지울 수 있었고, 현실에 발을 제대로 내릴 수 있었다.

과거에 힘들어하는 사람이 있는가 하면, 과거의 영광에 발목 잡힌 사람도 있다. 이른 바 '왕년에' 병에 걸린 사람들. 아무리 과거가 화려했다 한들 현재를 똑바로 걷지 못하는 사람이라면 무슨 매력이 있을까? 과거에 연연하는 사람들을 곁에 두고 싶지 않다. 우리에게 남아 있는 건 오늘과 내일이다. 아픈 기억이든 영광의 추억이든 그걸 먹고 아파하거나 배불러 하지 말자.

천주교인인 친정 부모님은 '내 탓이오'란 말을 자주 했다. 생각해 보면 세상일은 다 내 탓인지도 모르겠다. 운명이라는 것이 내 삶의 어느 순간을 좌우했겠지만 그것을 바꾸는 일은 내 몫이었다. 내게 주어진 운명은 이제 오늘이고 내일이다. 마침내 나는 과거를 보냈다고 조심스럽게 말할 수 있게 되었다.

과거 덕분에 나를 알게 됐고, 나를 찾게 됐다. 몰랐다고 해도 그런대로 살았을 것이다. 누군가 다시 어떤 것을 선택 하겠느냐고 묻는다면 지금의 나를 선택할 수밖에 없다. 더 행복해서가 아니다. 사람으로 태어나 자신의 모습을 똑바로 바라보고, 성찰하게 된 내가 좋아서다. 그리고 타인의 아픔을 이해하고, 타인의 아픔을 보듬을 수 있는 마음의 크기를 얻어서다.

내가 좋아하는 문장이 있다. '빨리 가려면 혼자서 가고, 멀리

가려면 함께 가라'는 말이다. 인생은 골인 지점을 향해 빨리 달리는 달리기가 아니다. 세 살 때 영어를 하고, 초등학교 때 고등학교 수학을 하고, 스무 살에 박사학위 받고 이십 대 중반에 교수가 되고. 그다음에는?

외롭게 공부해서 교수가 되고 나면 나머지 삶은 과연 어떨까? 물론 인류에 훌륭한 업적을 남기기도 하고 교수가 된 후에 좋은 친구들을 만날 수 있지만 ,그렇게 혼자서 급히 갈 필요가 있을까 하는 생각이다. 지금에서야 뼈아프게 다가오는 말이다.

사람들과 천천히 함께 가라! 같이 가는 사람이 꼭 이성일 필요도, 친구일 필요도 없다. 나와 소통이 되고 뜻이 맞는다면 족하다. 아파하는 나를 위로한 것도 타인이었고, 일으켜 준 것도 타인이었다. 인생은 어차피 혼자일 수밖에 없겠지만, 혼자인 채 살지는 말아야 한다.

서로 힘을 주고 꿈을 주며 따뜻하게 살아가는 일. 누군가의 도움이나 혜택을 구하기보단 내가 먼저 손을 내밀고 힘이 되어 주는 일. 이런 사람이 있었으면 하고 바라는 것보다 내가 그런 사람이 되어 주는 일이 우리가 살며 해야 할 일이었다.

나는 지금 많이 행복해졌다. 내 일 해서 먹고 살고, 하고 싶은 일들을 해 나가는 지금이 얼마나 감사한지 모른다. 아이에게 덜 부끄럽고 부모님에게도 덜 죄송하다. 매일 감사하고 행복하기만 한 건 아니다. 열심히 씩씩하게 지내다가도 한 번씩 외로워지는 날이 있다. 누군가가 곁을 채워주기 바라고, 나만의 사람이 있어 색다른 기쁨들을 맛보고 싶기도 하다.

그런 기분이 들면 차를 몰고 드라이브를 즐긴다. 볼륨을 크게 틀고 음악을 들으며 신나게 운전을 한다. 차 안엔 다양한 음악 CD나 USB가 있다. 그때그때 기분에 따라 음악을 듣는다. 그 순간 나는 멋진 디제이가 된다. 인생 뭐 별거 있나? 아픈 이 시간을 즐기면 그 시간은 또 흐르고 흐른다. 끝없는 고난도 끝없는 고통도 세상엔 없었다. 내 경험이 그랬고 주위 사람들의 모습이 그걸 증명해 주었다. 항상 긍정적이고 희망을 붙들고 꿈을 꾸는 일이 나를 살아가게 했고 나를 지킨 힘이었다.

살면서 또 다른 어려움이 온다 해도 걱정하지 않는 이유는 내가 강해졌기 때문이다. 무엇보다 세상에서 가장 소중한 자신을 친구이자 애인으로 삼았기 때문이다. 나는 나 자신한테 절대 변하지 않는 지원군이고 동반자다. 내 마음먹기 따라 외롭지 않고 얼마든지 인생을 행복하게 살 수 있기 때문이다. 내가 하는 말과 행동에 따라 좋은 친구, 지인을 얻을 수 있고, 내가 하는 분별과 판단에 따라 더 나아지고 발전할 수 있다.

잃은 것 때문에 많이 아팠지만 내 최고의 소득은 나에게 주어진 자유였다. 두 가지를 다 경험해 보면 작은 것 하나의 소중함을 알게 되고 더 나은 것이 무엇인지 알게 된다. 나는 짝을 잃었지만 '자유'라는 새로운 짝을 찾게 됐다. 온전히 나만의 인생을 즐기고 나만 사랑해도 되는 자유, 변하지도 않고, 아프지도 않고, 애쓰고 노력하며 누군가를 위해 치열하게 살지 않아도 되는 자유. 멋진 짝을 드디어 만난 것이다. 이제 혼자서도 잘산다. 혼자 밥 먹고, 쇼핑하고, 영화 보고, 여행 가고, 독서하며, 글 쓰고, 내 건강한 미래를 위하여 좋은 음식을 먹는다.

내가 사랑하는 나를 위해 노력해야 하는 것들도 있다. 건강한 몸이다.

아침에 출근하면 먹는 음료들이 있다. 다양한 생즙이다. 간과 폐를 위해 채소 녹즙을 먹고, 위와 장을 위해 마, 요구르트를 먹고, 여성성을 지키기 위해 석류 과즙을 먹는다. 가끔, 홍삼과 칡즙도 먹어 준다. 견과류는 과자 대용이고, 1.5리터의 물은 항상 곁에 두고 있고, 녹차를 마시고 카제인이 없는 커피믹스를 마신다. 나이가 나이다 보니 종합 비타민과 오메가3를 먹는다. 물론, 운동은 기본이다.

평생 다이어트의 의무와 권리가 있는 나는 점심이 중요하다. 저녁엔 소식해야 해서 과일로 때우기에 점심밥이 무엇보다 중요하다. 다행히 회사에서 제공되는 점심이 훌륭한 편이라 식단을 지키는 데 문제는 없다. 밥 먹을 때 반찬을 위주로 먹고 탄

수화물 덩어리인 밥과 밀가루는 적게 먹는다. 사소한 것들이지만 지킨다. 혼자 살기에 내 몸은 내가 알아서 챙겨야 한다.

다음은 일이다. 이 나이에 사회에서 나만의 일할 몫이 있다는 건 축복이다. 감사하는 마음으로 내 업무에 대해선 주인의식을 갖고 임한다. 마치 나의 회사인 것처럼 말이다. 경력이 단절되어 있던 나 같은 사람이 어린 친구들과 같이 일하며 내세울 수 있는 차별성은 일에 대한 소명의식일 것이다. 더불어 시간을 쪼개 자기계발에도 투자를 아끼지 말아야 한다. 능력이 떨어지거나 무능함을 보여주게 된다면 그 자리는 비워줘야 한다. 취업을 못 하는 어린 친구들도 많은데 무능한 어른이 자리를 지키는 일은 바람직하지 않다. 그렇다고 내가 무슨 대단한 능력을 갖추고 있는 것은 아니다.

나는 학부모와 학생을 상대하는 교육기관에 근무한다. 나는 나이 든 직원이지만 어린 직원들은 따라 할 수 없는 노련함이라는 나만의 노하우를 갖고 있다. 이것조차 얼마 시간이 지나면 더 좋은 능력, 더 좋은 사람이 채울 것이라는 걸 나는 안다. 할 수 있는 그 날까지 제대로 일 할 뿐이다.

열심이란 말은 어리석은 말이다. 세상에 열심히 일하지 않는 사람은 별로 없다. 일은 제대로 해야 하는 게 맞다.

혼자 사는 사람의 불안감은 다 비슷할 것 같다. 혼자 먹고살아야 하는데 내 능력의 한계를 알기에 불안한 것이다. 인생 이모작을 준비하거나 보험이나 저축으로 그 막연한 불안함을 벗어나고자 한다. 나는 내 한 몸 먹여 살릴 일을 크게 걱정하지 않는다. 혹여 능력이 없어지면 밥집 아줌마나 보조를 해도 되고, 봉사단체에 들어가 남을 위한 봉사를 하며 먹고 살다 갈 수도 있다고 위로한다.

나는 그렇게 '막연한' 불안감을 '근거 없는' 긍정 마인드로 극복해 나간다. 지나친 긍정 마인드가 때로 불편한 상황을 만들기도 하지만, 아무것도 없는 내겐 나를 위로하는 유일한 수단이다. 그러려면 나를 잃지 않아야 하고, 스스로 다독이는 수밖에 없다. 그리고 일어나지 않은 일에 대해 걱정할 필요가 없다. 오늘 일조차 잘 모르는데 내일 일을 어떻게 보장할 수 있을까? 나는 내가 할 수 있는 일을 하루하루 충실하게 채워가는 길밖에 알지 못한다.

내가 하고 싶은 일을 할 수 없을 때까지, 되지 않을 때까지 해보는 일이다. 지성이면 감천이란 말을 믿고 의지한다. 내가 의지하고 힘을 얻는 것은 바로 자신이다. 서툴고, 혼란하고, 어리석어도 나는 나를 사랑한다. 내 소중함을 알고, 사람의 소중함도 안다. 지금 할 수 있는 최선은 감사한 마음을 갖는 일이라고 생각한다.

불안함을 해소하는 또 다른 방법으로, 자기계발과 공부에 힘을 쏟는 것이다. 이를 통해 실무 능력을 향상시키는 것은 물론, 자기최면이겠지만 자신감을 얻을 수도 있다. 나는 잠을 쪼개가며 수많은 밤을 나의 미래를 위해 투자했다.

결국 이러한 노력으로 지식을 쌓아 나갔고, 인맥을 만들어 갔으며, 결국 꿈을 낳았다.

세월이 빨리 흘러가기를 바랐던 과거의 나와 달리 요즘의 나는 내일을 기대하며 하루를 충분히 음미하며 보내고 있다. 그저 빨리 현실에서 벗어나고 싶었던 과거를 극복하고 나니 세상이 달라 보인다. 다 마음먹기 달렸다 싶다. 내 나이가 부끄럽지 않고 이렇게 멋지게 나이 드는 내 모습이 사랑스럽고 자랑스럽다. 하루라도 더 빨리 나를 알고 나를 찾았다면 좋았겠지만 더 늦지 않았음을 감사한다.

나 자신을 사랑하게 됐고, 그래서 소중한 이들을 만나게 됐고, 더불어 멋진 직장도 찾게 됐다. 내 안의 진짜 나를 만나니 행복은 저절로 찾아왔다. 그래서 하늘에 대고 했던 지루한 시비 걸기도 멈췄다.

내가 요즘 하는 일은 끊임없이 진화하기다. 죽을 때까지 배우다 가야 한다는 부모님의 가르침을 받들고 있다.

팔십이 다 된 엄마의 일주일 스케줄은 노래교실, 영어배우기, 컴퓨터 배우기, 에어로빅, 한자를 배우는 일이다. 꾀꼬리 같은 목소리를 갖고 있는 엄마의 꿈은 성악공부를 해보는 일이다. 할머니를 가르칠 선생님을 아직 구하지 못해 시작하진 못했지만 엄마는 꼭 그 꿈을 이룰 듯 보였다. 평생을 가꾸고 노력한 엄마는 심할 정도로 젊어 보인다. 팔십이 다 된 분이 육십 대라 해도 믿을 정도다. 그래서인지 엄마를 언니, 언니라며 부르며 어울리는 분들을 보면 오십, 육십 대 아줌마들이다. 성격이 깔끔한 엄마의 또 다른 희망은 죽을 때까지 냄새나지 않게 살면서, 자다가 자는 듯 생을 마감하는 것이다. 엄마는 그 희망을 위해 오랫동안 매일매일 기도를 한다.

철두철미 하기로 말할 필요가 없는 아빠. 사십 대에 고혈압으로 세 번이나 쓰러졌지만 피나는 노력과 자기관리로 팔순이 넘은 지금 쌩쌩하게 건강을 유지하며 아직도 사무실을 운영한다.

인생을 어떻게 사는 건지 솔선수범하는 분들을 곁에 두고 사는 나는 자극을 받을 수밖에 없다.

짝이 있고, 노후를 안락하게 살 여유가 있는 분들도 끊임없이 진화하며 산다. 짝 없고 노후도 준비 안 된 내가 어떻게 살아야 하는지는 두말할 필요가 없었다. 나는 요즘 잠을 쪼개고 시간을 쪼개며 산다. 늦은 시작에 마음이 조급해서이기도 하지만 무언가에 미쳐있기 때문이다. 사람이 무언가에 미치는 일은 신선하고 신나는 일이다.

인생지침서라고 제목으로 써놓고 글을 쓰다 보니 새롭게 마음을 가다듬게 된다. 인생지침을 운운하는 나는 앞으로 어떤 사람으로 살아가야 할까?

가능하다면 나만의 색깔을, 나만의 생각을 지닌 사람으로 살아가고 싶다. 나는 보통의, 평범하고 일반적인 여자 사람, 아줌마이기에 남과 다른 차별성이나 특별함을 갖고 있진 않다. 그럼에도 용기를 낸다. 열심히 나를 깎고 다듬어 하고 싶은 마음의 이야기를 풀어내고 싶다. 내가 특별하지 않기에 보통사람의 가슴에 가장 가까이 가서 이야기할 수 있다. 한 가지 바람이 더 있다면, 주위에 도움이 되는 사람으로 살다가는 것이다. 나는 그런 삶이 축복이라고 생각하고 그렇게 되길 희망한다.

이젠 혼자여도 외롭지 않다. 나는 자유인이다. 나를 깊이 믿고 신뢰한다. 특별한 세상이 아니라 나만의 세상을 살고 싶다. 그리고 지금 이 순간에도 진화할 것이다.

'유부남녀'를
사랑하는 이들에게

사랑엔 여러 가지 유형이 있다. 사랑에 관한 한 사람들마다 나름의 개똥철학을 갖고 있다.

사랑은 주관적 판단이기에 정답을 말할 순 없다. 그런데도 자신이 한 사랑이 가장 아름다웠다거나 아팠다거나, 매번 최고의 사랑이었다고 말하는 사람이 있다. 도대체 믿기지 않는 자신감은 어디서 나오나 싶어서 최고의 사랑을 했다는 그 사람에게 질문을 했다.

"상대편에게도 물어보셨어요? 상대편도 당신과 한 사랑이 최고의 사랑이었다고 하던가요? 최고의 사랑이란 서로가 똑같이 느낄 때 할 수 있는 말이죠?"

상대의 답을 모르는 그 사람은 대답을 우물거렸다.

어쩌면 나도 그런 개똥철학 하나 갖고 있는 사람이 되었다 싶다. 이제 나에게도 사랑이라는 이름은 각별한 의미를 지니게 되었다. 특별했던 사랑이라서가 아니라 제대로 경험했기 때문이다.

사랑은 세상의 모든 것이 아니라는 게 내가 내놓는 해답이다. 사랑은 중요한 것이지만, 특별한 건 아니다. 더군다나 죽을 만큼 대단한 것도 아니다. 사랑은 색깔이었고 무늬였다.

서로 어울리는 색깔이 있고 아귀가 잘 맞는 무늬가 있다. 순수한 하얀 사랑이 있고, 가슴 시린 푸른 사랑이 있고, 뜨거운 붉은 사랑이 있고, 아스라한 파스텔 사랑도 있다. 힘겨웠던 그레이 사랑, 암담했던 블랙 사랑도 있다. 블랙은 사랑이 아니라 할 수도 있지만 나에게는 사랑이니 첨가해야겠다.

사랑은 서로에게 물들어 가는 것이라고 생각한다. 서로가 갖고 있는 색깔은 그래서 중요하다. 나는 튀는 외모와 달리 사랑을 하면 화이트 도화지에 가깝다. 파스텔 칼라를 좋아하고 원색을 좋아하지 않기도 하지만 강함을 싫어했다. 혼자가 된 나는 마음먹기 따라 여러 색깔로 색칠했겠지만 누가 시킨 것도 아닌데 정말 내 도화지를 아꼈다.

나이트클럽을 다니며 사람을 쉽게 만나던 동생 하나는 썩어 흙이 될 몸뚱이 아껴서 뭐하느냐며 쉽게 말을 했다. 마음이 아팠다. 어떻게 세상을 살든 자기 마음대로다. 그 동생처럼 살 수도 있다. 그리고 생각보다 비밀은 오래가기도 해서 자신이 말을 하지 않으면 아무도 모를 수 있다. 그런데 그게 다가 아니다. 보이지 않는 힘이 있다.

얼굴이 두꺼워 못 느끼는 사람도 있겠지만, 평범한 사람이라면 죄의식이 생긴다. 그리고 그 마음은 그림자를 만들고, 그 그림자가 가족과 자녀에게까지 그늘을 만들 수 있다. 스스로 고민에 빠져 건강을 잃을 수도 있다. 또한 자존감에 상처를 입을 수도 있다. 무엇보다 귀한 나 자신을 그저 누군가의 하룻밤 상대로 던져버린 경험은 자랑거리가 아닐지도 모른다. 그런 거에 허덕대는 사람에게 나를 보여주고 싶은 마음이 손톱만큼도 없다.

나는 인연에 의해 사람을 만나고 사랑하게 되고 깊어져야 한다고 생각한다. 그런 사랑을 하기도 바쁜 요즘이다.

한편으론 이젠 내가 사랑의 대상이 아니어도 상관없어졌다. 나이가 드는 게 좋은 건 어떤 문제든 내려놓고 한 발 떨어져서 바라보거나 아예 그 문제를 비울 수 있을 만큼 마음의 조절 장치가 잘 가동된다는 것이다.

내가 말하고 싶은 사랑은 뜨거운 사랑을 말하는 것이 아니다. 꼭 이성 간의 연애만 말하는 것도 아니다. 사랑을 말했지만 자신을 존중하고 지키는 일이 더 중요하다고 말하는 것이다.

생각 없이 사랑을 하다 보면 빠지는 함정이 있다. 내가 소중한 것도, 나 자신을 지켜야 하는 것도 잘 알지만, 내 마음이 어쩔 수 없이 그러면 안 되는 사랑에 빠지는 일이다. 금단의 열매 같은 사랑, 축복받지 못하는 사랑, 하늘만이 허락해 줄 사랑. '유부남녀'들과의 사랑 말이다.

꽃뱀, 제비들도 아니고 일부러 유부남녀를 사랑하고자 하는 사람은 없을 것이다. 개중에 유부남녀끼리는 유부남녀를 선호한다는 말도 하지만 그렇다고 그들의 마음이 편하리라곤 생각하지 않는다. 내 짝이 아닌, 다른 대상을 바라보는 일은 미혼들에게조차 금기사항 아닌가? 몰래 먹은 사과, 옆집 여자가 탐난다는 속된 말들도 있지만 우리가 말하는 불륜이라 말하는 것은 결코 아름다운 사랑이 아니다. 살다 보면 이 사람이었으면 좋았겠고, 이 사람이었다면 잘 살았을 텐데 하는 아쉬움을 주는 사람들이 있다. 그런 사람들의 특징은 모두 짝이 있다는 것이다. 내가 보는 장점을 딴 사람이 못 보았을 리 없다. 괜찮은 그, 그녀는 다 유부남, 유부녀일 확률이 높다.

유난히 부드러워 유부남녀란 말이 있는데 그럴 수밖에 없는 이유가 있다. 불륜을 하는 유부남녀의 대다수 특징이 성격이 '쿨' 하다는 것이다. 앞서 얘기한 것처럼 그들이 쿨할 수 있는 이유는 돌아갈 곳이 있기 때문이다. 방황하고, 배회하고, 방탕해도 상대편에게 들키지만 않는다면 제자리로 돌아갈 수 있기에 그들은 쿨할 수 있는 것이다.

유부남녀도 두 종류로 나뉜다. 자신의 배우자와 사이가 안 좋다며 탓을 하는 사람. 이들은 정당한 바람의 사유를 찾는 치졸한 사람들이다. 다른 한 유형은 너무나 가정적이고 배우자와 사이가 나쁘지 않음을 흘리는 유형이다. 이들이 고수다. 사랑에 빠지면 안 되는 사람이 상대를 너무 사랑해서 불륜에 빠진 거라며, 불륜 상대에게 더 많은 사랑과 이해를 구하는 유형이기 때문이다. 문제는 이 두 경우 모두 이혼의 의사나 불륜의 지속을 원하진 않는다는 것이다. 어쩔 수 없이, 어쩌다 보니 불륜에 빠지는 게 아니라고 본다. 여러 사람을 만나보니 눈을 보고 느낌을 보면 그 사람을 알 수 있었다. 누군가 쳐다볼 때 이성으로 바라보는지, 성별에 상관없이 한 사람으로 대하는지를 보면 불륜을 하는 유부남녀를 알아내는 일은 쉬웠다.

불륜을 저지를 의사를 갖고 있지 않는 사람들의 눈은 정직하고 냉정하다. 이미 자신 안에 어떤 선을 분명히 그어놓은 사람들이라 유혹에 쉽게 빠지지 않는다. 상대를 호감으로 바라보는 부드럽고 다정한 눈빛의 소유자들은 십중팔구 불륜의 소지가 있다. 우리가 흔히 말하는 바람둥이들의 전형적인 모습이지만 사실 그랬다. 내 주위에 있던 '불륜 남녀'들의 특징은 태생적으로 타인에 대한 관심과 호기심이 많은 사람들이었다. 내 배우자가 가정적이고 친절하다고 해서 안심할 것도 아니고, 무뚝뚝

하고 재미가 없다고 해서 불만을 가질 일도 아니다. 바람기가 있는 사람들이 불륜에 빠진다는 말이다. 이런 부류들의 말을 믿고 세상의 어둠으로 들어가는 일은 큰 용기나 뻔뻔함이 필요한 일이다. 한 사람을 속이는 사람은 다음 사람도 그다음 사람도 속일 수 있다. 이들은 마치 자신들의 불륜이 처음이거나 무슨 큰 고뇌를 통해 이루어진 듯 표현하려 하지만, 액면가 그대로 그 말을 믿을 필요는 없다. 개중에 진짜로 착하고 불쌍한 유부남녀도 있긴 했다. 상대 배우자의 착취를 고스란히 당하고 감수하며 사는 사람들도 있었다. 그렇다고 해서 이들의 불륜이 정당화될 순 없다. 주위를 깨끗이 정리하고 새로운 사랑을 해야 한다. 서로를 위해.

유부남녀를 사랑하는 이들은 알아야 한다. 자신의 사랑이 절대 정당할 수 없다는 것을. 자신의 사랑이 한 가정을 무너뜨릴 수 있다는 것을. 그 사랑의 끝에 서있는 피해자는 자신이 될 수 있다는 것을. 유부남녀들은 결국 금단의 사과를 맛보다 제자리로 돌아갈 것이란 것을 알아야 한다.

전남편의 경우도 살면서 헤어지는 그 순간까지 헤어지자는 말을 한 적은 없었다. 물론 그보다 더한 행동으로 모든 걸 보여주었지만, 사는 내내 헤어짐을 말한 사람은 나였다.

서로 합의 하에 이혼이란 결론을 냈지만 그는 뻔뻔했지만 헤어질 마음을 갖고 있진 않았다. 부부들은 안다. 싫건 좋건 자신들의 가정을 지켜야 하는, 존재해야 하는 이유를 안다. 바람을 피우는 당사자도 바라보는 배우자도 한 번쯤 봐주고 참는 이유가 그것이다.

외도하는 유부남녀들도 알아야 한다. 자신들의 사랑이 인정받거나 용인될 수 없다는 것을. 배우자를 기만하고 속이는 일이 결국은 자신의 최후의 보루인 가정을 파괴하는 일이란 걸 알아야 한다. 더 나쁜 죄는 자신을 사랑하는 상대에게 정당하고 정상적인 사랑이나 사람을 만날 기회를 박탈한다는 것을. 끝까지 가고 책임질 자신이 없으면 하지 말아야 한다.

그나마 용감했던 주은이의 유부남 애인이 한 말이 생각난다. 주위 시선에 아무 거리낌 없이 주은이를 안고 챙기는 그를 보며 주은이가 우려의 말을 했을 때 그의 대답은 이랬다.

"나는 세상의 잣대로 볼 때 옳지 않은 사랑을 하지만, 적어도 너에게만은 진정이고 당당한 사랑을 하고 있다. 설사 누군가 내 모습을 보고 손가락질을 한데도 나는 당당하다. 내가 하는 사랑에 자신이 있고, 그 어떤 결론이 나도 책임질 마음의 준비가 되어있다. 그런 마음가짐도 없이 바람을 피운다면 자격조차 없다고 생각한다."

적어도 그는 주은이에게는 정직했다.

그럼에도 불구하고 하늘이 허락한 사랑을 원한다면 유부남녀들은 비겁하지 말고 당당하길 바란다. 유부남녀를 사랑하는 이들은 자신의 자리를 지키길 바란다. 주제를 넘지 말고 조용히, 은밀하게, 숨어서 그를, 그녀를 사랑해야 한다. 하늘만이 허락한 사랑이라면 둘만 알게 세상 아무도 모르게 해라. 떠벌리지도 말아야 한다.

나쁜 사랑 중에 하늘이 허락한 사랑은 없다. 내 마음이 내 마음대로 안 되어서 그저 가는 것뿐이다. 그렇게 갖고 싶은 사람이라면 갖지 말고 좋은 친구로 남겨두어도 좋다. 그것도 방법이다. 사랑에 빠지지 말고.

나에게는 유부남 친구, 지인, 동생들이 있다. 내가 말 한대로 '이런 사람들과 살았다면 실패하지 않고 잘살았겠다'라는 느낌이 드는 사람들이다. 더 솔직히는 다시 태어나면 이런 사람을 만나서 결혼을 해봐도 좋겠다는 사람들이다. 그런 그들과 나는 좋은 친구고 누나고 지인이다. 딱! 거기까지다. 그들이 매력적이지 않아서도 나에게 호감을 나타내지 않아서도 아니다.

하루는 나를 아끼고 따르던 유부남 동생 한 명이 이성적 호감을 표한 적이 있었다. 그때 내가 그에게 해준 말이 있다.

"나를 정말 좋아한다니 하는 말인데 이런 좋은 마음 잠깐 좋고 말래? 평생 아니면 오랫동안 갖고 지낼래?"

동생은 한참을 생각한 후 고개를 끄덕이며 대답했다.

"누나! 평생 오랫동안 보면서 삽시다."

그는 내 말뜻을 알아챘다. 세상에는 탐나는 옷들이 너무 많다. 갖고 싶다고 다 가질 순 없다. 더더군다나 남의 옷이라면 그 건 도둑질이다.

잘못이기에 벌 받을 각오 하며 조용히 사랑해야 한다.

나는 언제나 그 자리에

"나는 언제나 변함없이 이 자리 그대로 있었어. 당신 혼자 혼란해 하고 갈등하며 왔다 갔다 한 거지."

나는 항변했다.

"당신 마음을 몰랐으니까. 당신 마음을 알 수가 없었으니까. 당신이 믿어지지 않았으니까."

그는 차분하고 가라앉은 목소리로 대답했다.

"그건 핑계일 뿐이지, 내가 아니라 당신은 당신 자신의 마음조차 몰랐던 거야. 당신은 내가 아니라 당신 자신조차 못 믿었던 거야. 한 번 깊이 생각해봐. 당신 마음을 잘 들여다봐. 사랑은 그 후에 해도 돼. 당신은 아직도 사랑할 준비가 덜 돼 있었던 거야."

그는 내가 첫사랑이라 말하는 남자다. 여자로 사랑받는 기쁨을 알려준 사람이다. 나이 사십이 넘어 처음으로 사랑의 의미를 가르쳐 준 사람이었다. 그는 뭐든지 다 나보다 어른이었고 인생의 선배였다. 삶을 대하는 방법, 고난을 겪어내는 지혜, 무엇보다 따뜻한 위로와 위안으로 나를 안았다. 남자에 대한, 사람에 대한 믿음을 갖게 해준 사람이었다.

그의 말이 그 순간엔 이해할 수 없었고 야속할 뿐이었다. 그때는 그 말을 인정할 수 없어 그를 탓하기만 하다 내 분에 못이겨 이별을 해버렸다. 세월을 보내며, 사랑과 이별을 오가며 알게 됐다. 그의 말이 맞았다는 것을. 나는 사랑할 준비는커녕 자격도 안 됐던 사람이었다. 내 삶은 오랫동안 과거의 상처에 얽매여 있었다. 삶은 항상 혼란스러웠고, 불안했고, 갈등하며 살았다. 위태위태했지만 하늘은 나를 측은하게 봐주셨다. 나를 외롭게 하지 않으려고, 일을 사랑하게 하고, 꿈을 갖게 하고, 선한 인연을 주었다.

그 시절에 내 마음을 표현한 글이 하나 있었다.

나는 스트레스에 매우 취약하다. 들볶이는 일은 무엇보다 싫어한다. 힘쓰는 일을 너무 싫어한다. 그래서 한다.

매사를 좋은 게 좋다 여긴다. 판단은 긍정적으로 몰아간다. 잔머리를 발달시켜 수족고생을 덜 시킨다.

이 없으면 잇몸으로 살고, 대안을 써서라도 쉽게 살려 했다. 타인에 의해 영향받고 좌지우지되는 삶을 살았다.

그래도 다행인 건 누구를 원망하기보단 나를 되돌아봤고, 실패를 아파하기보단 배워야 할 기회로 생각했다.

타의에 의해 세상 밖으로 내쳐졌을 때 처음 느꼈던 고독감과 두려움은 지금도 시리다.

퇴근길, 멋모르고 시작한 일에 치이고 사람에게 치이며 힘들어 차를 세워놓고 삼십 분, 한 시간을 펑펑 목 놓아 울며 지내온 순간이 불과 얼마 전이다.

나는 신을 믿는다. 비록 사이비고 나태하지만 그 고독, 힘든 여정 지켜주고 길을 이끌어 주신 이가 신이었음을 내가 알기에.

결국 시간이 해결해 준다. 부족한 능력도, 어설픈 관계도 두려운 현실도 미래도. 아직도 나는 시간이, 세월이 두렵지만 용기 내어본다.

나의 길 혼자 걷지도 않았고, 다행히 쓰러지지도 무너지지도 않았다. 이제 내 발, 내 힘만으로 나의 길 가고 있으니 나는 조금씩 행복해질 것이다.

살다 보면 또 뜻하지 않은 고통과 어려움이 올 수 있으나 이제 징징대며 우는 일은 없으리라.

다쳐서 아팠지만 굳어지고 단단해진 내 자아는 고통을 두려워하지 않고 연륜과 경험이란 수단으로 덜 아프고 덜 힘들고 더 빨리 회복되리라.

삶의 바람에 너무도 흔들렸던 나약한 나지만, 그 바람이, 그 흔들림이 지금의 나를 깨닫게 한 힘이기에 하루하루 감사하고 감사하다.

간혹, 주위에 그 정도면 편하고 안락함에도 자기 성찰, 자아 탐구니 하며 도 닦는 친구들이 있다.

굳이 알 필요 없는 고통을 느낄 필요는 없다. 단순히 살아도 되는 세상. 복잡함을 찾지 말았으면.

내 안에 우주가 있고 신이 있었다면 나는 힘든 길 피하고 지름길을 걸었으리라.

아픔은 피해야 한다. 고통은 몰라도 된다. 번뇌하지 않아도 삶은 선하고 의미 있게 살 수 있다.

이게 그때의 나였다. 나는 나름의 아픔을 겪으며 고통이나 고난을 벗어나는 세 가지 방법을 알게 됐다.

첫 번째는 일단 울기, 두 번째는 하늘에 시비 걸기, 다른 말로 기도, 세 번째는 끼적거리기였다. 울면 복잡한 생각이 단순해졌다. 기도하면 혼란함에서 벗어났고, 끼적거리며 글을 쓰면 마음의 안정을 찾을 수 있었다.

생각해 보면 내가 겪었던 일들은 별로 특별한 일이 아닐 수도 있었다. 나는 지나치게 평범하고 유약했기에 더 힘든 고난의 시간을 보냈는지도 모른다. 한참 부족하고 어리석은 나였는데 그 사실을 깨닫지 못하고 인정하지도 못했던 것이다.

부족한 대로 내가 삶의 의미를 알아나간 방법은 두 가지였다.

나 자신의 연단이나 고난을 통해서 성찰하고 사색하는 것이었고, 타인의 도움이나 가르침으로 지혜나 경험을 쌓는 것이었다.

나 자신의 방법은 나를 성숙시켰고, 타인의 도움은 사람들에 대해 관심과 애정을 갖게 했다. 사람에게 받은 고통을 사람으로 위로받았고, 사랑에게 받은 상처를 사랑으로 치료받았다.

나는 이 나이에 세상을 다시 배우고 새롭게 세팅해 간다. 부끄럽지 않은 건 세상살이는 사람마다 다른 시기나 운명이 존재한다고 믿기 때문이다. 그 사람에게 맞는 시기에 그 사람에게 맞는 방법으로 행, 불행이 오간다.

만약 내게 이런 과거들이 없었다면 나는 한 줌 깃털만도 못한 가벼움으로 세상을 살아갔을 것이다. 온실 속의 화초나 우물 안 개구리처럼 편협하고 이기적으로 삶을 대했을 것 같다. 어쩌면 어설픈 자만심으로 교만하거나 나태한 삶을 살았을 것이다. 지난 시간의 나를 돌아보면, 나는 완벽을 추구하느라 상대를 부담 가게 하고 힘들게 했다, 그건 결국 내 이기심이고 교만함이었다.

세상 많은 이치나 진실에 대해 어설프게 알고, 잘 알지도 못했고, 알려고도 안 했다. 한마디로 알고 진 죄 모르고 진 죄 다 잘못한 것이었다. 무엇보다 안타까운 일은 진심으로 나를 아끼고 사랑한 인연들의 진심을 보는 눈이 없었다. 보내 버린 귀하고 소중한 인연들이 많았다.

이런 성찰들은 나를 성숙시켰고 지금의 나로 만들어 갔다. 나는 많이 어리석었고, 너무나 부족했고, 아무것도 몰랐으면서 교만했다. 나는 지혜를 배워야 했고, 깨달음을 얻어야 했고, 겸손함을 갖춰야 했다.

나는 변해야 했고, 발전해야 했다. 조금 바뀌었고 조금 발전했다. 내 미숙함을 찾아내고, 어리석음을 인정하며, 내 깨달음을 갖게 됐다. 서서히 주위의 아픔에도 공감했다. 조금씩 타인에게 위로를 건넸다. 잘난 것, 내놓을 것도 없는 평범한 나였기에 오히려 그들은 내 말을 더 신뢰했다. 어느 순간부터 나는 변했고, 어느새 '사이비' 상담자가 되어갔다. 내가 그들과 소통하는 방법이 있다. 상대의 입장을 이해할 수 없어도 상대를 무조건 일단 나와 동일시했다.

간혹 그러다 이중성을 갖은 이들 때문에 낭패를 보기도 했지만, 그런 인연은 조용히 끊으면 됐다. 뒷말도 뒷소리도 필요 없이 가지 말아야 할 인연은 정리하면 됐다. 내가 좋아하는 사람들 챙기며 살기도 바쁜 세상이다. 애정 관계든 인간관계든 상대를 믿게 하는 건 한결같은 마음과 상대를 배려하는 언행이었다. 한결같은 마음과 신중한 언행은 오래 지켜봐야 알 수 있고,

깊이 있는 사람들이 하는 행동이었다.

이런 조언들을 나누며 내 자리를 찾기 위해 애쓰고, 내 자리를 찾아가자, 나에게 진심으로 기대고 위로받는 사람들이 생겨났다. 부족하고 모자랐던 연애 경험, 실패했지만 당당해진 결혼과 이혼 이야기. 나는 부끄러웠지만 소통했다.

진심은 진심을 알아본다고 생각했다. 실패한 자가 뭘 아느냐고 비아냥대는 사람들도 있었다. 그 말에 흔들리고 좌절한 때도 있었다. 하지만 끝내 용기 낼 수 있었던 이유가 있다.

실패했기에 어떻게 하면 실패하는지 알게 되어서다. 반대로 어떻게 하면 성공하는 줄도 알게 됐다. 내 도움으로 결혼한 이들이 생기고, 내 도움으로 부부싸움에서, 이혼의 위기에서 벗어나는 사람들이 생겼다. 책임감이 생겼다. 용기가 필요했다.

용기를 낸 이유가 있었다. 힘들던 시절 나에게는 이런 조언을 해줄 사람이 곁에 없었다. 가족에게는 미안해서, 친구에게는 자존심이 상해서 말할 수 없었다. 물을 다 엎지르고 나서야 바람둥이 친구에게 도와달라고 비상착륙을 했지만. 책을 읽고 사색하는 데는 한계가 있었고, 인터넷 댓글들도 답을 주지 못했다. 그 답답함, 그 힘듦을 알기에 나에게 조언을 구하는 이들을 나는 아꼈다.

내가 상담한 그들이 불행을 겪지 말고 행복해지기만을 바랐다. 한순간의 실수로 소중한 것을 잃지 말길 바랐다. 설사 살다가 본의 아니게 잘못을 저지르게 됐다 해도 비겁하게 피하지 말았으면 했다. 지혜롭게 마음을 다스려서 용서를 받을 일도, 용서할 일도 없었으면 했다.

언젠가 결혼생활 중에 겪는 어려움으로 아파하는 동생이 있었다. 말로는 의사를 전하기 어려워 글을 써 보냈었다. 그중 발췌한 문장인데 내가 주로 해주는 조언이다.

세상에서 가장 귀한 사람은 바로 자신의 곁에 있는 사람이고 세상에서 가장 귀한 일은 곁에 있는 사람을 행복하게 하는 일' 이라고 톨스토이는 책을 통해서 말했다.

다른 곳을 바라보는 사람은 세상에서 가장 귀한 것을 잃는 가여운 사람이란다. 너의 그가 그런 사람이 아니라고 일단은 믿어봐라. 너를 위해.

사람이 살면서 얼마나 많은 사람을 만나고 몇 번의 사랑을 할까? 누구나 한 번쯤 열정적인 사랑을 꿈꾸지만 결국, 어떠할지라도 무조건 믿어주는 착한 사랑 앞에 감동을 받더구나. 언니의 실패는 착한 게 아니라 착한 척하려고 노력해서였던 것 같단 생각이 든다.

참사랑은 그에게 자유를 주는 것이란다. 묶어두고 속박하고 구속하고 집착하고 기대하는 것이 아니라. 그에게 준 자유가 결국은 너를 더 자유롭게 한다는 걸, 언니처럼 아프지 말고 너무 늦지 않게 깨닫기를 바란단다.

사랑한다면 그를 무조건 믿어주려 하고, 힘들어 돌아오면 어머니 품속처럼 따뜻하게 맞아주는 것. 속 깊은 얘기를 나눌 친구가 되어 주는 일. 그 일이 네가 먼저 해야 할 일 같구나.

연애든 결혼이든 참아내야 하는 어느 순간이 있다. 너무 기뻐 미칠 지경인 순간, 화나고 짜증 나는 순간, 의심스럽거나 집착하려는 순간, 탐심이 생기는 순간, 다 때려치우고 싶은 순간 등등. 순간을 참지 못하는 그 순간이 이별이 되고 이혼을 만드는 원인이 됐다.

할 말이 많았다. 해줄 말들이 있었고, 내 이야기를 들으려는 사람들이 생겨났다. 어느 날 나는. 나를 보여주고 알려주고 싶어졌다. 아픔을 공유하고 위로를 나눌 친구들이 많다는 걸 알았다.

"특별하길 바라지도 않지만 평범하기는커녕 평탄하게도 못 산 나야. 실패했지만, 좌절하지 않았고. 다시 일어났어. 늙은 언니도 다시 시작하는데 젊은 너희는 뭘 못하겠니?"

비단 여자뿐 아니라 남자들도 눈동자를 반짝이며 귀 기울였다. 여자지만 이젠 여자만 편들진 않았다. 나는 자기반성을 했던 터라 어느 순간부터 양쪽 다 잘못이 있다는 생각에 다다랐다. 삶은 피해자도 가해자도 없다는 것. 갑도 을도 아니란 것. 살다 보면 가해자도 피해자가 되고, 을도 갑이 될 수 있다는 것을 말해주었다.

어떤 상황이든 문제점을 파고들면 서로 반반의 잘못이 있다는 것을 말해주고 싶었다. 설사 일방적으로 당하는 고난이라도 억울해하고 원망하기보다는, 현실을 인정하고 그 속에서 빨리 벗어나는 게 최선이라 말해주었다. 이 얘기는 실상은 나 자신에게 하는 말이었다.

나는 더 이상 방황하지 않고 혼란하지 않겠다고. 나를 아끼고 나를 찾는 이들을 위해 이 자리를 지킬 것이라고. 흔들릴 때 나를 더 붙들어 매어놓을 자리, 위로와 위안을 나눌 자리인 이곳에 뿌리를 내리겠다고 말하고 싶었다.

내가 첫사랑이라 부르는 남자가 내게 해 준 말이 떠오른다.

"나는 언제나 이 자리에 그대로 있을 게. 당신이 그리 힘들면 돌아다니다 와. 당신은 세상을 많이 몰라. 남자도 잘 모르고. 세상을 배우고 사람도 만나. 더 좋은 사람이 있으면 사랑도 해봐. 그래도 나밖에 없다면 다시 돌아 와. 내 소중함을 알아야 다신 안 가겠지."

나를 안쓰럽게 쳐다보며 한마디를 더했다.

"사랑이 인생의 전부가 될 필요는 없어. 일과 꿈이 최고로 소중한 것일 때도 있고, 백 사람을 만나보고 그 백 사람을 한 사람 한 사람처럼 귀히 대해 봐. 결국, 그 끝에 내 편이 되어줄 한사람에게 백 사람에게 쏟았던 정성을 최선 다해 쏟아 부을 수도 있는 거야."

그는 인생을 알고, 사랑을 알고, 꿈의 소중함을 알았다. 뜬구름 잡지 않는 생각, 바른 몸가짐의 존재와의 만남은 한 번 더 날 성숙시키는 계기며 기회가 되었다.

이젠 알겠다. 나는 그로부터 깊은 사랑을 받았다. 그는 나를 많이 측은하게 생각했고 내 입장에서 나를 배려했다.

이제 나도 그의 깊은 뜻을 알 것 같다. 한결같은 마음으로 제자리를 지키고 사는 일은 축복이고 행복이다.

사랑은
아름답습니다

가끔 뒤를 돌아보죠. 다시 혼자 걷게 될까? 나의 발걸음은 줄죠. 가득 물 잔을 채우듯 조심히 사랑을 주었죠. 내게 셀 수 없이 많은 행복한 이야길. 지켜주세요. 우리 두 사람. 가슴 아픈 날들에 지쳐도, 하늘이 안 된다 말린대도 지켜주세요. 이별에 지지 않게. 많은 계단을 오른 듯 숨차죠. 이제야 알았죠. 내게는 가슴 벅찬 나의 사람이라는 걸, 아름답도록 그대의 이름 붉은 입술에 새겨 불러요. 끝없는 바다 저 한가운데 닻을 내려도 나의 마음 돌리도록 아주 먼 훗날 삶이 다하여 아픈 작별을 해도 웃어요. 내게 준 사랑이 너무 많아 잠든 시간도 나는 행복한걸요. 그댄 한여름 그늘과 같은 키 큰 나무가 되어 영원히 가끔씩 바람이 불러주는 노랠 들으며 나의 곁에 머물기를.

내가 정말 아끼고 좋아하는 노래다. 백지영의 〈사랑은 아름답습니다〉이다. 가사가 절절하다. 사랑해 본 사람들은 안다. 가사가 얼마나 구구절절 자신의 얘기인지. 하늘이 안 된다고 말려도 이별에 지지 않게 사랑을 지켜달라고 기도한다.

이 노래를 먼저 좋아하게 되면서 가수 백지영에 대해 알게 됐다. 그녀는 나를 모르지만 나는 그녀를 사랑하게 됐다.

그녀에게 고마운 건 상처받은 내 마음을 그녀의 노래가 오랫동안 치유해 주었기 때문이다. 음악은 또 다른 나의 꿈이었다. 음악을 너무나 사랑했지만 신이 사람에게 부여한 능력과 운명은 따로 있기에 그 길로 갈 수 없었다. 대학교 때 대학가요제를 나가려고 준비한 적이 있었다. 곡도 다 받고 예선을 참가하려고 신청했는데 아빠에게 들켜 다리가 부러질까 봐 나가지 못했다. 한참 지난 뒤에 내가 받았던 그 노래가 레코드 가게에서 들리고, 텔레비전에 나오는 걸 보면서 얼마나 안타까워했는지 모른다. 이 노래를 듣다 내가 결혼하기까지의 과정이 떠올랐다. 내가 남편을 사귀기로 마음먹었던 이유가 있었다.

대학교 때 작품전시회를 할 때 동아리 후배가 그를 소개해 줘 처음 만났다. 마음이 움직인 건 두 번째 만난 날이었다.

그 당시는 전철이 가다가 멈추는 게 다반사인 시대였다. 나는 집에서 넉넉 부리나 늦게 출발했고 전철은 가다 서기를 반복해서 약속 장소에 3시간이나 늦게 도착했다. 핸드폰이 없던 시대여서 연락을 취할 수 없었다. 나는 당연히 그가 떠났을 거라 생각했고 어차피 영화를 보기로 약속했으니 나 혼자라도 영화나 보려는 마음에 약속장소로 나갔다.

도착해 보니 놀라운 일이 기다리고 있었다. 한겨울이었는데 그가 종로3가 한 도넛 가게 입구에서 얼굴이 하얗게 질려서 서 있었다. 나를 보자마자 "잠깐 기다리라"고 하고는 화장실에 후다닥 다녀왔다.

세 시간 동안 늦게 도착한 내가 그가 없는 줄 알고 갈까 봐 그는 그 자리에서 떠나지 않았던 것이다. 그의 정성과 배려가 고마웠다. 그리고 정말 미안했다. 같이 기분 좋게 영화를 보고 나서 이 사람을 만나도 되겠다는 생각을 했다.

두 번째로 그 사람에게 호기심이 생긴 건 그가 기타를 치며 멋지게 팝송을 부르는 모습을 보고서였다. 나도 노래라면 좀 하는 사람이었는데 그의 노래 실력은 장난이 아니었다. 듀엣곡을 같이 부르며 데이트를 했다. 음악이란 매개체가 우리 사이를 편하게 만들었다. 정작 예술 전공자는 나였는데 음악성과 끼가 더 충만한 사람은 그였다. 결국 그 끼를 주체하지 못하고 인생의 파탄을 맞은 사람이지만 그의 말대로 다시 태어나면 록 가수로 태어났어야 하는 사람이었다.

음악이, 노래가 그렇다. 그 작은 부분이 인생에 지대한 영향을 미치기도 한다.

백지영의 노래를 들으며 울고 웃었다. 그녀의 노래를 부르며 가슴이 찢어지기도 하고 위로를 받기도 했다. 오지랖 넓은 아줌마라 그녀의 프로필이나 험난했던 인생 스토리에 안타까워한 적도 있다. 사람이 살다 보면 뜻하지 않게 정신적 교통사고를 당할 때가 있다. 그녀도 그랬고 나도 그랬으니까. 인생의 정면충돌 교통사고로 생긴 상처와 아픔에서 헤어나는 일은 참 고통스럽다. 결과가 그 사람의 노력을 말해준다. 그녀는 더 우뚝 아름답게 섰고 그녀의 노래는 더 깊고 성숙해졌다. 그녀가 피를 토하며 다져왔을 절치부심이 내 일처럼 상상이 돼 가슴이 아팠다.

나 또한 억울한 상처 때문에 피를 토하는 울음을 운 날들이 셀 수 없이 많았다. 지금도 이어폰을 끼고 백지영의 〈잊지 말아요〉 노래를 들으며 글을 쓴다. 이젠 내 가슴에 나를 잊지 말라고 할 사람은 없지만 노래를 듣다 보니 그런 사람이 생겼으면 좋겠다는 생각이 든다.

그녀의 노래가 그렇다. 슬픈 가사조차 따라 하고 싶은 마음이 들게 하는 일. 노래를 들으며 노래 장면 속으로 내 감정을 던지게 하는 마력을 갖고 있다.

텔레비전에 나와 지나치다 싶게 박장대소하는 모습을 보면 같이 웃음이 나온다. 털털한 말투, 행동이 너무 자연스럽고 사랑스럽다. 예쁜 몸매에 꽉 붙는 원피스를 입은 모습은 더 없이 섹시하다. 예비 가수들을 꼭 안아 주면서 조언하는 모습은 진실하고 따뜻하다. 사람은 다 느낀다. 그들이 하는 언행이 진짜인지 가짜인지. 그녀가 오랫동안 내 앞에서 내 곁에서 활동하는 모습을 보고 싶다.

가수 백지영. 그녀는 정말 노래 잘하는 가수다. 노래만 잘하는 것이 아니라 음악을, 인생의 희로애락을 아는 사람이다. 그녀 목소리의 떨림에서 그 깊이가 느껴진다. 그 떨림이 더 깊고 깊어지기를 기도한다. 그녀의 행복한 모습이 텔레비전에 비친다. 그녀는 충분히 행복해도 된다. 행복을 누릴 자격도 능력도 있는 사람이기에. 그녀는 나를 모르지만 나는 그녀의 보이지 않는 팬이고, 그녀의 '빠'다. 그녀의 노래를 듣고 오늘도 힘을 내본다.

'사랑은 아름답고 음악은 위대하다.'

나가며

사랑, 그 용기에 박수를

어울하게 죽은 며느리가 환생한 소쩍새가 '소쩍 소쩍' 운다. 강팍한 시어머니의 명령에 따라 작은 솥에 밥을 하다 정작 자신이 먹을 밥이 없어 굶어 죽은 며느리가 '솥이 작다'고 원망 어린 구슬픈 목소리로 우는 소리. "소쩍 소쩍."

나도 밤을 새워 피를 토하며 죽을 만큼 울었다. 소쩍새가 운 이유, 그리고 내가 운 이유는 밥이 아니다. 피맺힌 한과 피눈물이다. '저 너무 힘들어요, 제 말 좀 들어 주세요. 다 풀지 않으면 죽을 것 같아요'라고.

소쩍새의 피를 토하는 울음으로 한 송이 국화꽃이 폈다. 그 아름다운 국화꽃을 닮은 누이가 거울 앞에 서 있다. 거울 속에 비친 자신의 모습을 보고 어떤 생각을 했을까? 어떤 모습으로 자신이 비치길 원했을까?

한 송이 국화꽃을 피우기 위해
봄부터 소쩍새는
그렇게 울었나 보다.
… 중략 …
머언 먼 젊음의 뒤안길에서
인제는 돌아와 거울 앞에 선
내 누님같이 생긴 꽃이여.
… 후략 …
-서정주 〈국화 옆에서〉 중에서

누이는 나였고, 소쩍새의 울음은 내 아픈 과거였고, 국화꽃은 나의 한풀이 같은 참회의 글이었다. 적어도 나에게는 그랬다.

한 사람에게 상처를 입고 마음에 중병을 앓았다. 병이 들었지만 치유할 방법도 몰랐고 치료할 시간도 없었다. 살아내는 게 우선이었던 지난 시간들은 곪아가는 생채기를 그대로 둔 채 흘러만 갔다. 아물지 않아 피고름이 나는 상처에서는 한 번씩 열이 났다. 고통을 참을 만큼 참아봤다. 타의에 의해 원치 않는 새 삶을 얻은 나는 그 삶을 이겨내기는커녕 견디기도 벅찼다. 병을 앓을 시간조차 허락되지 않았다. 치료는 남의 얘기고, 휴식은 사치였다.

숙제를 미뤄둔 채 시간을 보내던 어느 날. 나는 나를 돌아봐야 할 시간과 마주하게 됐다. 억지로 꿰맞춘 톱니바퀴가 자꾸 삐걱거리기 시작했을 때다. 해결하지 못한 감정의 찌꺼기들이 쌓여있는 상처 딱지에서 어느 날 피가 흘렀다. 다 잊은 줄 알았던 어제, 잘 견디고 잘살고 있다고 착각한 오늘, 더 이상 아픔은 없고, 반드시 행복해져야 할 내일을 이 상태라면 지킬 수가 없었다. 내 참모습을 찾아야 했다.

나를 다시 만나야 했다. 나는 놀랐고 알고 싶지도 않은 흰지의 모습을 한 나 자신을 만났다, 치유가 필요하다는 사실을 알게 됐다. 가슴은 말하고 있었다.

'나 아직도 많이 아파요. 나 억울해요. 나 아직까지 힘들어 죽을 거 같아요. 내게 힘 좀……'

풀어야 했다. 나는 술도 못하고 놀이도 즐기지 않았다. 그나마 즐기는 끼적거림으로 해우소를 만들기로 했다. 다 못한 말, 속상한 말, 하고 싶은 말들을 내뱉기로 했다.

거울 앞에 서서 옷을 벗기 시작했다. 부끄럽지 않았다. 이게 바로 나고, 이 글이 나의 속살이기에.

제대로 된 나를 찾기 위해, 진정한 나를 만나기 위해 글을 쓰기 시작했다. 거창한 이유도 없었고 절체절명의 과제도 아니었다. 할 말이 목까지 차올랐고, 쌓인 한을 풀기 위해 글을 쓸 수밖에 없어 글을 쓰기 시작했다.

첫 문장을 쓰기 시작하면서부터 지옥문으로 뚜벅뚜벅 들어가기 시작했다. 몇 줄 쓰지도 않았는데 눈물이 흘러내렸다. 눈물은 그칠 줄 몰랐고 목을 놓아 한참을 꺼이꺼이 울었다. 몹시도 아팠나 보다. 몹시도 힘들었나 보다. 이걸 어떻게 참고 살아 왔는지 모를 만큼. 마음을 다잡고 정신을 집중했다. 내가 해야 할 일은 글을 쓰는 것이었지 우는 게 아니었는데.

울음은 내가 먼저 해야 할 일을 알려주었다. 아프지만 돌아보고, 그 아픔이 무슨 의미였는지 되새겨 보고, 내가 어떻게 해야 하는지 가늠해 보았다. 그동안 덮어 놓고 있었던 것들을 하나하나 꺼내 가며 눈물 속에서 담담한 시선으로 바라보았다. 현실을 치열하게 견디느라 묻어두고 있었던 일이었다. 필요한 일이었지만

다시 펼쳐보기 두려워서 감히 하지 못했던 작업이었기에 무시했던 것이고, 그 때문에 그동안 더 힘들었던 거였다. 나는 내 속 사람에게 고백을 하기 시작했다.

'영아, 넌 솔직히 두려웠던 거야. 사실을 인정한다는 것이. 믿고 싶지 않았고, 유약한 넌 고통을 감당할 자신이 없이 우선 피하고 싶었던 거야. 넌 피하는 방법으로 너 자신을 속이고 생

활 전선 속으로 도망가버린 거야. 남들에게 무너진 꼴, 망가진 꼴을 보이고 싶지 않았던 거지. 알량한 자존심 때문에 나 잘산다고 남보란 듯이 보여주고 싶었던 거지.'

속사람은 나를 계속해서 할퀴었다. 그럴 때마다 나는 눈을 감고 마음을 가다듬기 시작했다. 그 순간부터 새로운 내가 보였다. 그동안 담아두기만 했던 많은 이야기들, 숨기고 감추기 급급했던 치부들, 같이 웃고 아파하며 사람들과 함께 나누었던 이야기들이 봇물 터지듯 터져 나왔다. 하루 열 시간 이상을 앉아서 글을 쓰기 시작했다.

글을 쓰는 내 모습을 보며 누군가가 한 편의 모노드라마를 보는 것 같다며 웃었다. 혼자 실실 웃다가 눈물 콧물 흘리며 휴지로 코를 풀었다. 반은 정신이 나간 사람 같았다. 내 글은 실화였지만 창작소설을 쓰는 소설가가 됐고, 한 편의 영화를 만드는 영화감독이 됐다. 그 어떤 카타르시스보다 강력했고, 막힌 가슴이 뻥 뚫리는 기분을 느꼈다. 하루에도 몇 번씩 천

국과 지옥을 오갔다. 불행했던 과거가 되돌아와 고통스러웠고, 부모님과 아이를 생각하면 죄지은 마음이 들어 눈물을 멈출 수 없었다. 사랑에 대한 소회를 밝힐 땐 따뜻한 기억들 때문에 웃었다. 그리운 이들이 다시 보고 싶어졌다.

하루가 열흘이 보름이 흘러갔다. 서너 시간밖에 자지 않아도 피곤하지 않았다. 머리가 뿌예지다가도 글을 쓰면 머릿속이 개운해지고 맑아졌다. 밥을 먹지 않아도 배고프지 않았다. 잠자는 시간을 빼고 글을 쓰고, 글만 생각했다. 살은 빠져가고 몰골이 말이 아니었다. 그래도 글을 쓰는 일은 신명 나는 일이었다. 살면서 이런 흥분을, 이런 에너지를 느껴 본 적이 없었다. 회사 일을 병행하면서 글을 써야 했기에 다른 모든 사회생활을 단절했다. 어울림도, 연락도, 즐거움도 다 끊어야 했다. 외롭고 고독한 시간만이 나의 벗으로 남았다.

어느 순간부터 발문이 막히기 시작했다. 경험을 쓰는 일은 쉬웠다. 아는 것을 쓰는 것도 쉬웠다. 모르는 것을 찾아서 쓰는 것도 쉬웠다. 남의 이야기를 쓰는 것은 신나기까지 했다. 좋은 것은 알리고 싶었고 나쁜 것은 사회정의를 지키는 것 같아 사명감도 느껴졌다.

문제는 나 자신의 뜻과 생각이었다. 무얼 말하고 싶었던 건지, 무얼 얻고 싶었던 건지, 무얼 찾고 싶은지를 나는 밝혀야 했다. 진짜 나는 누구인 건지?

글을 쓰면서 새로운 것을 알게 됐다. 미처 몰랐던 걸 알았다.

오십 가까운 내 인생의 울고 웃은 이야기들이 A4 몇 장짜리 이야깃거리밖에 안 된다는 사실이다.

그렇게 할 말이 많고 쓸 말이 많았는데, 고작 몇 장짜리 이야깃거리밖에 안 된다는 사실이 허무해졌다. 이런 정도 일 때문에 내가 그리도 아파하고 힘들었다는 말인가? 아깝고 소중한 시간들을 허비하고 낭비하고 말았다는 사실에 가슴이 먹먹해졌다. 한참 동안을 나 자신을 쳐다보았다.

어느 순간 내가 다시 보였다. 숨기고, 억누르고, 피하기만 하던. 분노와 억울함의 기둥에 꽁꽁 묶여 제자리만 오가고 있었던 내가 보였다. 그 와중에 아픔과 고통을 주변 사람에게, 또 나 자신에게 묻혀대고 있었던 것이다. 나 또한 가해자도, 죄인도 될 수 있다는 것을 알게 됐다.

이젠 의미 없는 밧줄을 풀어 나에게 자유를 주기로 했다. 자유로워지기 시작했다. 마음에서 바다 냄새가 나기 시작했다. 이제 착한 척하지 않고 착해지기로 했다. 미움을 버리고, 용서가 내 권리라 생각했던 마음을 내려놓고, 어리석었음을 깨닫고, 교만했었음을 인정하게 됐다.

지천명을 코앞에 두고 있다. 많이 살았고 생이 얼마 남았는지 모른다. 못 버릴 게 무엇이며, 잡고 있다고 내게 무슨 도움이 될까? 남은 시간 웃고 행복하기도 바쁜데.

과거는 흘러갔다. 되돌릴 수도 없는데 쳐다볼 필요도 없다. 현실은 감사하고 내일은 희망찬 삶이다.

아팠던 기억은 나를 성숙시킨 도전이었고, 힘들었던 여정들은 감사한 희망이었다, 나를 짓누르던 분노와 화는 나를 반성하게 하는 감사함이었고 소중한 인연들은 나를 지키고 보호해준 선물이었다.

이제 더럽혀진 옷을 벗으려 한다. 세상엔 멋진 옷들이 넘쳐난다. 설사 새 옷이 아니라도 깨끗이 빨아 입으면 된다.

더러운 옷을 입고 냄새난다며 코를 막고 있는 것처럼 어리석은 짓이 있을까? 하루라도 빨리 지저분해진 옷은 빨아 입고 갈아입으면 된다. 깨끗한 옷이면 된다. 비싼 옷이 아니어도 명품이 아니어도 된다. 그저 내 수준 내 분수에 맞으면 된다.

자신에게 어울리는 옷은 자신이 가장 잘 안다. 탐이 난다고 갖고 싶다고, 맞지 않고 어울리지 않는 옷을 걸치면 자신을 꼴사납게 만드는 일이다. 옷에다 나를 맞추어 입으려 하는 건 어리석다. 나에게 맞는 옷을 걸치면 나는 가장 빛이 난다. 옷은 잘 고르고 잘 입어야 한다.

준비해서 잘 입었는데 우연이나 운명으로 옷이 더럽혀졌다면 어서 빨리 벗고 깨끗이 빨아 입든지 사 입으면 된다. 냄새나는 지저분한 기분 속에서 아까운 시간을 버리기에 우리 삶은 그리 길지 않다.

자신에게 맞지 않는다고 싫어한 옷도 주인이 따로 있다. 내 옷을 탐하는 사람이 생기면 빼앗기지 말고 보내면 된다. 한 번 망가진 옷은 다시 빨고 손질해도 새 옷이 될 수 없다. 내게 사람은 옷과 같다.

세상에서 제일 소중한 건 나 자신이다. 옷을 입지 않고 벌거벗고 있더라도 내가 당당하면 된다. 나는 지금 옷을 벗고 있지만 부끄럽지 않다. 뻔뻔해서가 아니다. 남의 시선은 중요하지 않아서다.

내가 세상에서 가장 소중한 존재이기에 나의 행복과 자유가 중요해서다. 이제 나는 자유로워졌고 행복하다. 그거면 됐다.

남의 인생에 함부로 뛰어들어 타인의 삶을 망가트릴 자격은 그 누구에게도 없다. 반면에 그런 그들을 단죄하거나 탓할 자격 또한 우리한테 없다는 걸 이제 알게 됐다. 더 빨리 더 늦기 전에 알았더라면 훌훌 잘 털고, 더 많이 아끼고 더 많이 사랑하며 살았을 텐데.

그보다 그녀보다 소중한 꿈. 꿈은 나를 지켰고 나는 꿈을 지켰다. 꿈은 내 인생의 친구이고, 애인이고, 보호자였다. 글쓰기는 내 꿈이었다. 나는 요즘 인생 최고의 남자 친구, 애인을 만나 최고의 연애 기간을 겪고 있다. 내가 꿈꾸던 이상형을 만났다. 글을 쓰며 느낀 희로애락은 인생 최고의 경험이었다. 글은 나를 치유했다. 나를 알아봐 주고 찾게 해주었다.

글과 영원히 헤어지는 일 없도록 글을 아끼고 더욱 사랑하고 싶다. 어떻게 해서 찾은 꿈인가? 어떻게 해서 여기까지 온 건

가. 가치 있고 의미 있는 사랑을 할, 받을 자격 있는 글에 감사한다. 글을 쓰며 내가 얼마나 행복한 사람이었는지. 복 받은 사람인지 알게 됐다.

나는 사랑을 알게 됐고, 사랑받았고, 사랑의 소중함을 알게 됐다. 사랑은 꿈을 사랑하게 해주고 꿈은 사람의 소중함을 알게 해준다. 신은 살아계시고 나를 버리지 않고 지켜주셨다. 깊고 깊은 감사를. 내 인생에 축복의 건배를.

• • •

내 꿈은 나를 지켰고, 나는 꿈을 지켰습니다. 꿈은 내가 살 수 있었던 이유입니다. 첫 번째 꿈인 내 책에 이어, 두 번째 꿈인 그림을 향해 손 내밀어 봅니다.

인생은 마라톤입니다. 나이도, 상황도, 환경도 나를 멈추게 할 수 없습니다. 아직 나는 할 일 많고, 갈 길 먼 여자 사람입니다.

아픈 기억들은 치유를 기다립니다. 신이 우리에게 부여한 시간을 통해. 그 기억들은 잊히고 다스려지고 더 튼튼한 새살을 잉태했습니다. 길게 그리고 깊게 숨을 내쉬며 붓을 잡았습니다.

그림 안에서 숨 쉬며 쉼을 얻고 싶습니다. 오롯이 나를 찾는 축복의 순간을 맞고 싶습니다. 숨과 쉼. 그 안에서 여백을 느낄 것입니다. 그래서 더 넓은 치유를 꿈꾸며 서 있겠습니다. 나 자신을 응시하며 힘을 쌓을 것입니다. 결국엔 함께 가자고 그대에게 손을 내밀며 말하고 싶습니다.

"우리는 같은 여자예요. 다 알아요, 당신 마음. 나도 겪은 걸요. 시간은 흘러요. 좋은 사랑은 많고요. 좋은 사람은 더 많아요. 우리 같은 여자들은 서로 박수를 쳐줘야 해요. 무엇을 하든 용기가 필요하거든요. 나는 당신을 위해 여기서 계속 박수를 치며 서 있을게요. 언젠가 당신이 눈물을 닦고 고개를 들 때, 제가 여기서 서 있었다는 걸 기억해 주세요. 그리고 당신도 누군가를 위해 저와 함께 서 있기로 해요. 응원의 박수 치면서."

결혼 이후의 사랑, 이별 너머의 성장

그 사랑, 누구나 한 번쯤

초판1쇄 인쇄 2015년 11월 15일
초판1쇄 발행 2015년 11월 25일

지은이 보영
펴낸이 유상원
펴낸곳 상상+모색(헤르츠나인)
디자인 이정아
표지사진 이수철
인 쇄 알래스카인디고
등록일 2010년 11월 5일
등록번호 상상+모색 제313-2010-322호
주 소 서울시 마포구 서교동 334-30
전 화 070-7519-2939
팩 스 02-6919-2939
이메일 hertz9books@gmail.com
ISBN 978-89-965472-0-4 03810

상상+모색은 헤르츠나인과 함께하는 출판브랜드입니다.

이 도서의 국립중앙도서관 출판예정도서목록(CIP)은 서지정보유통지원시스템 홈페이지(http://seoji.nl.go.kr)와 국가자료공동목록시스템(http://www.nl.go.kr/kolisnet)에서 이용하실 수 있습니다. (CIP제어번호 : CIP2015029847)